国家职业教育专业教学资源库配套教材

1+X 职业技能等级证书配套教材

汽车电气设备构造与维修

（微课版）

主　编　王文强　孙　伟

副主编　夏山鹏　赵红蕾　赵　琳　刘兆栋

　　　　陈俊杰　聂永涛　黄　凯

科学出版社

北　京

内 容 简 介

本书以汽车电气设备构造与维修项目任务为主线，遵循理论知识"必需、够用"的原则，精选汽车维修企业一线典型实例，采用"项目引领、任务驱动"和"基于工作过程"的职业教育课程改革理念进行编写。

本书共有 7 个项目 17 个任务，主要内容包括汽车电气系统认知、汽车电源系统检修、起动系统检修、汽车点火系统检修、汽车照明与信号系统检修、仪表系统与报警装置检修、汽车辅助电气系统检修。

本书由校企"双元"联合开发，强调"工学结合"，体现以人为本，落实课程思政，注重对接 1+X 职业技能等级证书和国家职业技能标准，突出"岗课赛证"融通和信息化资源配套。

本书可作为职业院校汽车类专业的教学用书，也可作为汽车维修企业员工培训和行业技术人员培训的参考用书。

图书在版编目(CIP)数据

汽车电气设备构造与维修：微课版 / 王文强, 孙伟主编. -- 北京：科学出版社, 2025. 3. -- (国家职业教育专业教学资源库配套教材) (1+X 职业技能等级证书配套教材). -- ISBN 978-7-03-079589-2

Ⅰ. U472.41

中国国家版本馆 CIP 数据核字第 2024AP2307 号

责任编辑: 张振华 / 责任校对: 马英菊
责任印制: 吕春珉 / 封面设计: 东方人华平面设计部

科 学 出 版 社出版
北京东黄城根北街 16 号
邮政编码: 100717
http://www.sciencep.com
三河市骏杰印刷有限公司印刷
科学出版社发行   各地新华书店经销
*
2025 年 3 月第 一 版   开本: 787×1092 1/16
2025 年 3 月第一次印刷   印张: 12 1/4
字数: 290 000

定价: 58.00 元
（如有印装质量问题，我社负责调换）

销售部电话 010-62136230   编辑部电话 010-62135120-2005

前　　言

党的二十大报告指出："加快建设国家战略人才力量，努力培养造就更多大师、战略科学家、一流科技领军人才和创新团队、青年科技人才、卓越工程师、大国工匠、高技能人才。"为了深入贯彻落实二十大报告精神，编者根据二十大报告和《职业院校教材管理办法》《高等学校课程思政建设指导纲要》《"十四五"职业教育规划教材建设实施方案》等相关文件精神，结合多年的教学经验、大赛经验和企业案例编写了本书。

在本书的编写过程中，编者紧紧围绕"培养什么人、怎样培养人、为谁培养人"这一教育的根本问题，以落实立德树人为根本任务，以培养学生综合职业能力为中心，以培养卓越工程师、大国工匠、高技能人才为目标。与同类图书相比，本书的体例更加合理和统一，概念阐述更加严谨和科学，内容重点更加突出，文字表达更加简明易懂，典型案例和思政元素更加丰富，配套资源更加完善。

本书的特色主要表现在以下几个方面。

1. 校企"双元"联合编写，行业特色鲜明

本书是在行业专家、企业专家和课程开发专家的指导下，由校企"双元"联合编写而成的。本书编者均来自教学或企业一线，具有多年的教学或实践经验，多数人带队参加过国家或省级的技能大赛，并取得了优异的成绩。在编写本书的过程中，编者紧扣课程标准和教学目标，遵循教育教学规律和技术技能人才培养规律，将信息技术发展的新理论、新标准、新规范和技能大赛要求的知识、能力与素养融入本书，符合当前企业对人才综合素质的要求。

2. 编写理念新颖，适应项目化教学要求

本书采用"项目引领、任务驱动"和"基于工作过程"的职业教育课程改革理念，以真实生产项目、典型工作任务、案例为载体组织教学，能够满足项目化、案例化等不同教学方式的要求。每个项目包含若干任务，每个任务包含"情景导入""任务目标""知识准备""任务实施"等模块，这些模块通过实例将知识传授、技能培养和素养提升紧密融合，展现出高度的针对性和良好的可操作性。

3. 强调综合职业素养和行动能力的培养

本书切实从职业院校学生的实际出发，摈弃了以往汽车类书籍中过多的理论描述，以浅显易懂的语言和丰富的图示来进行说明，不过度强调理论和概念，从实用、专业的角度出发，剖析各知识点，强调综合职业素养和行动能力的培养。

4. 融入思政元素，落实课程思政、专业思政

为落实立德树人的根本任务，充分发挥教材承载的思政教育功能，编者在编写本书时

深入贯彻落实党的二十大报告精神，将规范意识、标准意识、效率意识、质量意识、职业素养、工匠精神等思政元素融入教学内容，使学生在学习专业知识的同时，潜移默化地提升思想政治素养。

5. 体现产教融合，实现"岗课赛证"综合育人

本书在编写过程中，以相关产业发展需求为导向，以汽车电气设备构造与维修课程为中心，注重对接汽车电气工程师岗位、全国职业院校技能大赛、1+X 职业技能等级证书和职业资格证书要求，将岗位、课程、竞赛、证书进行有机融合，实现"岗课赛证"综合育人。

6. 配套立体化教学资源，便于实施信息化教学

为了方便教师教学和学生自主学习，本书配套有免费的立体化教学资源包，包括多媒体课件等，下载地址：www.abook.cn。此外，本书中穿插有丰富的二维码资源链接，方便学生通过终端扫描观看相关的微课视频。

本书由全国职业院校技能大赛金牌教练、技术能手、骨干教师、工程师领衔编写。潍坊工程职业学院王文强、孙伟担任主编；潍坊工程职业学院夏山鹏，青州市交通运输局赵红蕾，临沂大学赵琳、刘兆栋，北京科技职业大学陈俊杰，潍坊工程职业学院聂永涛、黄凯担任副主编。

华东师范大学职业教育与成人教育研究所所长、国家职业教育教材建设和管理政策研究基地主任徐国庆教授提供了全程技术指导和案例支持。

由于编者水平有限，书中难免存在疏漏和不足之处，恳请广大读者批评指正。

编　者

2024 年 8 月

目　录

项目一
汽车电气系统认知

项目导读

　　汽车的出现改变了人类的生活方式。随着汽车技术的不断发展，电子装置在汽车上的应用越来越多。作为汽车的重要组成部分，汽车电气系统的性能直接影响汽车的动力性、经济性、安全性及污染物排放性能等。

　　本项目主要介绍汽车电气系统的整体结构、汽车电路基本元件的检测、汽车电气维修工具认知及电气系统故障的排除方法等。通过学习本项目，读者应初步认识汽车整车电气系统，为汽车检测与维修作业打下坚实的基础。

学习目标

知识目标

1）熟悉汽车电气系统的组成及特点。
2）理解汽车导线、线束、开关、熔断器及继电器的作用。
3）掌握汽车电气系统的常见故障及故障的诊断流程。

能力目标

1）能够在整车上辨认电气系统的位置及电路基本元件。
2）能够对汽车电路基本元件的性能进行检测和判断。
3）能够正确使用汽车电气系统检测工具。

素养目标

1）树立规则意识、安全意识、团队意识。
2）培养职业认同感、责任感、荣誉感，坚定技能报国的信念。

任务一　认识汽车电气系统

情景导入

　　小王是一名汽车专业的学生，今天维修师傅带他来到一辆迈腾车前，维修师傅让小王指出这辆车的常见电气设备，并简述电气系统的特点，小王该如何分辨出汽车上的这些电气设备呢？

任务目标

　　1）了解汽车电气系统的发展历程。
　　2）熟悉汽车电气系统的组成与特点。
　　3）能够在整车上辨认出各类电气系统的位置并简述其作用。

知识准备

一、汽车电气系统的发展历程

　　早期的汽车主要依靠机械装置，电气设备的应用比较少。1885 年，德国的罗伯特·博世（Robert Bosch）改良了点火装置，研制了低压电磁点火器，如图 1-1 所示，开启了早期汽车电气设备的序幕，此后在较长的一段时间内，汽车电气设备的发展几乎停滞不前。

微课：汽车电气系统的组成

（a）罗伯特·博世　　　　　　　　　　（b）低压电磁点火器

图 1-1　罗伯特·博世与低压电磁点火器

　　自 20 世纪 60 年代起，汽车电子技术的演进呈现出了迅猛的态势，汽车电气系统的发展历程大致可分为以下 4 个阶段。

　　1）1965～1975 年，汽车电子产品由分立元件和集成电路（integrated circuit，IC）组成，如晶体管收音机、集成电路调节器等。

　　2）1975～1985 年，电子技术在汽车上主要体现为专用的独立系统，如电子控制燃油喷射系统、汽车防抱死制动系统等。

3）1985～2000 年，这一时期主要聚集于整合各种功能的综合系统及车辆整体系统的集中控制，这个时代称为汽车的电子时代。

4）2000 年以后，汽车车载网络通信系统的分散控制模式成为汽车电气系统发展的主流趋势，如图 1-2 所示。

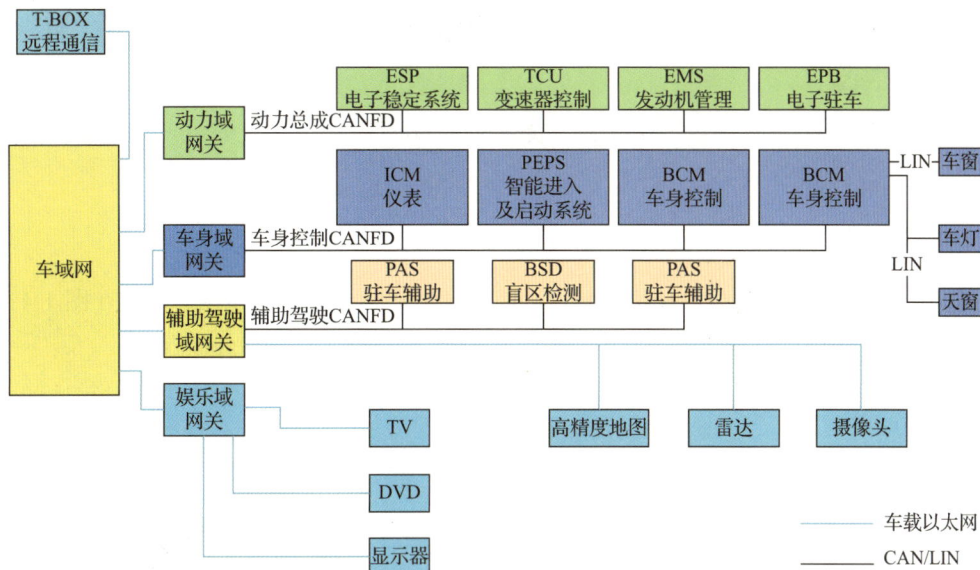

图 1-2 汽车车载网络通信系统

现在，电子技术在汽车上的应用主要体现在以下几个方面：发动机最优空燃比计算、发动机最优点火时间控制、怠速控制、废气再循环控制、安全舒适系统、减振控制系统、汽车操控系统、信息交换传输系统、汽车导航系统、汽车语音信息系统等。由此可见，未来的汽车电气系统设计一定是朝着环保节能、操作简洁、高智能化的方向发展的。随着新技术、新材料、新工艺的不断应用，汽车电气系统将会体积更小巧、性能更稳定、使用更智能。

二、汽车电气系统的组成

汽车电气系统从总体上来说，是由电源系统、用电设备和全车电路及配电装置 3 部分组成的。

（一）电源系统

汽车电源系统包括蓄电池、发电机及电压调节器，如图 1-3 所示。蓄电池作为汽车的辅助电源使用，而发电机作为汽车的主要电源使用。两者所起的作用也不同，蓄电池的作用是给起动机供电，使其起动发动机，同时辅助发电机向汽车用电设备供电。发电机的作用是发动机起动后，发电机作为主要电源向汽车用电设备供电，同时也可以给蓄电池充电。电压调节器的作用是使发电机的输出电压保持稳定。

图 1-3　汽车蓄电池与发电机

（二）用电设备

1. 起动系统

起动系统主要用于带动发动机运转，进而起动发动机，它主要包括起动机（图 1-4）和控制电路。

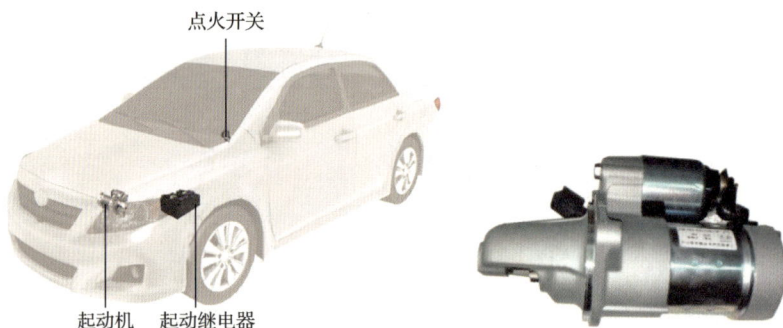

图 1-4　汽车起动机

2. 点火系统

点火系统主要用于产生高压电火花，点燃发动机气缸内的可燃混合气，如图 1-5 所示。点火系统可分为传统点火系统、电子控制点火系统、微机控制点火系统，主要包括点火开关、点火线圈、点火模块、火花塞等。

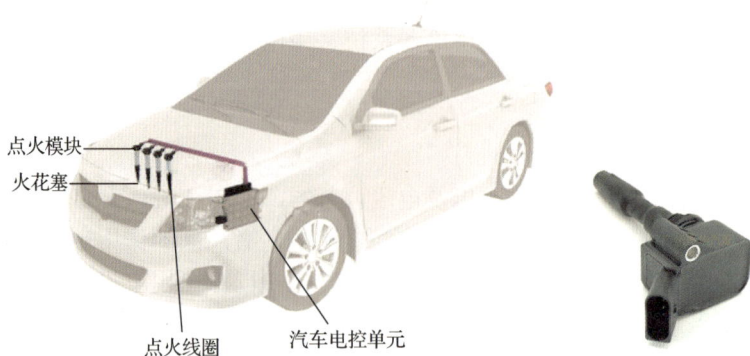

图 1-5　点火系统

3. 照明与信号系统

照明系统主要用于提供汽车安全行驶所必需的照明，其主要包括车内和车外的照明灯具，由近光灯、远光灯等组成，如图 1-6 所示。信号系统主要用于告知行人、引起车辆注意、提供汽车安全行驶所必需的信号，其主要包括灯光信号和音响信号两类，由示宽灯、制动指示灯和倒车灯等组成。

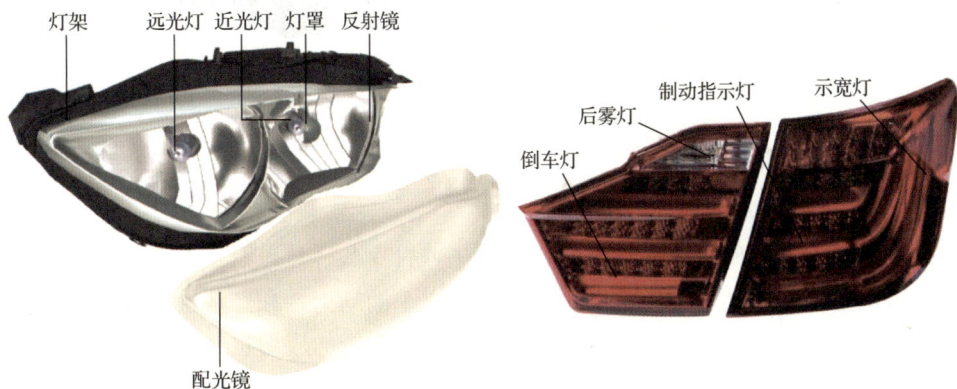

图 1-6　照明与信号系统

4. 仪表与报警系统

仪表与报警系统主要用于监测汽车及发动机的运行情况，使驾驶员能够通过仪表、报警装置及时监视汽车和发动机的各种参数及异常情况，确保汽车正常运行，如图 1-7 所示。仪表与报警系统主要包括发动机转速表、车速表、里程表、燃油表、冷却液温度表，以及各种警告指示灯等。

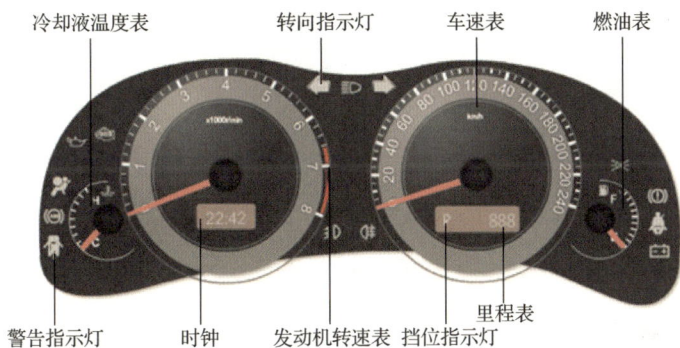

图 1-7　仪表与报警系统

5. 汽车辅助电气系统

汽车辅助电气系统主要用于提高汽车的经济性、安全性和舒适性，为驾驶员和乘员提供良好的环境，如图 1-8 所示。目前，为满足人们对乘车舒适性的要求，汽车辅助电气系统日益增多，汽车辅助电气系统主要包括汽车空调系统、刮水器、风窗玻璃洗涤器、车窗玻璃升降器、电动座椅、电动天窗、电动后视镜等。

刮水器　　电动后视镜

电动座椅　　车窗玻璃
　　　　　　升降器

图1-8　汽车辅助电气系统

6. 汽车电子控制系统

汽车电子控制系统如图 1-9 所示，主要用于通过车载计算机对汽车的各系统进行精确的控制，以确保它们均处于最佳状态，从而增强汽车的动力性和经济性，并有效降低排放污染。随着汽车电子技术的不断发展，汽车电子控制系统的应用也越来越多，从整车上来说，其可分为驱动系统、舒适系统、安全系统、通信系统，具体包括电控点火系统、电控燃油喷射系统、自动变速器、防抱死制动系统、电控悬架系统等。

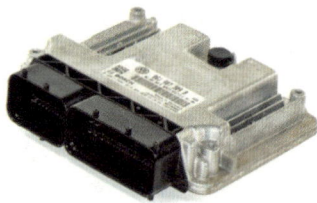

图1-9　汽车电子控制系统

（三）全车电路及配电装置

汽车用电设备若想获得电源供应，则全车电路及配电装置必不可少。全车电路及配电装置主要包括汽车导线、线束、开关装置、保险装置、继电器、连接端子及插接件等。汽车中央接线盒（图1-10）的作用是使全车电路构成一个统一的整体，按照所需将电能输送到用电设备并保证电路的安全。

图1-10　汽车中央接线盒

三、汽车电气系统的特点

（一）两个电源

汽车电气系统有两个电源，分别是蓄电池和发电机两个供电电源，如图 1-11 和图 1-12 所示。蓄电池是在发动机未工作时向起动机和其他用电设备供电的电源，因此是辅助电源；发电机在发动机运转正常并带动发电机工作时，为汽车用电设备供电，并可以为蓄电池充电，因此是主电源。两者互补使用电设备在汽车的不同状态下都可以得到供电。

微课：汽车电气系统的特点

图 1-11 汽车辅助电源——蓄电池

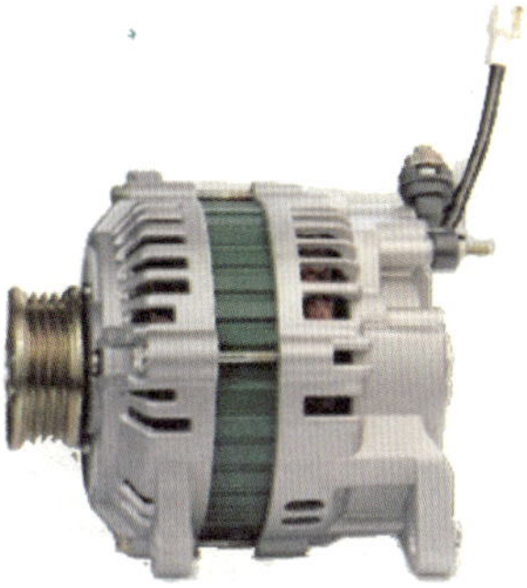

图 1-12 汽车主要电源——发电机

（二）低压直流

汽车电气系统普遍采用低压直流电源，它的额定电压一般有 12V 和 24V 两种。目前汽油车多采用 12V 电源电压，如图 1-13 所示，而重型柴油车多采用 24V 电源电压。对于发电装置来说，12V 电源电压的额定电压是 14V，24V 电源电压的额定电压是 28V，采用低压直流电源的优点是安全性好。

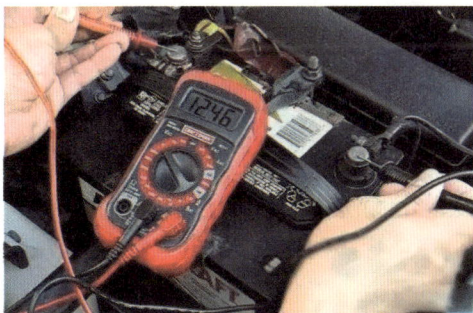

图 1-13 12V 低压直流电源

蓄电池作为汽车上的电源之一，放电电流始终是直流电，主要在发动机起动时为起动机供电，当蓄电池放完电后必须由直流电源对其进行充电，因此汽车电气系统采用的是直流电。

随着汽车用电设备的增多，用电的负荷越来越大，这就要求汽车提供能量更大、体积更小的电源。目前，世界各汽车公司都在研究使用 36V、42V 新型电源。使用 36V、42V 电压系统，有利于减小电流，进而减小能量损耗，并且能够减小所需电气设备的体积，节省空间。

（三）并联单线

电气设备并联是指汽车上的电气设备都采用并联方式连接，这能保证各支路的电气设备相互独立控制，互不产生干扰。单线制是指汽车电气设备并联连接，电源与电气设备之间使用一根导线连接，而另一根导线使用汽车发动机、底盘、车身等金属部分代替，这样任何汽车电路电流都是从电源正极出发，经过导线流入电气设备后，再经过金属车体回到电源负极而构成回路的，如图 1-14 所示。

图 1-14　单线制

汽车采用并联单线的优点是各线路之间互不影响，节省导线材料，线路清晰简化，并且电气设备不需要与车体绝缘，安装检修方便。

（四）负极搭铁

搭铁是指采用单线制时，将蓄电池的一个电极用导线连接到汽车车架等金属机体，作为公共的导线，汽车发动机和车身搭铁点如图 1-15 和图 1-16 所示。若将蓄电池的正极接到车架上，则称为正极搭铁；反之，若将蓄电池的负极接到车架上，则称为负极搭铁。由于负极搭铁的电化学反应相对较弱，对金属的腐蚀能力相对差些，所以应提高搭铁的可靠性。目前，世界上各车企生产的汽车大多采用负极搭铁。

图 1-15 汽车发动机搭铁点

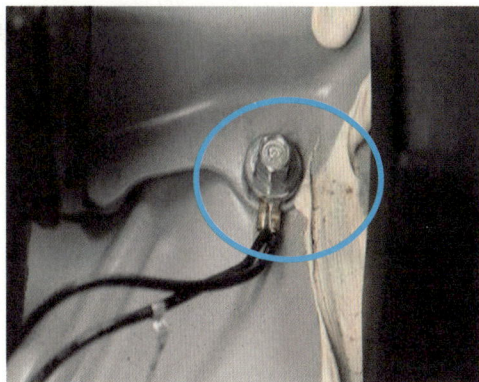

图 1-16 汽车车身搭铁点

任务实施

一、准备工具、设备

汽车导线 4 根、汽车熔断器 5 个、继电器 1 个、万用表若干。

二、认识全车电气系统

（一）车辆基本情况识读

步骤要领：打开右侧车门或打开发动机舱盖，找到汽车铭牌，识读车辆的基本情况，如图 1-17 和图 1-18 所示。

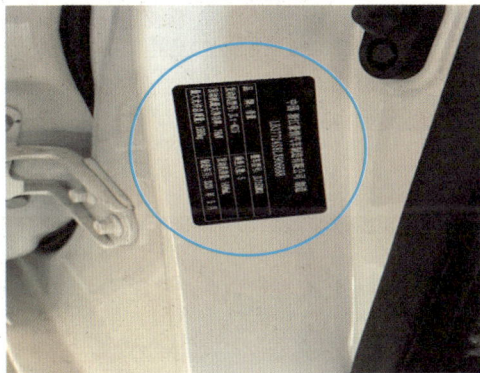

图 1-17 汽车铭牌

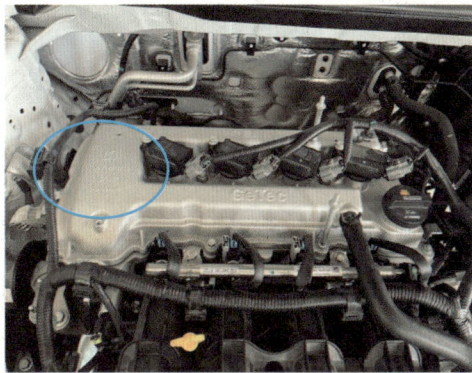

图 1-18 发动机型号

（二）车辆外部识别

步骤要领：依次到汽车前部、尾部，首先找出前部车灯中的近光灯、远光灯、前雾灯，如图 1-19 所示；然后找出后部车灯中的制动灯、倒车灯、后雾灯，如图 1-20 所示。

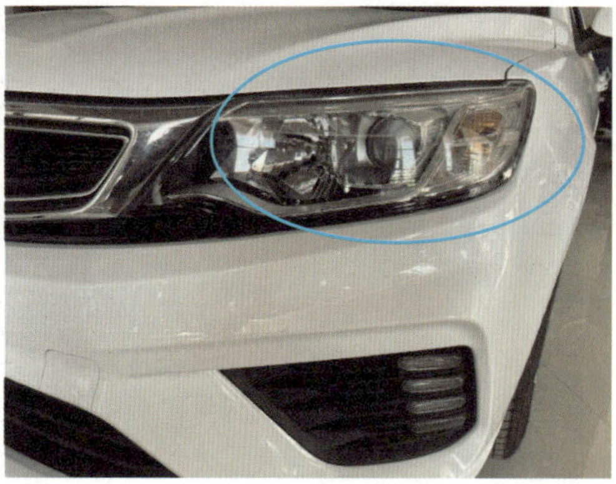

图 1-19　汽车前集成灯 　　　　　　　　　图 1-20　汽车后集成灯

（三）发动机舱认知

步骤要领：打开发动机的机舱盖，寻找蓄电池、发电机、起动机、点火线圈，如图 1-21～图 1-24 所示。

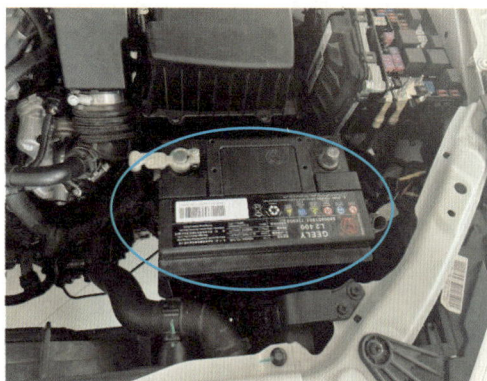

图 1-21　蓄电池 　　　　　　　　　图 1-22　发电机

图 1-23　起动机

图 1-24　点火线圈

（四）驾驶室内认知

步骤要领：进入汽车的驾驶室内部，依次找到前照灯开关、刮水器开关、电动车窗控制按钮、后备箱开启开关，如图 1-25～图 1-28 所示。

图 1-25　前照灯开关

图 1-26　刮水器开关

图 1-27　电动车窗控制按钮

图 1-28　后备箱开启开关

任务二　汽车电路基本元件检测

情景导入

今天维修师傅带着小王维修一辆故障车，维修师傅告诉小王这辆车的故障是由汽车电路基本元件中的导线、熔断器与继电器损坏而导致的，他让小王对这些导线、熔断器与继电器进行性能检测，小王该如何进行检测呢？

任务目标

1）理解汽车导线、开关、熔断器及继电器的作用。
2）能够区分汽车电路基本元件的类型。
3）能够检测并判断汽车电路基本元件性能的好坏。

知识准备

一、汽车导线及线束

汽车电气元件之间的连接线路称为汽车导线，按照承受电压的高低可分为高压导线和低压导线两种。其中，低压导线可分为普通低压导线、电缆线和数据总线；高压导线可分为铜芯线与阻尼线。

（一）低压导线

1. 普通低压导线

普通低压导线为带绝缘包层的铜质多股软线，如图 1-29 所示。导线的规格用横截面的面积来表示，单位为 mm²。导线的横截面面积一般根据用电设备的工作电流大小进行选择。但是对于功率过小的电气设备，若只考虑工作电流很小，从而选择的导线横截面面积过小，则会导致机械强度不足，导线容易折断。因此，为保障导线的工作强度，汽车导线的横截面面积应不得小于 0.5mm²。我国低压导线标称横截面面积允许的负载电流值如表 1-1 所示。汽车 12V 电气系统主要线路导线横截面面积推荐值如表 1-2 所示。

图 1-29　普通低压导线

表 1-1　低压导线标称横截面面积允许的负载电流值

导线标称横截面面积/mm²	1.0	1.5	2.5	3.0	4.0
允许负载电流/A	8～12	13～15	16～25	26～32	33～40

表 1-2　汽车 12V 电气系统主要线路导线横截面面积推荐值

电路名称	导线标称横截面面积/mm²
尾灯、指示灯、仪表灯、牌照灯、刮水器电动机电路	0.5
转向灯、制动灯、停车灯电路	0.8
前照灯的近光、电喇叭（3A 以下）电路	1.0

微课：汽车导线及线束

续表

电路名称	导线标称截面面积/mm²
前照灯的近光、电喇叭（3A 以上）电路	1.5
其他 5A 以上电路	1.5～4
柴油车电热塞电路	4～6
电源电路	4～25
起动电路	16～95

随着汽车电气系统的应用越来越多，导线的数量不断增加，为了方便识别与维修，导线常用不同的颜色进行区分。其中，横截面面积 4mm² 以上的导线采用单色线；横截面面积 4mm² 以下的导线颜色采用两种选用原则，即以单色线为基础的选用和以双色线为基础的选用。在汽车电路图中，世界各主要车企一般采用英文字母表示导线的颜色。一汽大众迈腾汽车低压导线的颜色代号如表 1-3 所示。

表 1-3 一汽大众迈腾汽车低压导线的颜色代号

颜色	白色	黑色	红色	褐色	绿色	蓝色	灰色	淡紫色	黄色	橘黄色	粉红色
代号	ws	sw	rt	br	gn	bl	gr	vi	ge	or	rs

在汽车电路图中，汽车低压导线上一般标注数字和字母，用来表示导线的规格，其数字和字母代表导线的横截面面积和颜色。单色线是用数字和字母来表示的。例如，如图 1-30 所示，单色线 2.5ws 表示导线的横截面面积是 2.5mm²，颜色为白色。双色线横截面面积的表示方法与单色线一致，颜色采用主色加辅助色的方式表达，主色为基础色，辅助色为条纹色或螺旋状色，主色与辅助色在圆周所占的比例一般是（5:1）～（3:1），在电路图中表达时，主色在前，辅助色在后，中间用斜线隔开。例如，双色线 0.5rt/ge 表示导线的横截面面积是 0.5mm²，主色是红色，辅助色是黄色。

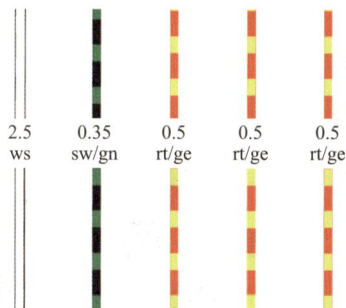

2.5	0.35	0.5	0.5	0.5
ws	sw/gn	rt/ge	rt/ge	rt/ge

图 1-30 电路中的单色与双色导线

微课:汽车电路图的
分类及特点

微课:汽车电路图的
识读方法

2. 电缆线

对于某些用于大电流传输的导线，其横截面面积不再根据工作电流的大小来选择，而是根据工作的电压降来选择。这些传输大电流的导线的横截面面积特别大，称为电缆线。汽车上常见的电缆线有蓄电池电缆线和起动电缆线两种，其中蓄电池电缆线如图 1-31 所示。起动电缆线有 25mm²、35mm²、50mm²、70mm² 等规格，要求每 100A 电流产生的电压降不超过 0.1V。

3. 数据总线

数据总线是指汽车各车载计算机之间传递信号的数据线，也被称为汽车信息的"高速公路"。目前汽车上较常用的是 CAN 数据总线和 LIN 数据总线，其中 CAN 数据总线是两根信号线缠绕在一起的，如图 1-32 所示。

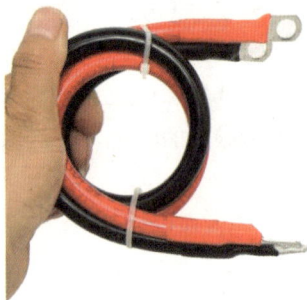

图 1-31　蓄电池电缆线

图 1-32　CAN 数据总线

（二）高压导线

高压导线是一种传送高压电的专用导线，如图 1-33 所示，目前它在汽车上主要用于汽车点火线圈到火花塞的导线。汽车用高压导线有高压铜芯线和高压阻尼线两种，广泛使用的是高压阻尼线，它可以有效衰减火花塞产生的电磁波干扰，降低对车载计算机和无线设备的干扰。

高压导线由于工作电压很高（一般在 10kV 以上），电流强度较小，所以绝缘包层很厚，耐压性能好，但线芯的横截面面积很小。

图 1-33　高压导线

（三）汽车线束

汽车上使用的导线数量极多，为便于走线，保护导线的绝缘，并保持线路规整，除高压线、蓄电池电缆线和起动电缆线外，通常将同区域的不同规格导线用包扎材料缠绕成束，称为线束，如图1-34所示。传统的线束包扎材料多使用棉纱或聚氯乙烯等，目前汽车上广泛采用开口的塑料螺旋管。线束总成由导线、端子、插接器和护套组成，常见的线束总成有发动机舱线束、仪表板线束、车身线束、车门线束等。

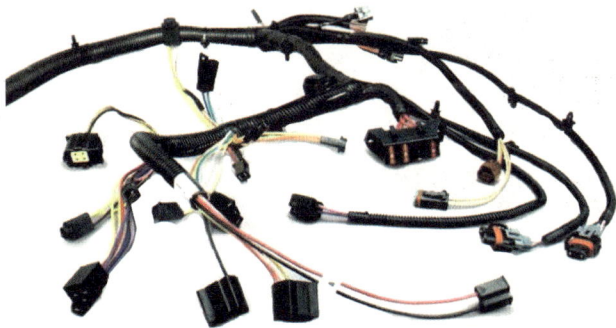

图1-34　线束

二、插接器

插接器是汽车电路中常见的基础元件，用于线束与线束、导线与导线、导线与元件之间的相互连接。插接器的种类很多，可供几条到数十条导线使用，有长方体、多边体等不同的形状。如图1-35所示为不同形式的插接器。

图1-35　不同形式的插接器

插接器由插座、插头、导线接头和塑料外壳组成。为了防止汽车运行时插接器脱开，插接器采用闭锁装置。插接器塑料外壳上有几个或多个孔位，用于放置导线接头，在导线接头上带有倒刺，当嵌入塑料壳后自动锁止，在塑料壳上也有锁止结构，当插头和插座接合后自动锁止，防止脱开，如图1-36所示。在检查及更换插接器时，要注意先打开锁止机构，避免强行拉动导线。

一汽大众车型中的插头如图1-37所示。图中的T5aq/3表示此位置插头共有5个端子，其中数字3代表紫蓝色这条导线位于插头的第3号端子上。此外，电路图还清晰地反映了所有插头中每个端子的线路连接状况，从而更容易分析电路原理。

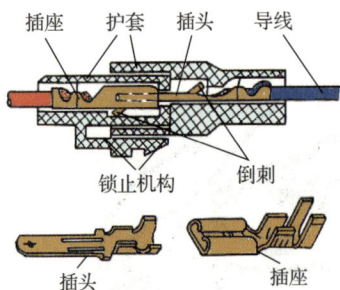

图 1-36 插接器的结构

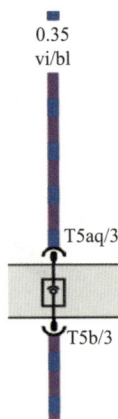

图 1-37 插头

三、车用开关

汽车电气系统的接通都由开关控制，虽然各车企生产的汽车采用的开关类型不同，但对电路进行开闭控制和信号转换等功能是相同的。

车用开关在电路图中的表达形式有多种，常见的有表格表示法、图形符号表示法和结构图表示法；按照其用途可分为电源开关、点火开关和组合开关等。

（一）电源开关

图 1-38 闸刀式电源开关

电源开关用于切断蓄电池与外电路的连接，以防汽车未工作时蓄电池经外电路漏电。电源开关主要有闸刀式和电磁式两种，其中闸刀式电源开关的应用较多。闸刀式电源开关直接由手动切断或接通电源，如图 1-38 所示。电磁式电源开关则由电磁力的吸力来控制触点的闭合与断开。

（二）点火开关

点火开关是汽车电路中最重要的开关，是各电路分支的控制枢纽。点火开关是多挡位开关，通常用于控制起动电路、点火电路、仪表电路、空调电路及其他用电设备电路等。

点火开关的主要功能是，锁住方向盘转轴（LOCK 或 S）、点火（ON、IG 或 D 挡）、起动发动机（START 或 Q 挡）、给附件供电（ACC 挡）。如果用于柴油车，则增加预热（Y）挡。其中，起动挡、预热挡因为工作电流很大，开关不宜接通过久，所以内部不设自锁，在操作时必须用力扳住钥匙，克服弹簧力，松手后就自动弹回点火挡。其他挡均可自行定位（自锁）。在具体电路图中，点火开关的工作原理如图 1-39 所示。图中点火开关各端子的含义如下。

1）X：大功率电气设备的供电端子，如散热风扇、鼓风机、雾灯等。

2）50b：连接至起动继电器，为线圈的 86 端子供电，自动挡车型采用。

3）50：连接至起动机电磁开关，为电磁开关 50 端子供电，手动挡车型采用。

4）15：一般电气设备的供电端子。

5）P：连接至停车灯开关，为开关的供电端子。

6）S：连接至组合仪表，为钥匙位置信号端子。

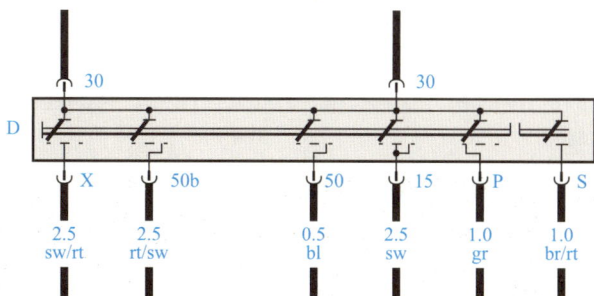

图 1-39　点火开关的工作原理

（三）组合开关

为提高汽车运行过程的操作效率，将前照灯开关、变光灯开关、信号灯开关、刮水器/清洗器开关等组合为一个整体，安装在便于驾驶员操作的转向柱上，称为组合开关，如图 1-40 所示。它通常为手柄式或旋钮式。

图 1-40　汽车组合开关

四、保险装置

为了有效保护电路中的导线和用电设备，通常在电路中需要加装一些保险装置。汽车常用的保险装置主要有熔断器、易熔线和断路器，如图 1-41 所示，其中熔断器是汽车使用最多的保险装置。

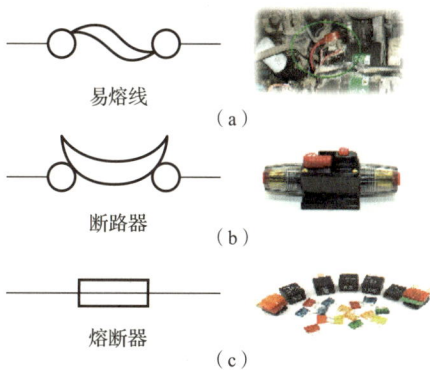

易熔线
（a）

断路器
（b）

熔断器
（c）

图 1-41　熔断器、易熔线和断路器

微课：汽车熔断器

（一）熔断器的作用及类型

熔断器的作用是当电路中发生过载或短路时，通过的电流超过规定值，熔断器自身发

熔体
电极 支架

图 1-42 汽车插片式熔断器的结构

热而使内部的熔断丝熔断，切断电路，从而达到保护连接导线和用电设备的目的。

插片式熔断器主要由熔体、电极和支架 3 部分组成，如图 1-42 所示。熔体也称熔断丝，是插片式熔断器的核心部分，其材料多为锌、锡、铅等金属合金。

通常将多个熔断器集中安装在一个盒中，并将其称为熔断器盒或电源盒，如图 1-43 所示。各熔断器都编号排列，有的还在熔断器上涂以不同的颜色，以便检修时识别。

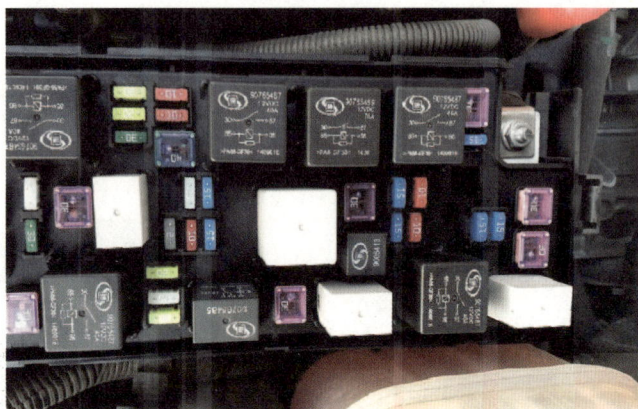

图 1-43 熔断器盒

熔断器的类型和电路符号如图 1-44 和 1-45 所示。

（a）方形熔断器　（b）螺栓固定式熔断器　（c）微型扁平熔断器　（d）标准扁平熔断器　（e）大型扁平熔断器

图 1-44 熔断器的类型

图 1-45 熔断器的电路符号

插片式熔断器的规格一般为 2～40A，通常采用熔断器塑料外壳的颜色来区分其允许的最大电流，如表 1-4 所示，同时电流数值也会在熔断器的顶端标识。

表 1-4 插片式熔断器规格对应的外形颜色

颜色	灰色	紫色	粉色	米色	棕色	红色	蓝色	黄色	白色	绿色
电流值/A	2	3	4	5	7.5	10	15	20	25	30

一般情况下，当通过熔断器的电流为额定电流的 1.1 倍时，熔断丝不熔断；当超过 1.35

倍时,在 60s 内熔断;当超过 1.5 倍时,20A 以内的熔断丝在 15s 内熔断,30A 以内的熔断丝在 30s 内熔断。

(二)熔断器的安装位置

熔断器主要布置在发动机舱内及车内。发动机舱内的熔断器有 SA 和 SB,如图 1-46 所示。其中 SA 安装在蓄电池的上方,SB 安装在发动机舱电控箱内。

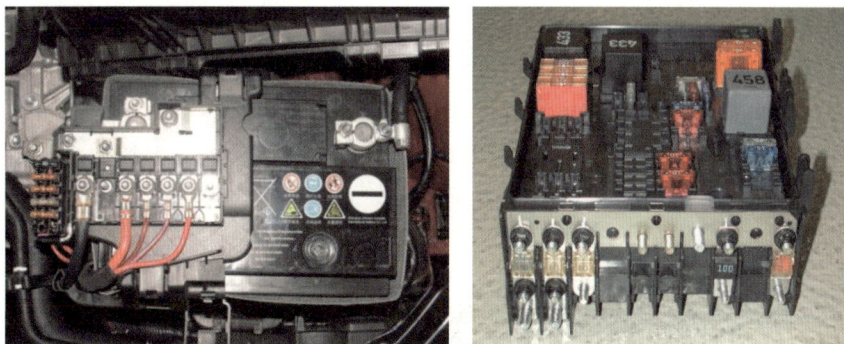

图 1-46 熔断器的安装位置(发动机舱内)

车内的熔断器安装在仪表台的侧面或下面,如图 1-47 所示。

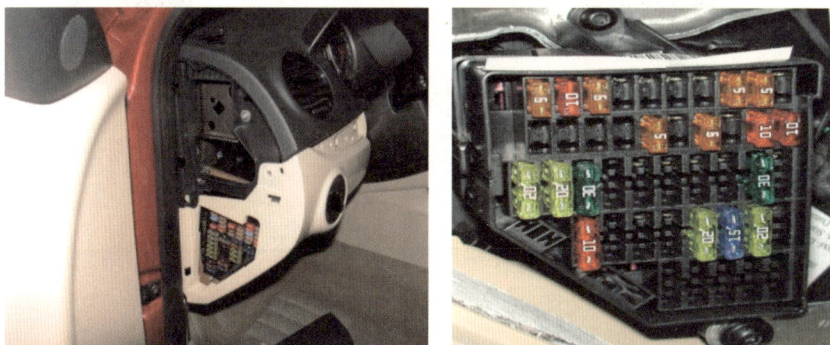

图 1-47 熔断器的安装位置(车内)

(三)熔断器的使用注意事项

1)熔断器熔断后,必须找到真正的故障原因,彻底排除故障。

2)更换熔断器时,一定要选用与原规格相同的熔断器。

3)汽车上增加用电设备时,不要随意改用容量大的熔断器,最好另外再安装熔断器。

4)熔断器支架与熔断器接触不良会产生电压降和发热现象,安装时要保证接触良好。

行驶途中熔断器熔断后的应急处理:可用其他电路相同或稍大容量的熔断器替代;如果其他电路也需要工作,则可暂时采用细导线代替其他电路的熔断器。一旦到达目的地或有新熔断器时,应及时进行更换。

五、继电器

（一）继电器的作用

汽车上使用的开关触点容量较小，不能直接控制工作电流较大的用
电设备，常采用继电器来控制电流较大的用电设备。

微课：汽车继电器

在汽车电路中，继电器的主要作用是用小电流控制大电流，即用流
经开关的小电流，通过继电器的触点控制用电设备的大电流，这样可以保护开关触点不被
烧蚀，提高开关的使用寿命。

目前汽车上常见的继电器有电源继电器、起动继电器、预热继电器、前照灯继电器、
雾灯继电器、喇叭继电器、空调继电器、鼓风机继电器、电动窗继电器等。大多数继电器
放置在熔断器盒内，还有部分继电器随系统的线束而定。

部分继电器实物图如图 1-48 所示。

图 1-48　部分继电器实物图

（二）继电器的结构和工作原理

1. 结构

继电器一般由电磁铁、触点、弹簧和动铁心组成，其中电磁铁包括线圈和铁心，触点
包括动触点和静触点，如图 1-49 所示。

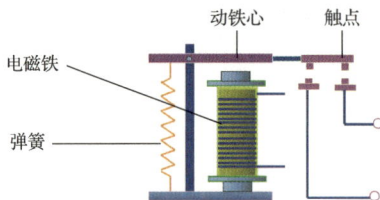

图 1-49　继电器的结构

2. 工作原理

只要在继电器线圈两端加上一定的电压，线圈中就会流过一定的电流，从而产生电磁
效应，动铁心就会在电磁吸力的作用下克服返回弹簧的拉力而吸向静铁心，从而带动动触
点与静触点（常开触点）吸合。当线圈断电后，电磁吸力也随之消失，动铁心就会在弹簧
的反作用力下返回原来的位置，使动触点与静触点（常闭触点）断开。触点吸合、断开，

从而达到使电路导通、切断的目的。

当接通开关时，小电流经蓄电池正极→开关→继电器线圈→搭铁→蓄电池负极形成回路，电流流经线圈产生磁场，吸引动铁心，使动触点与静触点接通；大电流的路径为蓄电池正极→继电器触点臂→动触点→静触点→起动机，从而使起动机运转。

当开关断开时，小电流被断开→继电器线圈的磁场消失→动触点在弹簧的作用下与静触点分开→大电流也被切断。

3. 类型

继电器按触点状态可分为常开式继电器、常闭式继电器和混合型继电器。

1）常开式继电器：未工作时触点断开，工作时触点接通。

2）常闭式继电器：未工作时触点接通，工作时触点断开。

3）混合型继电器：继电器内部有两个触点，一个是常开触点，一个是常闭触点。

继电器按针脚可分为单位继电器（四脚继电器）和双位继电器（五脚继电器），如图 1-50 所示。以单位继电器为例，30 端子与 87 端子是负载部分，30 端子接电源正极，87 端子接用电设备；85 端子与 86 端子是控制部分，85 端子与 86 端子接控制开关。

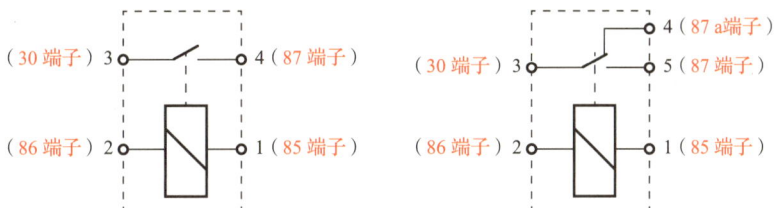

图 1-50　单位继电器（四脚继电器）和双位继电器（五脚继电器）

4. 安装位置

继电器的安装位置一般在发动机舱的电控箱内及车内驾驶员仪表板的下侧，如图 1-51 所示。

图 1-51　继电器的安装位置

任务实施

一、准备工具、设备

汽车导线 4 根、汽车熔断器 5 个、继电器 1 个、万用表若干。

二、检测汽车电路的基本元件

（一）汽车导线的检测

对于汽车导线的检测来说，常常测量其电阻值，一般导线的电阻很小，基本小于 1Ω；当其测量值为无穷大时，说明导线损坏或烧断。

另外，还可以在导线通电后，测量导线的电压降，正常导线的电压降很小。如果测量的导线一端为正常电压，另一端为 0，则说明导线已经损坏或烧断。

（二）熔断器的检测

汽车熔断器的检测可分为单件检测和实车检测。

1. 汽车熔断器单件检测——目测法

当汽车中的熔断器出现故障时，通常采用目测法来检测其好坏，如图 1-52 所示。正常的熔断器中间是连接良好的；损坏的熔断器，中间有烧蚀或断裂的现象。目测法是一种简单的判别方法。

2. 汽车熔断器单件检测——测阻值法

将汽车的点火开关置于 OFF 挡，拔下熔断器，将万用表设置为电阻挡，并将万用表的两表笔分别搭在熔断器的引脚上，如图 1-53 所示，此时正常的熔断器阻值显示为小于 1Ω，损坏或烧坏的熔断器则显示阻值无穷大。

图 1-52　目测汽车熔断器

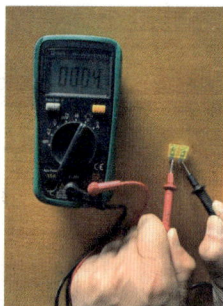

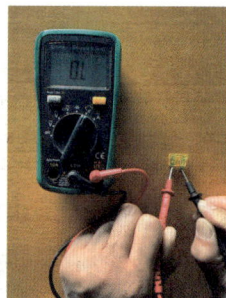

（a）正常：阻值小于 1Ω　　（b）损坏：阻值无穷大

图 1-53　测量熔断器的阻值

3. 汽车熔断器实车检测——测电压法

在进行熔断器实车检测时，使用万用表进行电压测量。先将万用表设置为电压挡；然后将黑色表笔接到蓄电池的负极，用红表笔依次接触熔断器上方的两个测量孔，以测量两个极柱的对地电压，如图 1-54 所示。正常情况下，熔断器两端的对地电压都应显示为 12～13V。如果测得的电压一端显示 12V 左右，另一端显示 0，则说明熔断器损坏。

图 1-54 测量熔断器的电压

（三）继电器的检测

1. 线圈的检测

先将万用表拨至 200Ω 挡，然后将两表笔分别与线圈接线脚（85-86 端子）接触，测量其电阻值，如图 1-55 所示，其中 K 为触点。

1）正常时，线圈阻值为 60～200Ω。

2）若测量的电阻值为无穷大，则说明线圈断路。

3）若测量的电阻值过小，则说明线圈短路。

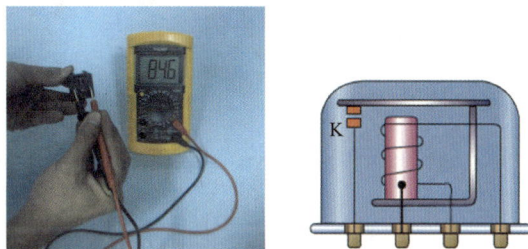

图 1-55 继电器线圈的检测

2. 触点的检测

（1）常开触点的检测

使用两根跨接线和 12V 的蓄电池电压给线圈通电，将万用表拨至 200Ω 挡，然后将两表笔分别与常开触点接线脚（30-87 端子）接触，测量其电阻值，如图 1-56 所示。

1）正常时，万用表应有阻值，且阻值≤2Ω。

2）若测量的电阻值为无穷大，则说明触点烧蚀。

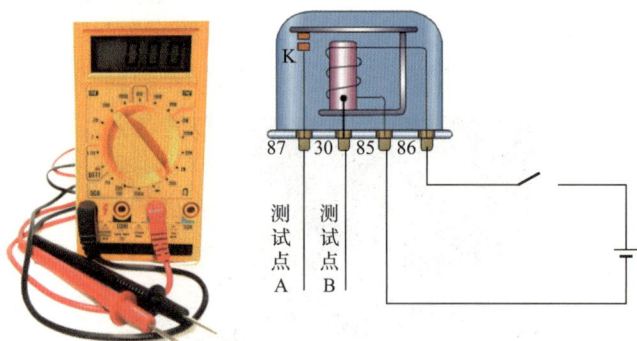

图 1-56　继电器常开触点的检测

（2）常闭触点的检测

先将万用表拨至 200Ω 挡，然后将两表笔分别与常闭触点接线脚（30-87 端子）接触，测量其电阻值，如图 1-57 所示。

1）正常时，万用表应有阻值，且阻值≤2Ω。

2）若测量的电阻值为无穷大，则说明触点烧蚀。

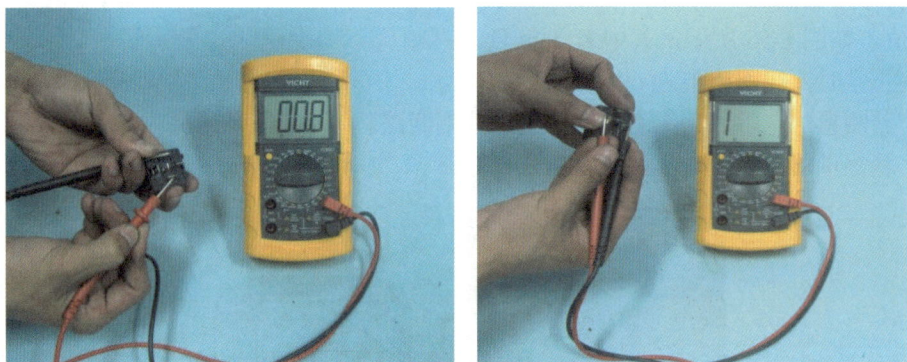

图 1-57　继电器常闭触点的检测

任务三　汽车电气系统故障认知及检测工具的使用

情景导入

维修师傅交给小王一个故障诊断仪，安排小王检测与维修一辆迈腾汽车，小王应按照什么步骤去进行汽车电气系统的故障诊断呢？

任务目标

1）了解汽车电气系统故障的种类。

2）能够正确使用汽车电气系统检测工具。

3）掌握汽车故障诊断的基本流程。

知识准备

一、汽车电气系统的常见故障

总体而言，汽车电气系统的故障可以分为两大类型：一类是电气设备故障，另一类是控制电路故障。

（一）电气设备故障

电气设备故障是指汽车电气设备自身丧失其原有机能，包括电气设备的机械部件损坏，电子元件的烧毁、击穿、性能减退等。汽车电气设备故障往往是由电路故障造成的。电气设备故障一般是可修复的，但有些不可拆的电气设备出现故障后只能更换。

（二）控制电路故障

控制电路故障包括断路、短路、高电阻等。这类故障有时容易出现一些假象，给故障诊断带来困难。例如，某搭铁线与车身接触不良，就有可能造成电气设备开关失控，电气设备工作混乱。

1. 断路故障

断路故障是一种不连续、有中断的电路故障形式。接触不良或绝缘不良就是一种轻微的断路故障。若电路中存在断路故障，则可以使用万用表测量用电设备的电阻值或电压降，从而找出断路点。

（1）串联电路中的断路故障

串联电路中只有一条电流通路，假如出现断路故障，那么整个电路将不会有电流通过，用电设备也就无法工作。检测电路中断路故障的常用方法是分别测量电路中各部件两端的电压值。

（2）并联电路中的断路故障

并联电路中断路故障造成的影响取决于断路点的位置。如果断路点出现在主电路上，则所有的用电设备都不工作；如果断路点出现在支路上，则只是该支路的用电设备不工作，其他支路仍然可以正常工作。

2. 短路故障

短路故障是指电路中的电流未按照正常通路流动而绕过部分电路的故障现象。短路故障可分为搭铁短路故障和电源短路故障。短路故障是一种对电源、用电设备及线路造成损坏比较大的故障。汽车出现的短路故障，往往是导线的绝缘层破裂或用电设备绝缘不好导致其接触到其他电路，从而造成电路工作不正常。排除这类故障时，需要对电路进行彻底的清查，缩小故障范围，通过检测关键位置的电压和电阻，来找出故障点。

3. 高电阻故障

汽车电路中常出现的一种故障是由于插接线连接部分出现松动、氧化或脏污，导致电阻值异常升高，进而影响用电设备的正常运行，这种故障称为高电阻故障。高电阻故障又称虚接电阻故障，会使整个电路或某个用电设备断断续续地接通，甚至不通。

造成高电阻故障的原因通常是电路连接松动、电路连接头过脏或腐蚀等，这些都有可能使电阻值增大、电流减小，从而使电路工作不正常或部件失效，如灯泡闪烁或灯光变暗、电动机的转速低于正常值等。若电阻值增大到一定程度，则会导致用电设备完全不工作。

二、汽车电气系统检测工具

（一）跨接线

跨接线也称短接线，是一种简单、有效的测量工具。跨接线两端的接头一般是不同形式的插头或鳄鱼夹，以适应不同位置的跨接。不同形式的跨接线主要是其长短和两端的接头不同，如图 1-58 所示。

微课：汽车电气
系统检测工具

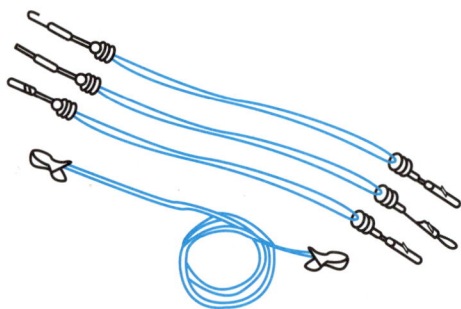

图 1-58　跨接线

跨接线主要用于汽车电路故障诊断。在汽车电路中，当某个电气设备不工作时，可以使用跨接线连接疑似存在故障的电路部分，使电流绕过这部分电路而另外形成回路。如果电气设备恢复正常工作，则说明绕过的那部分电路存在故障，应及时进行修理。

使用方法：如图 1-59 所示，当怀疑开关 a、b 线路断路时，使用跨接线将开关 a、b 两端短接，若电动机工作，则可断定开关断路。

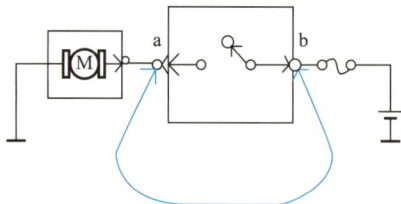

图 1-59　跨接线的使用方法

使用跨接线时应注意以下两点。

1）必须了解被检测电气设备的工作电压，如果直接将 12V 的电源电压加在用电设备上，则可能会造成用电设备损坏。

2）跨接线只能用在旁通电路的非电阻元件（开关、插接器和导线等）上，切勿直接跨接在电气设备两端，否则会造成短路，烧坏熔断器、导线等。

（二）测试灯

测试灯也就是测电笔，主要用于检查汽车电路的通断。使用测试灯对电路进行检测时，根据内部显示电路通断的指示灯进行判断。它分为有源测试灯和无源测试灯，目前常用的是无源测试灯，如图 1-60 所示。

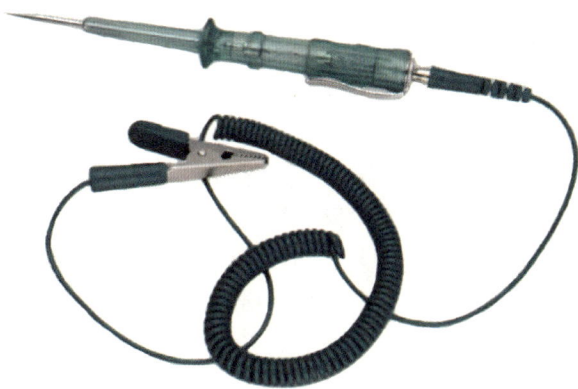

图 1-60　无源测试灯

无源测试灯是由 12V 测试灯、导线和各种不同的端头组成的。将无源测试灯一端搭铁，另一端接触到带电的元件，测试灯就会点亮，通过测试灯的亮灭来判断是否有电压。无源测试灯的使用方法如下。

1）将测试灯的一端搭铁，另一端接电气设备电源。如果灯亮，则说明该电气设备电路无故障。

2）如果灯不亮，再将测试灯接电源的第二个接点。如果灯亮，则说明在第一个接点和第二个接点之间，电路出现故障；如果灯不亮，则继续检测下一个接点，一直测量下去，直至灯亮为止，那么故障发生在灯亮的被测点与前一个被测点之间。

（三）万用表

万用表是检测电子电路时常用的工具，可以用来测量电流、电压、电阻和二极管导通等。另外，万用表具有携带方便、测量参数多等特点，深受汽车维修人员的青睐。

万用表有指针式万用表和数字式万用表两种类型，如图 1-61 和图 1-62 所示。其中，数字式万用表能精确测量电子电路，准确度远远高于指针式万用表，被广泛应用于汽车维修。

图 1-61　指针式万用表

图 1-62　数字式万用表

数字式万用表的用途如下。

1. 电路导通性的测试

1）将万用表的红表笔插入 V/Ω 插孔，将黑表笔插入 COM 插孔。

2）将万用表的功能选择开关置于电路导通/二极管测试挡位。

3）将万用表的红、黑表笔分别接入被测试电路。

4）若万用表的蜂鸣器发出警报声，则表明所测电路没有断路。

2. 二极管的测量

1）将万用表的红表笔插入 V/Ω 插孔，将黑表笔插入 COM 插孔。

2）将万用表的功能选择开关置于电路导通/二极管测试挡位。

3）将万用表的红、黑表笔分别接被测二极管的两个管脚，观察其显示值，然后将两个表笔交换位置，再测一次。若一次显示"OL"，另一次显示某个数值（1.23 或 0.45），则表明二极管状态良好；若两次都显示"OL"，则表明二极管内部已经断路；若两次都显示很小的数值，则表明二极管内部已经被击穿。

3. 电压的测量

1）将万用表的红表笔插入 V/Ω 插孔，将黑表笔插入 COM 插孔。

2）根据待测电压的大小选择量程，一般汽车的电压为 12V，应选择直流 20V 挡位。

3）将万用表的黑表笔接地，红表笔接信号线。

4）接通待测试电路，观察万用表显示区域的电压读数。

5）必要时按下 HOLD 按钮，锁定测量结果，并与标准值进行对比。

4. 电阻的测量

1）将万用表的红表笔插入 V/Ω 插孔，将黑表笔插入 COM 插孔。

2）将万用表的功能选择开关置于电阻测量挡位，此时若不设置量程，则万用表为自动量程状态。手动量程的选择范围为 0～200Ω、0～2kΩ、0～200kΩ、0～2MΩ。

3）将万用表的黑表笔和红表笔分别连接待测元件的接线端子。

4）观察万用表显示区域的数据显示。

5）必要时按下 HOLD 按钮，锁定测量结果，并与标准值进行对比。

注意：测量电阻时绝不能带电操作，否则容易烧坏万用表。

（四）汽车故障诊断仪

汽车故障诊断仪是汽车维修的重要工具，其工作原理是当电子控制系统中的某一电路出现超出规定标准的信号时，该电路及相关传感器反映的故障信息以故障码的形式存储到 ECU 内部存储器中，维修人员可利用故障诊断仪来读取故障码，并将其显示出来。常见的汽车故障诊断仪有 KT330、KT600 等，分别如图 1-63 和图 1-64 所示。

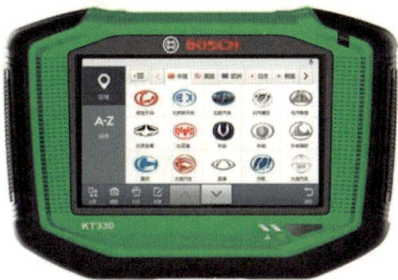

图 1-63　KT330 汽车故障诊断仪　　　　图 1-64　KT600 汽车故障诊断仪

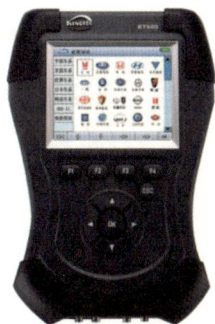

任务实施

一、准备工具、设备

实训车辆、车外防护 3 件套、车内防护 4 件套、汽车故障诊断仪、维修手册。

二、汽车电气系统故障的检测流程

（一）工具准备与安全检查

步骤要领：妥善进行车辆、个人防护和汽车场地、制动、挡位的安全检查。

（二）验证用户反映的电路问题

步骤要领：将用户反映的电路问题中的各元件都通电试一试，看用户的反映是否属实；仪表板上装有警告灯的车辆，可从警告灯的亮、灭动作来判断故障的位置；读取故障码和分析故障流。

现代汽车上的微型计算机控制系统越来越多，利用故障诊断仪读取故障码和数据流进行故障诊断非常快捷，能有效地缩小故障范围，甚至能直接完成故障定位。因此，对于微型计算机控制系统故障或相关故障，应优先使用故障诊断仪进行故障诊断。

（三）分析原理

步骤要领：熟悉汽车电路的基本工作原理，简化电路，分析电路原理图，画出有问题的电路图，制定出诊断方案。

（四）检查问题集中的电路或元件

步骤要领：进行电路的测试，验证上一步的推断。排故次序要简单明了、清晰流畅。测量还要基于方便性测试和优先测试。

（五）进行修理

步骤要领：查到问题，进行必要的修理。

（六）验证维修结果

步骤要领：复查电路是否恢复，对电路再进行系统检查，验证问题是否已经解决。

考 核 评 价

本项目的考核评价（表1-5）分为自我评价、小组评价和教师评价，其中教师评价是依据考核评价内容和学习成果进行的综合评价。

表1-5 考核评价表

班级：　　　小组：　　　姓名：　　　时间：

评价模块	评价内容	分值	自我评价	小组评价
理论知识	1）熟悉汽车电气系统的组成、特点	10		
	2）理解汽车导线、线束、开关、熔断器及继电器的作用	10		
	3）掌握汽车电气系统的常见故障及故障诊断流程	10		
操作技能	1）能辨认电气系统的位置及电路基本元件	20		
	2）能检测并判断汽车电路基本元件的性能	20		
	3）能正确使用汽车电气系统检测工具	20		
职业素养	1）具有规则意识、安全意识、团队意识	5		
	2）具有强烈的职业认同感、责任感、荣誉感	5		

综合评价：

总结与反思：

直 击 工 考

一、填空题

1. 汽车电气系统是由_____、_____和_____3 部分组成的。

2. 汽车电气系统有两个电源，分别是_____和_____。

3. 汽车导线按承受电压的高低可分为_____和_____两种。

4. 汽车常用的万用表有_____和_____两种类型。

5. 汽车电气系统检测工具有_____、_____、_____和_____等。

二、判断题

1. 汽车一般采用的搭铁方式是正极搭铁。   （   ）

2. 汽车采用低压交流电，现代汽车的标称电压有 12V 和 24V 两种。   （   ）

3. 汽车电气系统常采用直流电。   （   ）

4. 任何汽车电路电流都是从电源正极出发，经过导线流入电气设备后，再经过金属车体回到电源负极而构成回路的。   （   ）

5. 汽车线路中熔断器的作用是防止电路发生过电压。   （   ）

三、简答题

1. 简述汽车电气系统的组成及特点。

2. 简述汽车电气系统的常见故障类型。

项目二
汽车电源系统检修

项目导读

近年来，随着人们对汽车乘坐舒适性、燃油经济性、排放环保性的要求越来越高，新的电气装置在汽车上得到了广泛应用，汽车电子附件所占的比例大幅度提高，如各种电控系统（电控喷射、电控自动变速器、电控悬架）、巡航控制、车载计算机网络等。一些电磁或电动执行器也逐渐取代了液压传动和气压传动执行器，电气系统的负荷大大增加，这就要求汽车的电源系统能提供更高的电能。

汽车电源系统由蓄电池、发电机、调节器及充电状态指示装置等连接而成。目前，汽车上的电源系统可分为 12V 电源系统和 24V 电源系统，汽车上普遍使用的是交流发电机与电子调节器。

本项目主要介绍蓄电池和交流发电机的作用、分类、结构、工作原理、型号、常见故障及检修方法等。通过学习，读者应能对蓄电池和交流发电机进行故障检测。

学习目标

知识目标

1）理解汽车蓄电池、交流发电机的作用和工作原理。
2）熟悉汽车蓄电池、交流发电机的类型和结构。
3）掌握汽车蓄电池、交流发电机的故障检测方法。

能力目标

1）能够区分汽车蓄电池、交流发电机的型号。
2）能够对汽车蓄电池进行性能检测。
3）能够对交流发电机进行拆装与检测。

素养目标

1）树立环保意识、效率意识，规范操作，讲求实效。
2）在检测过程中培养专注、细致、严谨、负责的工作态度。

任务一　蓄电池性能检测

情景导入

小王接到新的维修任务，一辆大众迈腾轿车的蓄电池没电了，经询问，汽车行驶里程为 1 万 km，蓄电池使用 1 年，下一步小王该如何对这辆车的蓄电池的性能进行检测呢？

任务目标

1）理解汽车蓄电池的作用和工作原理。
2）能够区分汽车蓄电池的类型和结构。
3）能够对汽车蓄电池进行性能检测。

知识准备

一、蓄电池的作用

汽车电气设备所使用的电源是直流电源，它来自蓄电池或发电机。由蓄电池、发电机、调节器及充电状态指示装置、开关和导线等连接而成的电气系统称为电源系统，如图 2-1 所示。

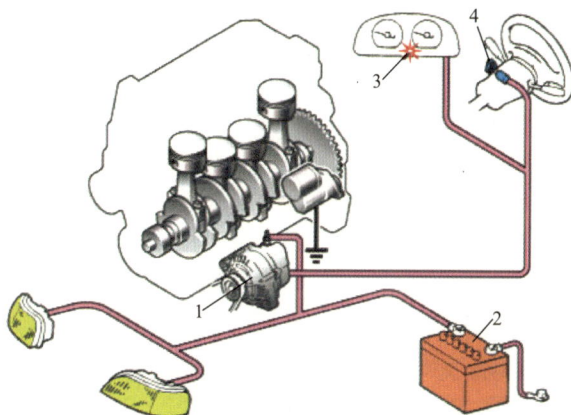

1—发电机；2—蓄电池；3—充电指示灯；4—点火开关。

图 2-1　电源系统

汽车蓄电池是汽车常用的电源之一，俗称"电瓶"。蓄电池的安装位置如图 2-2 所示。蓄电池与发电机并联连接，可向用电设备供电。蓄电池是一种将化学能转换为电能的可逆直流电源，主要是在发动机起动时，向起动机和点火系统供电。在短短的 5s 起动时间内，汽油机要求提供的起动电流一般为 200～600A，柴油机要求提供 1000A 以上的起动电流。

图 2-2　蓄电池的安装位置

蓄电池的作用如图 2-3 所示。

1）起动发动机。当起动发动机时，向起动机提供大电流，同时给点火系统等供电。

2）备用电源。当发电机不发电或电压较低时，向其他用电设备供电。

3）存储电能。当发电机正常供电时，可以将发电机剩余的电能转换为化学能储存起来。

4）协助供电。当发电机过载时，协助发电机向用电设备供电。

5）稳定电压。蓄电池相当于一只大容量电容器，不仅能保持电源系统的电压稳定，还能吸收电路中出现的瞬时高电压波，保护汽车电子元件不受损坏。

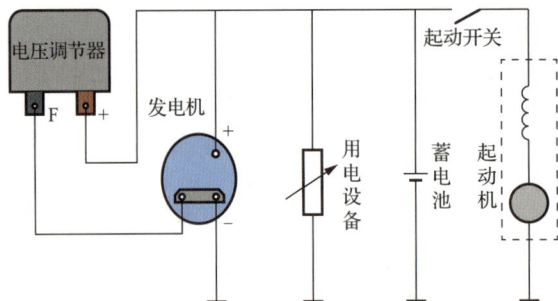

图 2-3　汽车蓄电池与电气设备作用的电路图

二、蓄电池的分类

　　汽车上所用的蓄电池主要用于满足起动机起动的需要，因此，通常将其称为起动性蓄电池。汽车蓄电池按照内部结构的不同，可分为铅酸蓄电池和镍碱蓄电池，如表 2-1 所示。其中，铅酸蓄电池的结构简单、起动性能好、价格低廉，目前被广泛应用于汽车上。

微课：蓄电池的
分类与结构

表 2-1　蓄电池的分类及特点

分类		特点
铅酸蓄电池	普通铅酸蓄电池	新蓄电池的极板不带电，使用前需按规定加注电解液；静置 6～8h，然后进行初充电，初充电的时间较长，全部充电时间为 60～70h；使用过程中需要定期维护，使用寿命可达 2 年
	干荷电铅酸蓄电池	新蓄电池的极板处于干燥的已充电状态，蓄电池内部无电解液。使用前，只需按规定加入电解液，静置 20～30min 即可使用；使用过程中需要定期维护

续表

分类		特点
铅酸蓄电池	湿荷电铅酸蓄电池	新蓄电池的极板处于已充电状态，蓄电池内部带有少量电解液。使用前，只需按规定加入电解液，静置 20～30min 即可使用
	免维护铅酸蓄电池	目前，市面上 80%以上的车型使用的蓄电池是免维护铅酸蓄电池。其密封性好、无污染、体积小、自放电小，使用过程中不需要维护，也不需要补加蒸馏水，使用寿命为 3～4 年
镍碱蓄电池	铁镍蓄电池	镍碱蓄电池的容量大、使用寿命长、维护简单，但其价格高昂，目前被用于少数汽车上
	镉镍蓄电池	

三、蓄电池的结构

蓄电池一般分隔为 6 个单格电池，每个单格电池的额定电压为 2V，将 6 个单格电池串联后制成一个 12V 蓄电池总成。蓄电池主要由极板（正极板、负极板）、隔板、电解液、外壳（电池槽、电池盖）、电槽等组成，如图 2-4 所示。

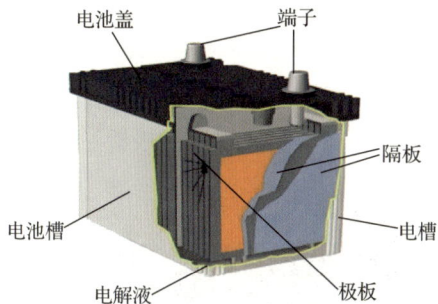

图 2-4　蓄电池的基本结构

（一）极板

极板是蓄电池的核心部件。极板是由栅架和活性物质组成的，可分为正极板和负极板。正极板上的活性物质为二氧化铅（PbO_2），呈深棕色，如图 2-5 所示；负极板上的活性物质为海绵状纯铅（Pb），呈青灰色，如图 2-6 所示。蓄电池的充、放电过程是由极板上的活性物质与电解液的电化学反应来实现的。

图 2-5　正极板

图 2-6　负极板

将一块正极板与一块负极板浸入电解液中，可得到 2V 左右的电动势。为了增加蓄电池的容量，将多块正极板并联组成正极板，将多块负极板并联组成负极板。蓄电池的极板组如图 2-7 所示。

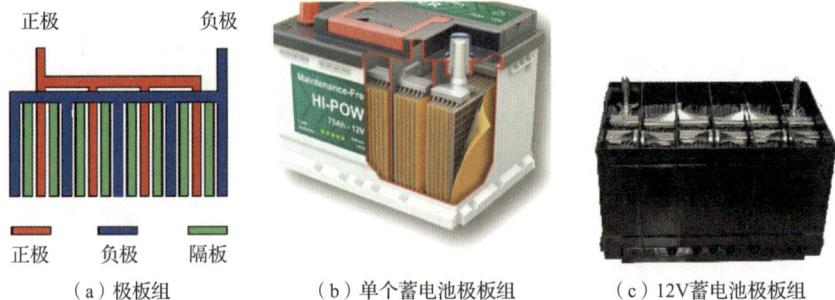

正极　负极

正极　负极　隔板

（a）极板组　　　（b）单个蓄电池极板组　　　（c）12V蓄电池极板组

图 2-7　蓄电池的极板组

正极板的强度较低，所以在单格电池中，负极板的块数比正极板多一块，从而使每一块正极板都处于两块负极板之间，这样可以保持正极板两侧放电均匀，且可以防止极板弯曲变形。

（二）隔板

隔板安装在正极板与负极板之间，用于将正、负极板隔离，防止两极板短路，如图 2-8 所示。为了减小蓄电池的内阻和体积，安装正、负极板时应使它们尽量靠近。

正极极板组

隔板　　　负极极板组

图 2-8　隔板

蓄电池内部环境的特殊性，要求隔板具有通透性、耐酸性、抗氧化性。目前，常用的隔板材料有木质、微孔橡胶和微孔塑料等，袋式微孔塑料隔板由于通透性好、孔径小、价格低，所以被广泛使用。

（三）电解液

电解液在蓄电池电化学反应中起到离子导电的作用，并参与化学反应。电解液由相对密度为 $1.83 \sim 1.84 \text{g/cm}^3$ 的纯硫酸与蒸馏水按一定的比例配制而成，如图 2-9 所示。

电解液密度是影响蓄电池电气性能和使用寿命的重要因素，其密度一般为 $1.24 \sim 1.30 \text{g/cm}^3$。因此，蓄电池电解液必须符合行业标准《铅酸蓄电池用电解液》（JB/T 10052—2010）中的规定。工业硫酸和普通水中含铜、铁等杂质较多，会加快蓄电池自放电，因此不能用于蓄电池。

（四）外壳

蓄电池外壳由电池槽和电池盖组成，如图2-10所示，其作用是盛装电解液和极板组。

目前使用的蓄电池外壳大多采用耐酸、耐热和抗振的硬橡胶或聚丙烯塑料制成，外壳内部分成6个互不相通的单格电池槽和电池盖。它的优点为质量小、体积小、耐腐蚀、强度高。

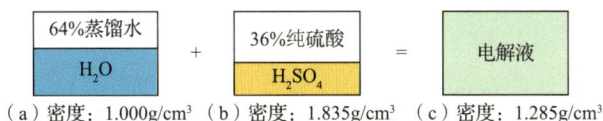

（a）密度：1.000g/cm³　（b）密度：1.835g/cm³　（c）密度：1.285g/cm³

图2-9　电解液的配制比例

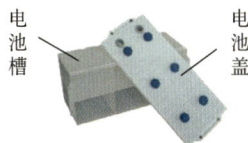

图2-10　蓄电池的外壳

四、蓄电池的型号

按照机械行业标准《铅酸蓄电池名称、型号编制与命名办法》（JB/T 2599—2012）的规定，铅酸蓄电池型号由3部分组成，型号内容及排列情况如图2-11所示。

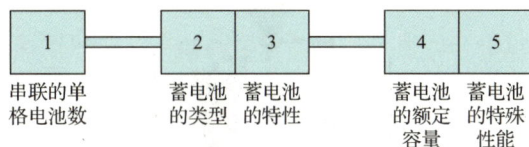

图2-11　蓄电池的型号内容及排列

蓄电池的型号含义如表2-2所示。

表2-2　蓄电池的型号含义

第一部分	第二部分		第三部分	
串联的单格电池数	蓄电池的类型	蓄电池的特性	蓄电池的额定容量	蓄电池的特殊性能
用阿拉伯数字表示	用大写的汉语拼音字母表示，如Q——起动用铅酸蓄电池，N——内燃机车用蓄电池，M——摩托车用蓄电池	用大写的汉语拼音字母表示，如A——干荷电铅酸蓄电池，H——湿荷电铅酸蓄电池，W——免维护铅酸蓄电池，B——薄型极板，无字母——普通铅酸蓄电池	20h放电率的额定容量，单位为A·h，单位省略	用大写的汉语拼音字母表示，如G——高起动率，D——低温性能好，S——塑料槽蓄电池

例如，型号6QA60S代表额定电压为12V、额定容量为60A·h的汽车用干荷电塑料槽铅酸蓄电池，如图2-12所示；型号6QW60D代表额定电压为12V、额定容量为60A·h、低温性能好的汽车用免维护铅酸蓄电池。

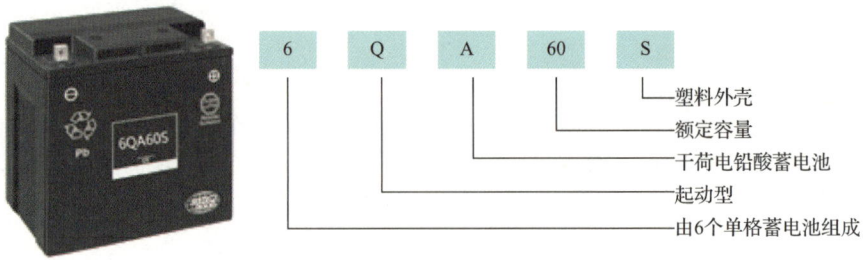

图 2-12　6QA60S 蓄电池

五、蓄电池的工作原理

蓄电池的工作过程就是化学能与电能的转换过程。蓄电池向外供电时，将化学能转换为电能供用电设备使用；蓄电池被充电时，将电能转换为化学能储存起来。蓄电池在充放电过程中的化学反应是可逆的。其化学反应如图 2-13 所示。

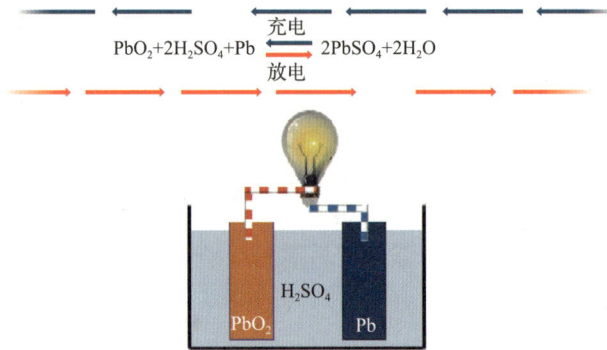

$$PbO_2+2H_2SO_4+Pb \underset{放电}{\overset{充电}{\rightleftharpoons}} 2PbSO_4+2H_2O$$

图 2-13　蓄电池的化学反应

微课：蓄电池的
工作原理

（一）蓄电池的静态电动势

将蓄电池的正、负极板放置于电解液中，正极板上的二氧化铅（PbO_2）在电解液的作用下被电离，使正极板呈现正电，当两者达到动平衡后，正极板的电位约为+2V。负极板上的铅（Pb）在电解液的作用下被电离，使负极板呈现负电，当两者达到动平衡后，负极板的电位约为-0.1V。正、负极板的电位差约为 2.1V，称为蓄电池的静态电动势，如图 2-14 所示。

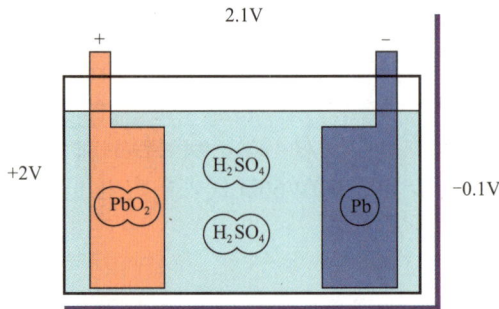

图 2-14　蓄电池的静态电动势

（二）蓄电池放电的工作过程

蓄电池将化学能转换成电能的过程称为蓄电池的放电过程，如图 2-15 所示。电子 e 从负极板经过外电路的负荷流往正极板，使正极板的电位下降，从而破坏了原有的平衡状态，发生电化学反应。在蓄电池放电的过程中，正极板活性物质由二氧化铅转变为硫酸铅，负极板上的活性物质由纯铅也转变为硫酸铅，电解液消耗硫酸生成水，电解液密度逐渐下降。

正极板：$Pb^{4+} + SO_4^{2-} \longrightarrow PbSO_4$。

负极板：$Pb + SO_4^{2-} \longrightarrow PbSO_4$。

电解液：$2H^+ + O^{2-} \longrightarrow H_2O$。

（三）蓄电池充电的工作过程

蓄电池将外接电源的电能转换成化学能储存起来的过程称为蓄电池的充电过程，如图 2-16 所示。当电源电压高于蓄电池的电动势 E 时，电流由蓄电池的正极流入，从蓄电池的负极流出，也就是电子 e 由正极板经外电路流往负极板。电解液中的硫酸不断增多，水逐渐减少，溶液密度逐渐上升。

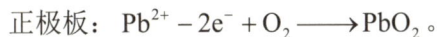

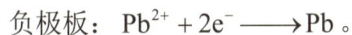

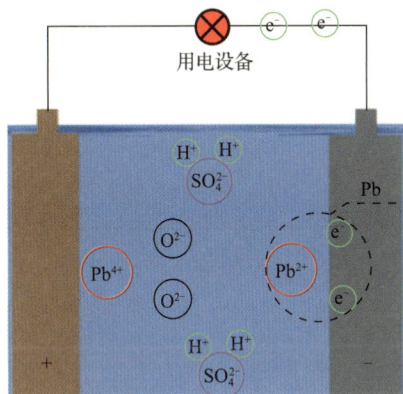

正极板：$Pb^{2+} - 2e^- + O_2 \longrightarrow PbO_2$。

负极板：$Pb^{2+} + 2e^- \longrightarrow Pb$。

电解液：$2H^+ + SO_4^{2-} \longrightarrow H_2SO_4$。

图 2-15　蓄电池放电的工作过程　　　　图 2-16　蓄电池充电的工作过程

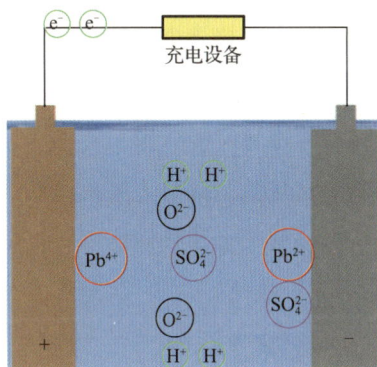

六、蓄电池的性能参数

（一）蓄电池的容量

蓄电池的容量是标志蓄电池对外放电能力、衡量蓄电池性能优劣及选用蓄电池的最重要指标。

蓄电池的容量是指在规定的放电条件下，完全充足电的蓄电池所能放出的电量，用 C 来表示。蓄电池的容量 C 等于放电电流 I_f 与放电时间 T_f 的乘积。

$$C = I_f T_f$$

微课：蓄电池的性能检测

式中，C——蓄电池的容量，单位为 A·h；

I_f——放电电流，单位为 A；

T_f——放电时间，单位为 h。

（二）蓄电池的额定容量

额定容量是检验蓄电池性能的重要指标。根据国家标准《起动用铅酸蓄电池 第 1 部分：技术条件和试验方法》（GB/T 5008.1—2023）规定，将充足电的蓄电池，在电解液初始温度为（25±5）℃的条件下，以 20h 放电率的电流连续放电，其单格电池终止电压为 1.75V，整个蓄电池的终止电压为（10.5±0.5）V 时，蓄电池所输出的电量称为额定容量，符号为 C_{20}，单位为 A·h。

例如，某蓄电池的型号为 6QW90，表示充足电的新蓄电池，在电解液初始温度为 25℃时，以 4.5A 的电流连续放电 20h，蓄电池单格电池平均电压降到 1.75V 所输出的电量。额定容量 $C_{20} = 4.5 \times 20 = 90$（A·h。）

（三）蓄电池的冷起动电流

蓄电池的冷起动电流是指充足电的蓄电池在-18℃的条件下，持续放电 30s，蓄电池端的电压下降到 7.2V 时所能供给的电流，单位为 A，用 CCA 表示。冷起动电流反映了蓄电池低温起动的性能。众所周知，蓄电池在冬季时起动性能会下降，外界温度直接影响蓄电池的起动性能。

例如，蓄电池铭牌上的标识为 475CCA，表示蓄电池以 475A 的电流连续放电 30s 后，蓄电池的电压应为 7.2V 及以上。

七、蓄电池的常见故障类型

蓄电池常见的故障分为外部故障和内部故障。外部故障主要有外壳裂纹、极柱腐蚀或松动等；内部故障主要有极板硫化、极板短路、自放电和活性物质脱落等。

（一）极板硫化

1. 故障现象

蓄电池极板上生成一层白色粗晶粒的 $PbSO_4$，在正常充电时不能还原成 PbO_2 和 Pb 的现象，称为硫酸铅硬化现象，简称硫化现象。出现硫化现象后，蓄电池内阻会增大，容量会变小。

2. 故障原因

蓄电池长期充电不足或不及时充电、长期过量放电或小电流深度放电、蓄电池电解液液面过低。

3. 排除方法

轻度硫化的蓄电池可用小电流长时间充电的方法进行排除；硫化较严重的蓄电池采用

去硫化充电方法消除硫化；硫化特别严重的蓄电池应及时报废。

（二）极板短路

1. 故障现象

蓄电池正、负极板直接接触或被其他导电物质搭接称为极板短路。极板短路的蓄电池充电时充电电压很低或为零，电解液温度迅速升高，密度上升很慢，充电末期气泡很少。

2. 故障原因

隔板破损导致正、负极板接触；活性物质大量脱落，堆积造成正、负极板接触；极板组弯曲变形；导电物质进入电解液。

3. 排除方法

出现极板短路时，必须将蓄电池拆开检查。更换破损的隔板，消除沉积的活性物质，校正或更换弯曲的极板组等。

（三）自放电

蓄电池自放电有两种情况：一种是正常自放电，另一种是故障性自放电。蓄电池在无负载的状态下，电量自动消失的现象称为自放电。如果充足电的蓄电池在 30 天之内每昼夜容量降低超过 2%，则称为故障性自放电。

1. 故障现象

在无负载的状态下，电量自动消失。

2. 故障原因

电解液不纯导致杂质与极板之间形成电位差，产生局部放电；蓄电池长期存放，电解液下沉，使极板上、下部产生电位差引起自放电；蓄电池溢出的电解液堆积在电池盖的表面，使正、负极柱形成通路；极板活性物质脱落，下部沉积物过多使极板短路。

3. 排除方法

对于自放电较轻的蓄电池，可将其正常放完电后倒出电解液，用蒸馏水反复清洗干净，再加入新电解液，充足电后即可使用；自放电较为严重时，应将电池完全放电，然后倒出电解液，取出极板组，抽出隔板，用蒸馏水冲洗之后重新组装，加入新的电解液重新充电后使用。

（四）活性物质脱落

1. 故障现象

正极板上的活性物质 PbO_2 脱落，蓄电池容量减小，充电时从加液孔中可以看到有褐色物质，电解液浑浊。

2. 故障原因

蓄电池充电电流过大；蓄电池经常过充电；经常低温大电流放电使极板弯曲变形；汽车运行过程中的颠簸振动。

3. 排除方法

对于活性物质脱落的铅酸蓄电池，若沉积物较少，则可清除后继续使用；若沉积物较多，则应更换新极板和电解液。

微课：蓄电池的充电

微课：汽车蓄电池
跨接起动

八、蓄电池的充电方法

蓄电池的充电方法有定流充电、定压充电、脉冲快速充电。

（一）定流充电

1. 特点

在充电过程中，保持充电电流恒定的充电方法称为定流充电。如图 2-17 所示，定流充电分两个阶段进行：第 1 阶段，电流值为蓄电池额定容量的 1/10，充电至单格端电压 2.4V，并且电解液中放出气泡；第 2 阶段，充电电流减半，充电至电解液沸腾且密度和端电压连续 2~3h 不变时为止。

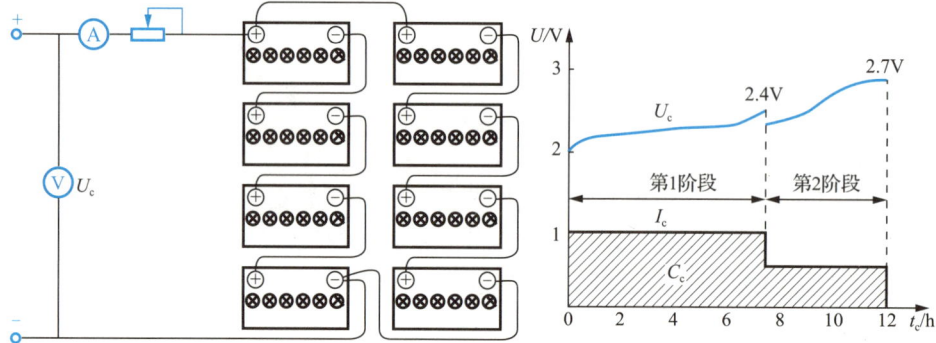

（a）定流充电连接方式　　　　　　　　（b）定流充电曲线

U_c——充电电压；I_c——充电电流；C_c——电池容量；t_c——充电时间。

图 2-17　定流充电

2. 优点

充电电流可任意选择，适用于蓄电池的初充电、补充充电及去硫化充电等。

3. 缺点

充电时间长，需要经常调整充电电压。

（二）定压充电

1. 特点

在充电过程中，电源电压始终保持不变的充电方法称为定压充电。汽车上发电机对蓄电池的充电就是定压充电。如图 2-18 所示，在定压充电开始时，充电电流很大。此后随着蓄电池电动势的增大，充电电流逐渐减小，至充电终止时，充电电流降到最小值。如果充电电压调整得当，则当充足电时，充电电流为零。

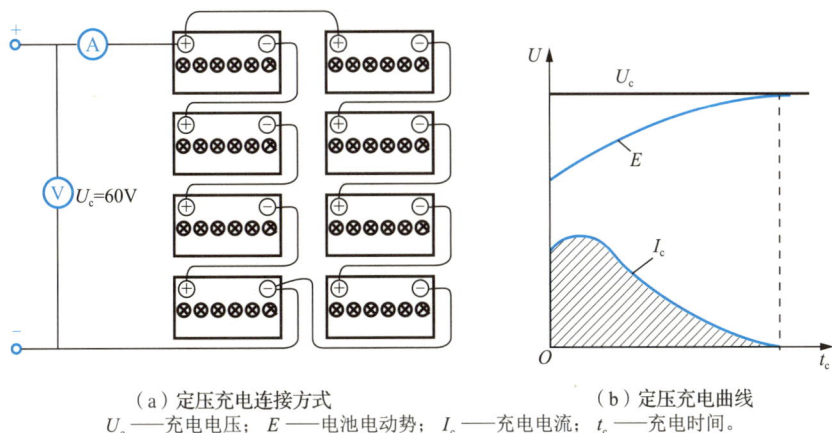

（a）定压充电连接方式　　　　　　　（b）定压充电曲线

U_c——充电电压；E——电池电动势；I_c——充电电流；t_c——充电时间。

图 2-18　定压充电

2. 优点

充电速度快，充电时间短，充电电流会随着电动势的上升而逐渐减小到零，适用于蓄电池的补充充电。

3. 缺点

充电电流大小不能调整，所以不能保证蓄电池彻底充足电。

（三）脉冲快速充电

在充电过程的后期，蓄电池两极板之间的电位差会高于两极板活性物质的平衡电极电位（每单格为 2.1V），这种现象称为极化。极化阻碍了蓄电池充电过程化学反应的正常进行，是造成充电效率低及充电时间长的主要因素。

脉冲快速充电克服了充电过程中所产生的极化现象，有效地提高了充电效率。脉冲快速充电利用的是充电初期极化现象不明显、蓄电池可以接收大电流充电的特点。

脉冲快速充电的工作过程如图 2-19 所示。初期采用$(0.8～1)C_{20}$（C_{20}为蓄电池的额定容量）的大电流对蓄电池进行定流充电，使蓄电池容量在短时间内达到 60%左右的额定容量；当单格蓄电池的端电压达 2.4V 且电解液开始冒气泡时，控制电路使充电转入脉冲快速充电阶段：先停止充电 25ms 左右，然后用反向脉冲进行快速充电，反向充电的脉宽一般为 150～1000μs，脉幅为(1.5～3) C_{20} 的充电电流，接着停止充电 25ms，最后用正向脉冲进行充电，周而复始，直到充足电为止。

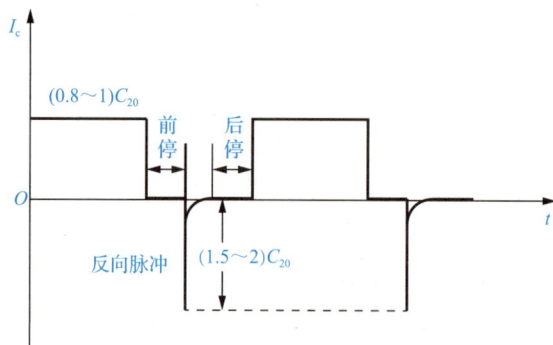

图 2-19　脉冲快速充电的工作过程

脉冲快速充电的优点如下。

1）充电时间大为缩短，一般初充电不超过 5h，补充充电需要 1～2h。采用定流充电进行初充电时需要 60～70h，采用定压充电进行补充充电时需要 13～16h。

2）可以增加蓄电池的容量。由于脉冲快速充电能够消除极化现象，所以充电时化学反应充分，加深了反应深度，使蓄电池的容量有所增加。

3）去硫化作用显著。

九、蓄电池的充电类型

按充电用途不同，蓄电池充电工艺可分为初充电、补充充电、循环锻炼充电、去硫化充电等。

（一）初充电

初充电是指新蓄电池或更换极板的蓄电池在使用前的首次充电。其目的是恢复蓄电池在存放期间极板上缓慢硫化和自放电而失去的电量。

（二）补充充电

对于在汽车上使用的蓄电池，经常有充电不足的现象发生。若发现有下列现象之一，则应进行蓄电池放电程度的检查，以便进行补充充电：

1）电解液相对密度下降至 1.20 g/cm^3 以下（用密度计测量）；

2）单格电池电压下降至 1.75V 以下；

3）灯光暗淡，起动无力，喇叭沙哑；

4）冬季放电超过额定容量的 25%，夏季放电超过额定容量的 50%。

（三）循环锻炼充电

蓄电池在使用过程中经常处于部分放电的状态，参加化学反应的活性物质有限，为迫使相当于额定容量的活性物质都能参加工作，以避免活性物质由于长期不参与化学反应而收缩，每隔一段时间（如 3 个月）应对蓄电池进行一次循环锻炼充电。充电方法是先用补充充电法将蓄电池充足电，然后以 20h 放电率放完电，最后用补充充电法充足电即可。

（四）去硫化充电

铅酸蓄电池发生硫化故障后，其内电阻将显著增大，充电时温度升高也较快。硫化程度较轻时可以使用去硫化充电法消除硫化。硫化严重的铅酸蓄电池，只能报废。

任务实施

一、准备工具、设备

蓄电池、苏打水、万用表、高功率放电计、蓄电池智能检测仪。

二、检测汽车蓄电池的性能

（一）蓄电池的外观检查

1. 外观检查

1）蓄电池外观不得有变形、裂纹，蓄电池在汽车上安装要牢固。

2）检查蓄电池的连接线是否牢固，所有接头必须接触良好，防止产生火花，引起蓄电池爆炸，如图 2-20 所示。

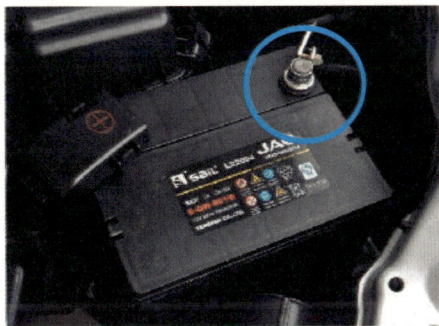

图 2-20　蓄电池的外观检查

3）仔细检查蓄电池支架或其附近是否有润湿现象，经常清除蓄电池盖上的灰尘污物及溢出的电解液，保持清洁干燥，防止自放电。

2. 蓄电池的电量指示器

免维护铅酸蓄电池上面设有观察窗，安装了蓄电池电量指示器，自动显示蓄电池的充电情况和电解液液面的高低。通过观察窗呈现出绿色、黑色或白色，来确定蓄电池的工作状态。其工作原理如图 2-21 所示。

当蓄电池存电充足时，电解液的相对密度就高，绿色浮球浮力就大，绿色浮球浮在中央最高点，观察窗呈现出绿色，表示可正常使用，如图 2-21（a）所示。

当蓄电池存电不足时，电解液的相对密度就小，绿色浮球浮力就小，绿色浮球浮在中央最低点，观察窗呈现黑色，表示需要补充充电，如图 2-21（b）所示。

当电解液液面过低时，观察窗呈现透明色或白色，表示蓄电池需要更换，如 2-21（c）所示。

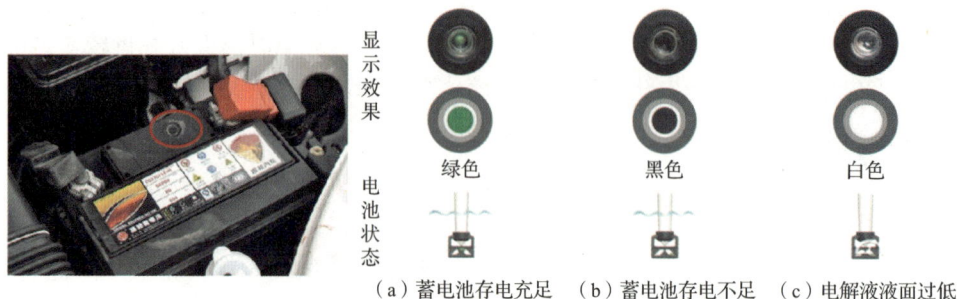

（a）蓄电池存电充足　（b）蓄电池存电不足　（c）电解液液面过低

图 2-21　蓄电池的电量指示器

（二）蓄电池的技术状态检测

1. 蓄电池开路电压的检测

测量蓄电池的开路电压时，蓄电池应处于稳定状态，当蓄电池充、放电或加注蒸馏水后，应静置半小时后再测量。蓄电池的开路电压可用万用表的电压挡测量，将万用表的正、负表笔分别与蓄电池的正、负极相接即可，如图 2-22 所示。蓄电池的端电压反映了蓄电池的存电状态。

图 2-22　使用万用表测量蓄电池的开路电压

2. 蓄电池电解液密度的检测

由电解液的不同密度可以判断蓄电池的存电状态。在 25℃ 的条件下，电解液的密度每下降 $0.01g/cm^3$，相当于蓄电池放电 6%。

1）吸管式密度计测量法。使用密度计测量时，先取下蓄电池上的加液孔盖，然后将密度计下端放入蓄电池内，手捏密度计上端的橡皮球，慢慢放松橡皮球，把电解液吸入玻璃管，吸入的电解液不要过多或过少，应使管子内的浮子浮在合适位置，观察视线应与液面齐平，通过浮子的上浮位置即可读出读数，如图 2-23 所示。

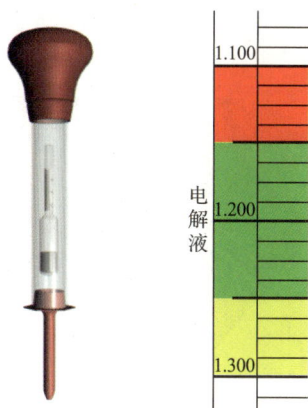

图 2-23 吸管式密度计测量法

2）冰点测试仪测量法。冰点测试仪可用于测量蓄电池电解液的相对密度。使用冰点测试仪时，先掀开其盖板，然后使用柔软的绒布擦净折光棱镜表面及盖板，用吸管吸取溶液滴于折光棱镜上，盖上盖板，轻轻按压平，里面不要有气泡，然后通过目镜读取蓝白分界线的相对刻度值，即为被测液体的相对密度测量值，如图 2-24 所示。

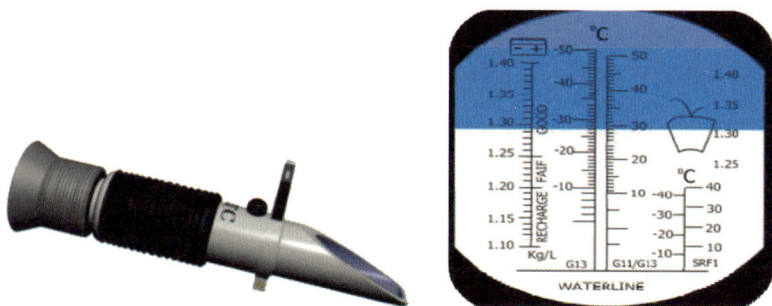

图 2-24 冰点测试仪测量法

测量时，注意不要将液体洒在皮肤和眼睛上，以防烧伤；测试后，用潮湿的绒布擦干净折光棱镜表面及盖板上的附着物，待干燥后，将冰点测试仪妥善保存。

3. 使用高功率放电计检测蓄电池的技术状况

高功率放电计如图 2-25 所示，它模拟接入起动机负荷，测量蓄电池在大电流（接近起动机起动电流）放电时的端电压，用于判断蓄电池的放电程度和起动能力。高功率放电计由一个电压表和一个定值负载电阻组成。

测量时，将两个夹子与蓄电池的正、负极柱连接，不超过 5s，观察在大负荷放电情况下蓄电池所能保持的端电压。一般使用高功率放电计测量时，技术状况良好的蓄电池的电压应在 9.6V 以上，并在 5s 内保持稳定；若电压稳定为 10.6～11.6V，则说明存电充足；若 5s 内电压迅速下降，电压值低于 9.0V，并且这个低电压值很长时间保持不变，则说明该蓄电池已损坏。

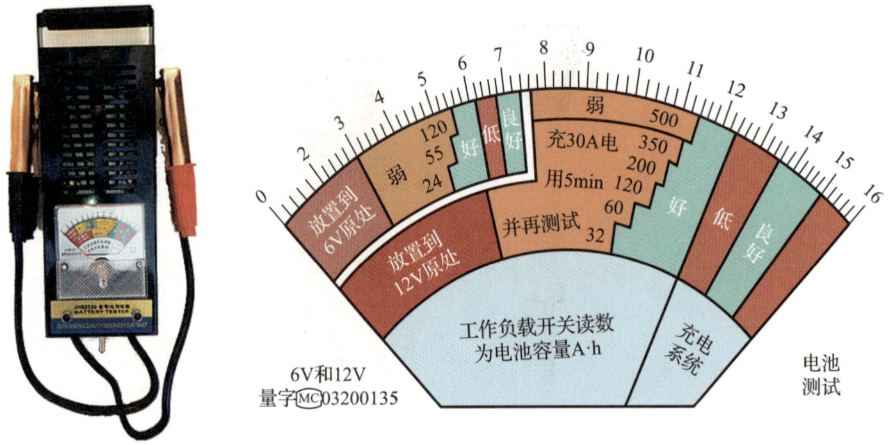

图 2-25　高功率放电计

任务二　交流发电机性能检测

情景导入

　　小王接到新的维修任务，一辆迈腾 B7 轿车充电指示灯显示一直亮，经检修，维修师傅说可能是交流发电机损坏造成的，需要对交流发电机的性能进行检测，那么该如何进行检测呢？

任务目标

1）理解交流发电机的结构与工作原理。
2）能够区分交流发电机的型号。
3）能够对交流发电机进行拆装与检测。

知识准备

一、交流发电机的作用

　　交流发电机是汽车重要的电源，是汽车的主电源。交流发电机安装在发动机的前端，靠发动机的传动带传递动力，安装位置如图 2-26 所示。随着汽车的电气设备数量越来越多，要求交流发电机对外输出的功率也越来越高，常见汽车发电机的输出功率在 1200W 以上。

　　交流发电机与蓄电池并联，当发动机正常工作时，它向汽车上除起动机外的所有用电设备供电，还可以给蓄电池充电。交流发电机具有以下特点：发电性能好、使用寿命长、体积小、质量小、结构紧凑等，其中硅整流交流发电机应用较为普遍。

　　交流发电机的线路连接图如图 2-27 所示。

图 2-26　交流发电机的安装位置

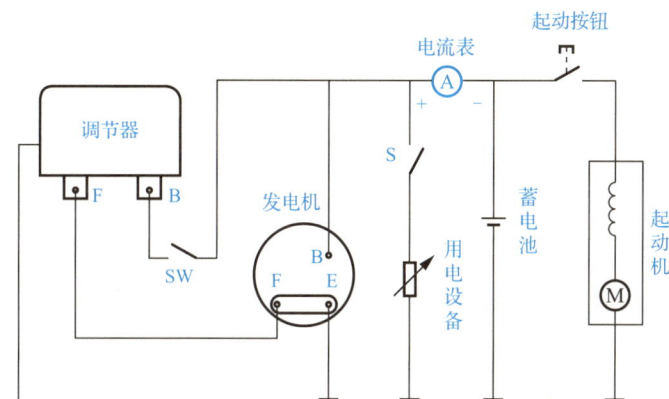

图 2-27　交流发电机的线路连接图

二、交流发电机的分类

（一）按总体结构划分

汽车交流发电机按总体结构可分为整体式交流发电机、普通交流发电机、带泵交流发电机、无刷交流发电机和永磁交流发电机。

1）整体式交流发电机：发电机和调节器组成一个整体的发电机。

2）普通交流发电机：使用时需要配装电压调节器的发电机。

3）带泵交流发电机：安装汽车制动系统且使用真空助力泵的发电机。

4）无刷交流发电机：不需要电刷的发电机。

5）永磁交流发电机：磁极为永磁铁的发电机。

（二）按整流器的二极管数量划分

车用交流发电机的整流器分别设置有 6 个二极管、8 个二极管、9 个二极管和 11 个二极管。

（1）6 管交流发电机

6 管交流发电机的 6 个二极管用于组成三相全波桥式整流电路，将发电机定子绕组产生的三相交流电转换成直流电，如图 2-28 所示。

（2）8 管交流发电机

8 管交流发电机的整流器由 8 个硅二极管组成。其中，6 个硅二极管组成三相全波整流电路，另外 2 个二极管接在发电机的中性点与"+"（输出端）和"-"（搭铁）之间。将中性点电压和三相绕组并联输出，实践证明这样可以提高 10%～15%的发电机功率，如图 2-29 所示。

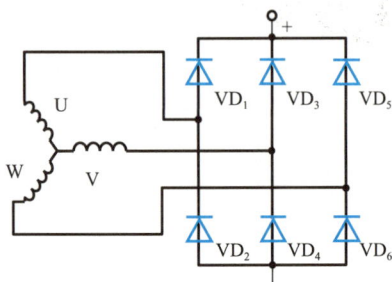

图 2-28　6 管交流发电机

图 2-29　8 管交流发电机

（3）9 管交流发电机

9 管交流发电机除有 6 个硅二极管用于全波整流外，还有 3 个功率较小的二极管专门用于供给发电机励磁电流，所以它们又称励磁二极管，如图 2-30 所示。

（4）11 管交流发电机

如图 2-31 所示，11 管交流发电机的整流器由 8 个大功率硅整流二极管（整流二极管分为正极管和负极管两种。引出电极为正极的称为正极管，引出电极为负极的称为负极管）和 3 个小功率磁场二极管组成。其中，8 个整流二极管（其中 6 个接三相绕组，2 个接中性点）组成全波桥式整流电路，对外负载输出；3 个小功率磁场二极管与 3 个大功率负极管也组成三相全波桥式整流电路，为发电机磁场供电和控制充电指示灯电路。11 管交流发电机兼顾了 8 管交流发电机和 9 管交流发电机的优势。

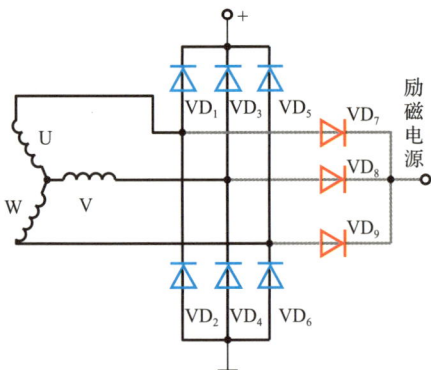

图 2-30　9 管交流发电机

图 2-31　11 管交流发电机

三、交流发电机的结构

普通交流发电机主要的组成部分有转子、定子、整流器、电刷组件、前端盖、后端盖、风扇、传动带轮等，如图 2-32 所示。

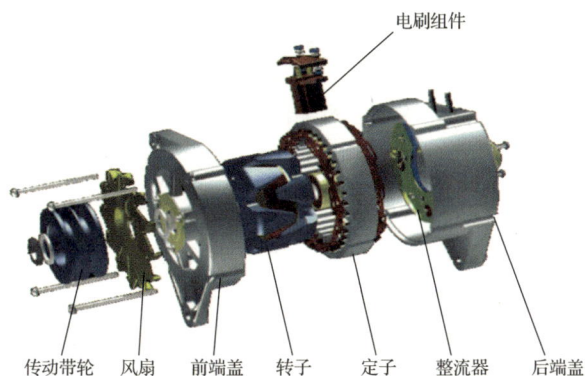

图 2-32　交流发电机的结构

微课：交流发电机的结构

（一）转子

转子的功用是通电后产生磁场。它主要由爪极、磁场绕组、集电环和转子轴等组成，如图 2-33 所示。

1）爪极。爪极有两块，每块爪极有 6 个鸟嘴形磁极，两块爪极压装在转子轴上，爪极空腔内装有磁场绕组和磁场铁心。

2）集电环由彼此绝缘的两个铜环组成。集电环压装在转子轴的一端并与转子轴绝缘。磁场绕组的两个引出线分别焊接在两个集电环上。两个集电环分别与发电机后端盖上的两个电刷相接触。当两个电刷与直流电源接通时，磁场绕组中便有电流流过，并产生轴

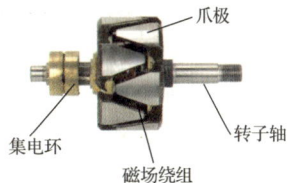

图 2-33　转子的结构

向磁通，使一块爪极磁化为 N 极，另一块爪极磁化为 S 极，从而形成 6 对相对交错的磁极。

（二）定子

定子的功用是产生和输出交流电。定子由定子铁心和定子绕组（线圈）组成，如图 2-34 所示。它安装在转子的外面，和发电机的前、后端盖固定在一起，当转子在其内部转动时，引起定子绕组中的磁通变化，定子绕组中就产生交变的感应电动势。

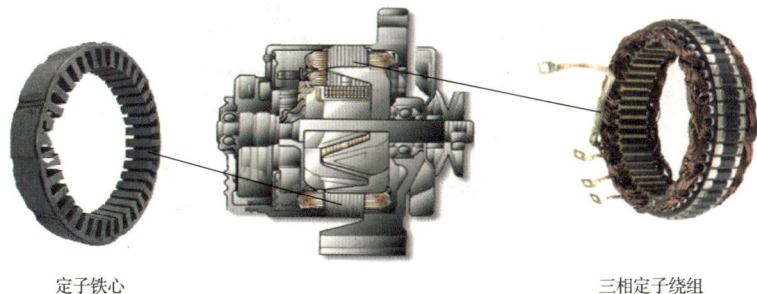

图 2-34　定子的结构

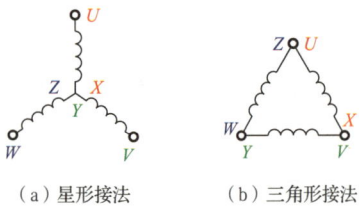

（a）星形接法　　（b）三角形接法

图 2-35　定子绕组连接方法

定子绕组有 3 组线圈，对称地嵌放在定子铁心的槽中。三相绕组的连接方法有星形接法（简称 Y 形接法）和三角形接法（简称 △ 形接法）两种，如图 2-35 所示。一般情况下，硅整流发电机采用星形接法，即每相绕组的首端分别与整流器的硅二极管相接，每相绕组的尾端接在一起，形成中性点（N）。汽车交流发电机的三相绕组大多数采用星形接法，只有部分大功率发电机采用三角形接法。

（三）整流器

整流器是将汽车交流电转换成直流电的一种装置，在汽车发电机中，一般采用三相桥式整流电路作为整流器。它由整流板和散热板组成。整流板上嵌有整流二极管，这些整流二极管可分为正极管和负极管两类。

整流二极管分别压装（或焊装）在相互绝缘的两块板上，3 个正极管装在其中的一块板上，称为正整流板（带有输出端螺栓），如图 2-36（a）所示；3 个负极管安装在另一块板上，称为负整流板，如图 2-36（b）所示，负整流板和发电机外壳直接相连（搭铁），也可以将发电机的后盖直接作为负整流板。

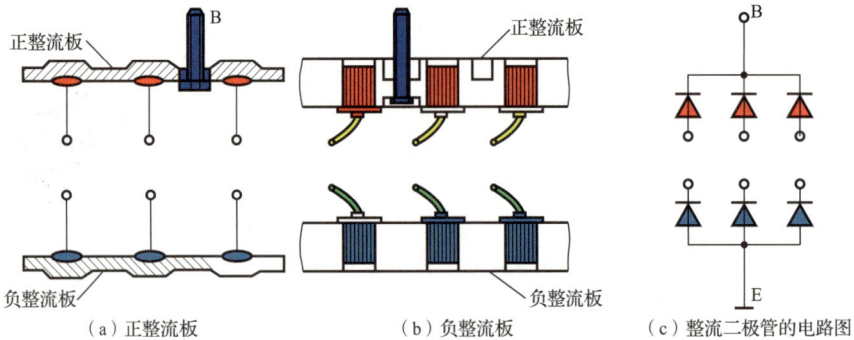

（a）正整流板　　　　（b）负整流板　　　　（c）整流二极管的电路图

图 2-36　整流器

（四）电刷组件

电刷组件由电刷、电刷架和电刷弹簧组成，如图 2-37 所示。

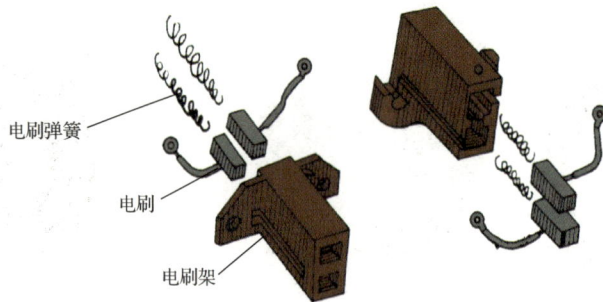

图 2-37　电刷组件

电刷的作用是将电源通过集电环引入励磁绕组，如图 2-38 所示。两个电刷分别装在电刷架的孔内，借助弹簧压力与集电环保持接触。

绝缘树脂　电刷
转子轴
绕组端子线（转子绕组）
集电环
电流方向

图 2-38　电刷的工作原理

（五）端盖及风扇

端盖分为前端盖和后端盖，起支撑转子、定子、整流器和电刷组件的作用，如图 2-39 所示。其一般使用非导磁性材料铝合金铸造，一是可以有效地防止漏磁，二是散热性能好。汽车上使用的发电机的前、后端盖上通常设有通风口，风扇的主要作用是散热，常与发动机传动带轮安装在一起。当传动带轮和风扇一起旋转时，空气高速流经发电机内部进行冷却。后端盖上装有电刷组件。

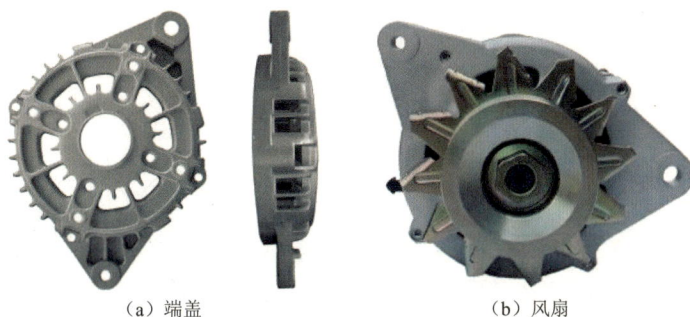

（a）端盖　　　　　　（b）风扇

图 2-39　端盖及风扇

四、交流发电机的工作原理

（一）发电原理

交流发电机的基本原理是电磁感应原理，即交流发电机利用产生磁场的转子旋转，使穿过定子绕组的磁通量发生变化，在定子绕组内产生交流感应电动势。如图 2-40 所示为交流发电机的工作原理。

图 2-40　交流发电机的工作原理

（二）整流原理

　　整流器一般采用三相桥式整流电路，它由 6 个二极管组成。利用整流二极管的单向导电特性即可把交流电转换为直流电。如图 2-41 所示，整流二极管的导通原则：在 3 个正极管中，正极电位最高的管子导通；在 3 个负极管中，负极电位最低的管子导通，但同时导通的管子总是 2 个，即正、负管子各 1 个。交流发电机的整流过程如图 2-42 所示。

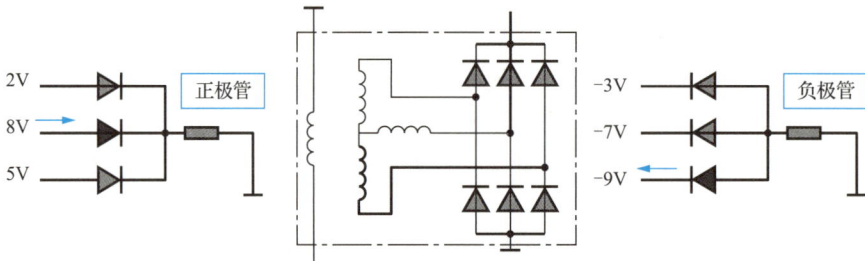

图 2-41　整流原理

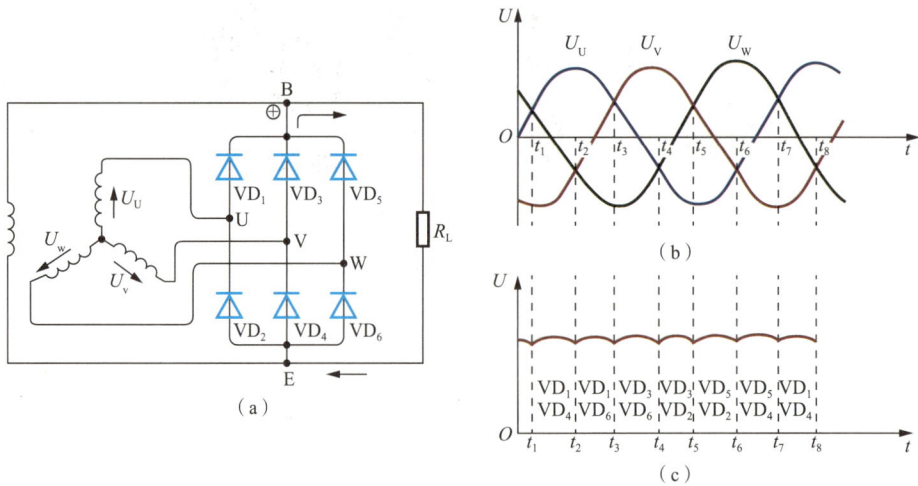

图 2-42　交流发电机的整流过程

五、交流发电机的励磁方式

将电流引入交流发电机的励磁绕组而产生的磁场称为励磁，汽车的交流发电机都需要进行励磁。交流发电机的励磁方式有他励和自励两种。

（一）他励

当发动机未达到怠速转速，发动机带动发电机的转速较低时，需要蓄电池给发电机的励磁绕组提供电流，进而使励磁绕组产生磁场，这样发电机才能发电。这种由蓄电池给励磁绕组供电的方式称为他励，如图 2-43 所示。

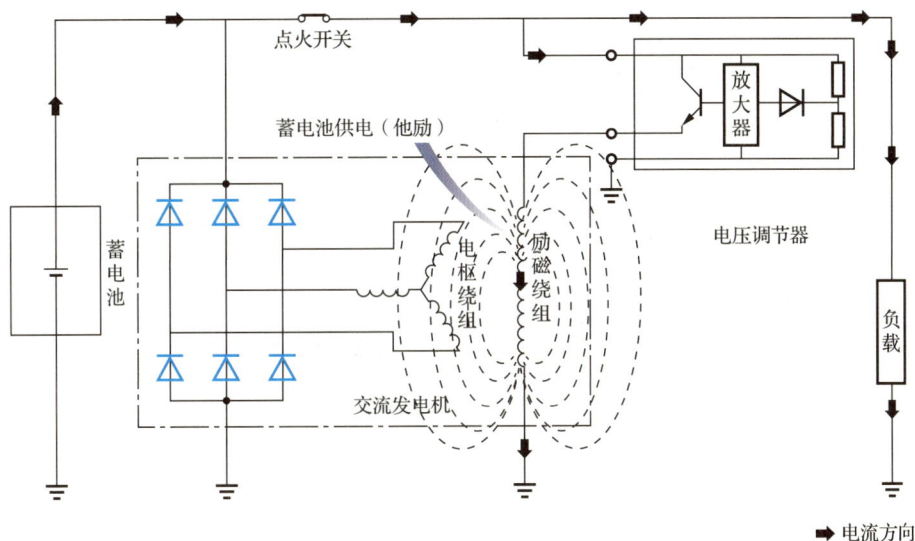

图 2-43　他励发电

（二）自励

当发动机达到怠速转速或正常运行，发动机带动发电机的转速较高时，发电机输出的电压高于蓄电池的电压，此时励磁绕组需要的电流由发电机供给，而不再由蓄电池提供。这种由发电机给励磁绕组自供自给的方式称为自励，如图 2-44 所示。

交流发电机的励磁方式：当交流发电机低速运转时，其输出电压低于蓄电池的电压，蓄电池给励磁绕组供电，采用他励。当交流发电机转速升高时，其输出电压高于蓄电池的电压，交流发电机给励磁绕组供电，采用自励。从整个工作过程来看，交流发电机先他励再自励，其励磁方式为混合励磁。

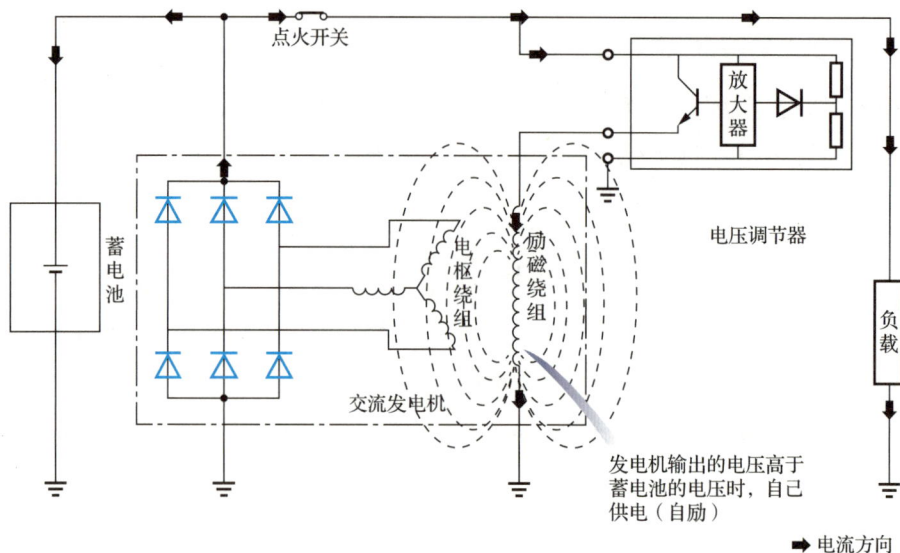

图 2-44　自励发电

六、交流发电机的型号

根据行业惯例，汽车交流发电机的型号组成如图 2-45 所示。

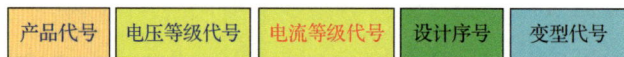

图 2-45　汽车交流发电机的型号组成

1）产品代号：JF、JFZ、JFB 和 JFW 分别表示普通交流发电机、整体式交流发电机、带泵交流发电机和无刷交流发电机。

2）电压等级代号：1、2、6 分别表示 12V、24V 和 6V。

3）电流等级代号：和电压等级代号一样，也用 1 位阿拉伯数字表示。

交流电动机的电流等级如表 2-3 所示。

表 2-3　交流发电机的电流等级

电流等级代号	1	2	3	4	5	6	7	8	9
交流发电机的电流等级/A	19	20～29	30～39	40～49	50～59	60～69	70～79	80～89	≥90

4）设计序号：产品设计的先后顺序，用 1～2 位阿拉伯数字表示。

5）变型代号：交流发电机以调整臂的位置作为变型代号。从驱动端看：如果调整臂的位置在中间，则不加标记；如果调整臂的位置在右边，则用 Y 表示；如果调整臂的位置在左边，则用 Z 表示。

例如，某车型选用的是 JFZ1913Z 型的交流发电机，表示电压等级为 12V、电流等级>90A、第 13 次设计、调整臂在左边的整体式交流发电机。

七、交流发电机的故障类型

1. 发电电压过低

1）故障现象：在发动机起动后，充电指示灯一直显示亮，直至发动机转速到中、高速时，充电指示灯才熄灭。

2）故障原因：发电机传动带过松、有油污；发电机固定不牢固；连线出现松动或锈蚀；电刷磨损或弹簧弹力不足；整流器部分的二极管损坏；发电机定子绕组或转子绕组有短路或断路故障。

2. 发电电压过高

1）故障现象：经常出现灯泡、熔断丝及开关等电气设备烧毁现象。

2）故障原因：电压调节器外部线路故障；电压调节器内部故障。

3. 发电机不发电

1）故障现象：汽车运行后，充电指示灯显示未亮或充电指示灯显示一直亮。

2）故障原因：电压调节器内部损坏，电压调节器的接线松动或接触不良，发电机转子励磁绕组断路，整流板部分的二极管损坏或电刷磨损严重等。

4. 电动机出现异响

1）故障现象：发电机运行过程中时常出现异响。

2）故障原因：轴承损坏、转子轴弯曲，整流器噪声和传动带发出的噪声等。

八、电压调节器

（一）电压调节器的作用

汽车所用的交流发电机一般装有电压调节器，它的作用是使交流发电机输出的电压保持稳定。汽车交流发电机是靠发动机通过传动带带动工作的，发动机与交流发电机的传动比一般为 1.7～3。发动机的转速范围为 700～5000r/min，这就会造成发电机转子的转速变化范围非常大，造成交流发电机对外输出的电压范围比较大，无法满足汽车用电设备的工作要求。为了保障汽车用电设备的正常工作，交流发电机应配用电压调节器，以使交流发电机在任何工况下对外输出的电压保持恒定（13～14V）。

微课：汽车电压调节器

（二）电压调节器的基本原理

由交流发电机的工作原理可知，交流发电机的三相绕组产生的电动势的有效值为

$$E = C_e \phi n$$

式中，E——电动势，单位为 V；

C_e——发电机的结构常数；

n——发电机的转子转速，单位为 r/min；

ϕ——转子的磁极磁通，单位为 Wb。

上式说明交流发电机所产生的感应电动势与转子转速和磁极磁通成正比。

电压调节器的工作原理是，当交流发电机的转速升高时，电压调节器通过减小发电机的励磁电流来减小磁通 ϕ，使发电机的输出电压 E_ϕ 不至于过高，从而使输出电压保持恒定。

（三）电压调节器的类型

交流发电机的电压调节器可分为触点式电压调节器、晶体管电压调节器和集成电路电压调节器，目前晶体管电压调节器和集成电路电压调节器的使用比较广泛。其中，集成电路电压调节器除具有晶体管电压调节器的优点外，其体积非常小，安装于发电机的内部（又称内装式调节器），减少了外接线，并且冷却效果得到了改善。

任务实施

一、准备工具、设备

交流发电机、万用表、游标卡尺、维修手册。

微课：交流发电机的拆装

二、检测交流发电机的性能

（一）发电机的外观检查

1）发电机在汽车上的安装要牢固，不能出现晃动、变形等现象。

2）传动带不应出现裂纹或磨损严重，若有则应及时进行更换，如图 2-46 所示。

微课：交流发电机的检测

图 2-46　传动带的外观检查

3）检查传动带的挠度，也就是传动带的松紧度。配合过松容易造成传动带打滑，配合过紧会损坏轴承。若传动带的松紧度不符合规定，则应及时进行处理，如图 2-47 所示。

4）检查发电机连接线是否牢固，不得有松动、接触不良现象。松动、接触不良会导致瞬时高压电的产生，从而损坏用电设备。

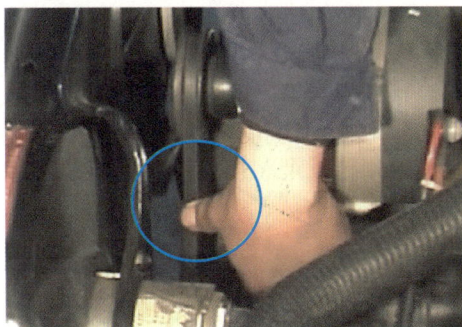

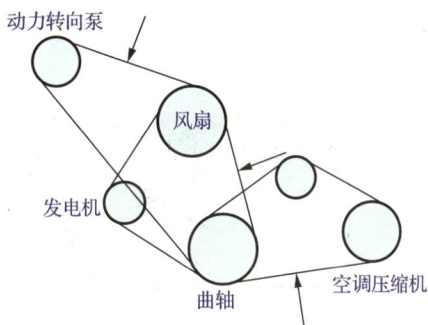

图 2-47 传动带的挠度检查

（二）发电机的技术状态检查

1. 转子的检修

1）外观检查。目测观察转子总成是否完好，集电环是否有锈蚀。如果集电环有锈蚀，则应使用"00"号砂纸进行打磨。

2）转子磁场绕组短路与断路的检查。使用万用表的电阻挡测量两集电环之间的电阻，阻值一般为 1～4Ω。若阻值为无穷大，则说明断路；若阻值过小，则说明短路。出现断路或短路故障时，应更换发电机。

3）转子磁场绕组搭铁的检查。检查磁场绕组与铁心（或转子轴）之间的绝缘情况，使用万用表检测两集电环与铁心（或转子轴）之间的电阻。每个集电环与转子轴之间的阻值都应该是无穷大的，若电阻为 0，则说明有搭铁故障。

转子励磁绕组的检查如图 2-48 所示。

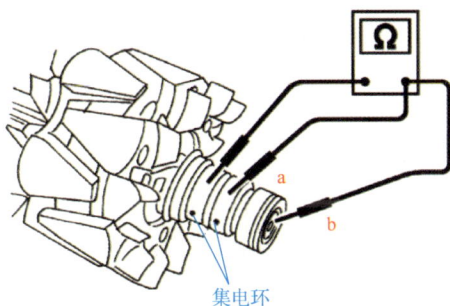

图 2-48 转子励磁绕组的检查

2. 定子的检修

1）外观检查。定子绕组应无明显的烧蚀或破损现象，否则应更换发电机。

2）定子绕组的断路检查。如图 2-49（a）所示，使用万用表电阻挡测量定子绕组的 3 个接线端，两两相测，阻值应小于 1Ω。若阻值为无穷大，则说明断路，应更换发电机。

3）定子绕组搭铁检查。如图 2-49（b）所示，使用万用表测量定子绕组与定子铁心的绝缘情况。使用数字万用表的电阻挡测量定子绕组接线端和定子铁心的电阻，正常应为无穷大。若电阻过小，则说明有绝缘不良故障。

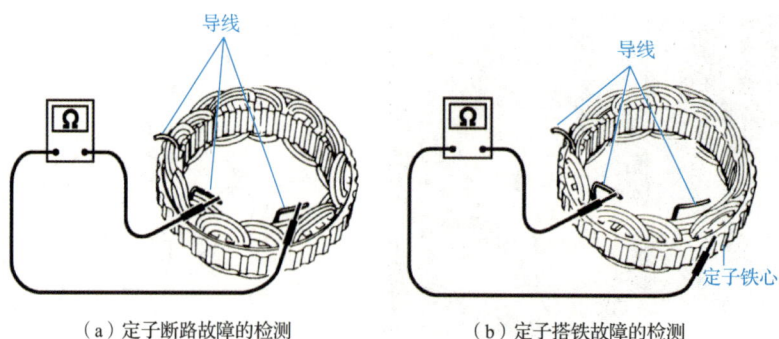

（a）定子断路故障的检测　　　　　　　　（b）定子搭铁故障的检测

图 2-49　定子绕组的检查

3. 整流器的检修

1）正极管的检查。使用数字万用表的电阻挡，将黑表笔接整流器的输出端子，红表笔分别接整流器的各接线柱，均应导通，否则说明该二极管断路，应更换整流器或发电机总成；如果导通，则再调换两表笔进行测试，此时万用表均应不导通，否则说明二极管短路，应更换整流器或发电机总成。

2）负极管的检查。使用数字万用表的电阻挡，将红表笔接整流器负极管的外壳，黑表笔分别接整流器的各接线柱，万用表均应导通，否则说明该二极管断路，应更换整流器或发电机总成；如果导通，则再调换两表笔进行测试，此时万用表均应不导通，否则说明二极管短路，应更换整流器或发电机总成。

4. 电刷组件的检查

1）外观的检查。电刷表面应无油污、破损和变形，且应在电刷架中活动自如。

2）电刷长度的检查。使用游标卡尺或钢板尺测量电刷露出电刷架的长度是否与规定相符，一般电刷磨损不得超过原高度的 1/2，如图 2-50 所示。

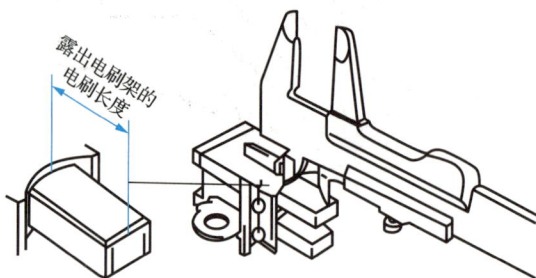

图 2-50　检查电刷的长度

3）弹簧压力测量。检测电刷弹簧压力是否与规定相符。

（三）电压调节器的检测

1. 电压调节器实车检测

将万用表的两表笔分别连接蓄电池的正、负极，当发动机起动时，显示蓄电池电压先迅速降低，然后提升到 14.8V，说明汽车发电机的工作正常。当发动机处于正常运行时，蓄电池两端的电压稳定在 14.8V，说明发电机的电压调节器技术状态良好。

2. 电压调节器检测设备的检测

将电压调节器检测设备连接到电压调节器，打开其电源，随着设备输出电压的逐渐提升，灯泡的亮度由暗逐渐变为亮，当电压升高到 14.8V 时，灯泡熄灭；然后降低输出电压，当电压降低到 14V 左右时，灯泡再度点亮，说明电压调节器是正常的。

考 核 评 价

本项目的考核评价（表 2-4）分为自我评价、小组评价和教师评价，其中教师评价是依据考核评价内容和学习成果进行的综合评价。

表 2-4　考核评价表

班级：　　　小组：　　　姓名：　　　时间：

评价模块	评价内容	分值	自我评价	小组评价
理论知识	1）理解汽车蓄电池、交流发电机的作用和工作原理	10		
	2）熟悉汽车蓄电池、交流发电机的类型和结构	10		
	3）掌握汽车蓄电池、交流发电机的故障检测方法	10		
操作技能	1）能区分汽车蓄电池、交流发电机的型号	20		
	2）能对汽车蓄电池进行性能检测	20		
	3）能对交流发电机进行拆装与检测	20		
职业素养	1）具有环保意识、效率意识，操作规范	5		
	2）具有专注、细致、严谨、负责的工作态度	5		

综合评价：

总结与反思：

直 击 工 考

一、填空题

1. 蓄电池的充放电过程，就是_____能与_____能的转换过程。
2. 汽车蓄电池的结构主要有_____、_____、_____和_____ 4 部分。
3. 蓄电池的充电方式主要有_____、_____和_____等。
4. 交流发电机的励磁方式有_____和_____两种。
5. 汽车所用的交流发电机一般装有电压调节器，它的作用是_____。

二、判断题

1．蓄电池是一种将化学能转换为电能的可逆直流电源。　　　　　　　（　　）

2．在单格电池中，负极板的块数比正极板少一块。　　　　　　　　　（　　）

3．汽车发电机整流器是将汽车交流电转换成直流电的一种装置。　　　（　　）

4．额定电压 12V 的蓄电池由 6 个单体蓄电池串联而成，每个单体蓄电池的额定电压为 2V。　　　　　　　　　　　　　　　　　　　　　　　　　　　　　（　　）

5．交流发电机的输出电压不需要进行调节。　　　　　　　　　　　　（　　）

三、简答题

1．简述铅酸蓄电池的常见故障类型。

2．简述交流发电机的主要组成及作用。

项目三
起动系统检修

项目导读

无论是汽油发动机还是柴油发动机，它们本身并不能起动，需要借助外力才能起动。早期的汽车都是人力用摇柄带动发动机起动的，人力起动十分费力。随着电子技术的发展，电力起动机应需而生，靠电力产生运动，进而带动发动机起动，大大方便了汽车使用者。直到现在，汽车仍然使用电力起动机，我们将其称为起动系统。

本项目围绕电力起动系统展开，主要介绍起动机的结构原理、起动机的检测，以及常见的起动系统故障诊断与维修。通过学习，读者应能对汽车起动系统进行检测与维修。

学习目标

知识目标

1）熟悉起动系统的作用和组成。
2）熟悉起动机的型号和起动系统控制电路的常见类型。
3）理解汽车起动机、起动系统控制电路的工作原理。

能力目标

1）能够识别汽车起动机的型号。
2）能够对汽车起动机进行解体检测和不解体检测。
3）能够对起动系统进行故障诊断与排除。

素养目标

1）树立标准意识、质量意识、服务意识，增强团队意识、环保意识。
2）传承和发扬严谨细致、吃苦耐劳的传统美德。

任务一 汽车起动机检测

情景导入

今天小王接到新的维修任务，一辆大众迈腾轿车的发动机无法起动，经检查，汽车的起动机内部部件可能损坏，需要进行汽车起动机的拆解，小王该如何操作呢？

任务目标

1）熟悉起动系统的作用和组成。

2）理解汽车起动机的工作原理。

3）能够识别汽车起动机的型号。

4）能够对汽车起动机进行解体检测和不解体检测。

知识准备

一、起动系统的作用

汽车起动系统的作用是将蓄电池提供的电能转换为起动机的机械能，在起动开关的控制下，将起动机的运动传递给发动机的飞轮，使曲轴转动，进而完成发动机的起动任务，如图 3-1 所示。

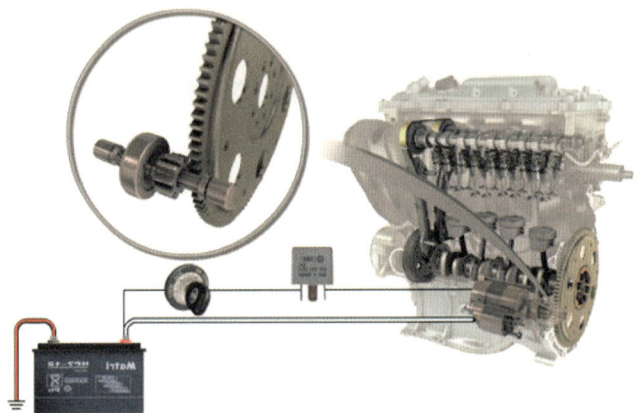

图 3-1 汽车起动系统简图

二、起动系统的组成

汽车起动系统是由蓄电池、点火开关、起动继电器和起动机等组成的，如图 3-2 所示，其中起动系统的核心部件就是起动机。

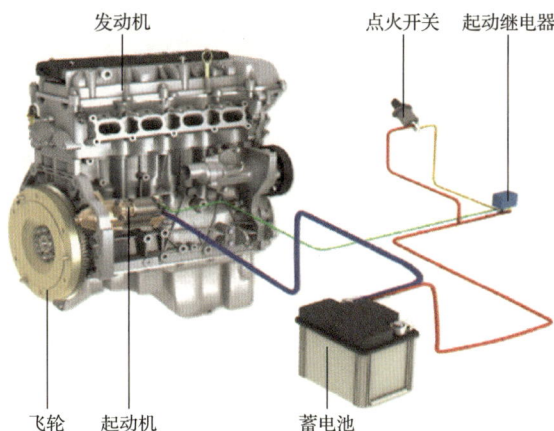

图 3-2 汽车起动系统的组成

三、起动系统的起动方式

发动机的常用起动方式有人力起动、电力起动机起动、辅助汽油机起动 3 种，如表 3-1 所示。

表 3-1 汽车发动机的常用起动方式

起动方式	起动过程	特点	应用
人力起动	将起动手摇柄端头的横销嵌入发动机曲轴前端的起动爪内，以人力转动曲轴	操作简单，但十分费力、不安全	目前仅用于部分农用车及在部分汽车上作为备用起动方式
电力起动机起动	以电动机作为机械动力。当电动机轴上的驱动齿轮与发动机的飞轮齿圈啮合时，动力就传到飞轮和曲轴，使其旋转，起动发动机	操作轻便、起动迅速可靠、重复起动能力强，可远距离控制	汽车发动机广泛采用
辅助汽油机起动	以小型汽油机为动力，起动发动机	体积大、结构复杂	重型柴油发动机采用

四、起动机的结构

起动机一般安装在发动机的后部位置，靠近飞轮，起动机的安装位置如图 3-3 所示。起动机是起动系统的执行元件，它将蓄电池的电能转换为机械能，产生电磁转矩，驱动发动机曲轴旋转，完成起动后，立即实现分离。

微课：汽车起动机的分类与结构

起动机一般由直流电动机、传动机构和电磁开关组成，如图 3-4 所示。

图 3-3 起动机的安装位置

图 3-4 起动机的组成

（一）直流电动机

1. 直流电动机的作用

直流电动机的作用是将蓄电池的电能转换为机械能，产生电磁转矩。目前起动机一般采用串励式直流电动机，串励式指的是直流电动机内部的电枢绕组和励磁绕组串联。

2. 直流电动机的结构

直流电动机由转子（电枢）、定子绕组、定子铁心、电刷装置、壳体及前、后端盖等组成，如图 3-5 所示。

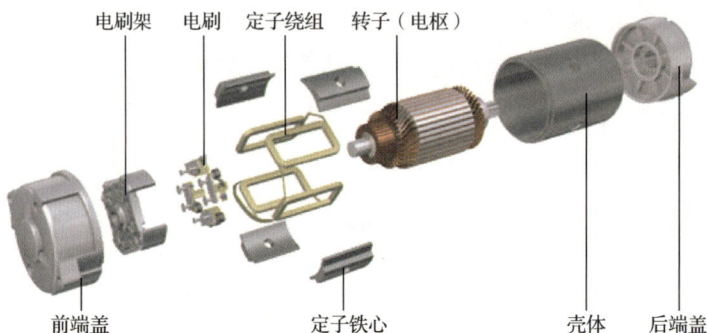

图 3-5 直流电动机的结构

（1）转子

转子也称电枢，是直流电动机的旋转部件。它的作用是产生起动机所需的电磁转矩，一般由转子绕组、转子铁心、换向器和转子轴等组成，如图 3-6 所示。

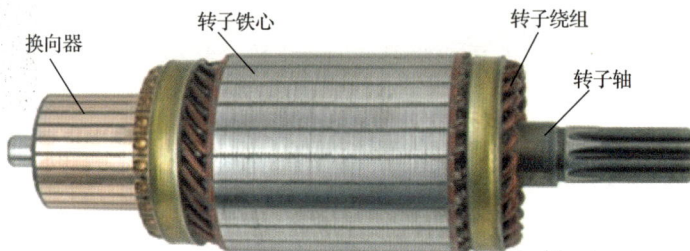

图 3-6 转子的组成

转子绕组采用较粗的铜线绕制而成，为了获得足够的转矩，要求通过转子绕组的电流很大，汽油机一般需要 200～600A，柴油机可达 1000A。

换向器由换向片和云母片叠加而成，各换向片之间用云母片间隔并绝缘，换向器安装在转子轴上。转子绕组各线圈的接头都焊接在换向片上，通过换向器将蓄电池的电流引入转子绕组，并适时改变转子绕组电流的方向，使转子产生旋转。

（2）定子

定子也称磁极，其作用是产生磁场。它是由磁场绕组和固定在壳体上的磁场铁心组成的。

定子绕组一般交错安装在壳体的内壁上，通电后产生交错有序的磁场。定子绕组的连接方式有两种：一种是4个定子绕组都串联，如图3-7（a）所示；另一种是两两定子绕组串联后再并联，如图3-7（b）所示。永磁式起动机则是使用两对永久磁铁，无须通电就可以产生磁场，具有结构简单、体积小、价格低等特点，目前在小功率起动机上广泛使用。

（a）定子绕组串联　　　　（b）定子绕组并联

图3-7　定子绕组的连接方式

（3）电刷装置

电刷装置的作用是将蓄电池的电流导入转子和定子的绕组中，一般由电刷、电刷架和电刷弹簧组成，如图3-8所示。电刷架为框架结构，安装在后端盖上，电刷弹簧使电刷与换向器保持密切的配合。

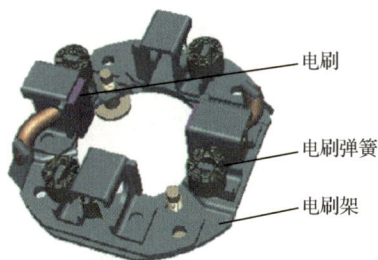

图3-8　电刷装置

（二）传动机构

1. 传动机构的作用

在起动发动机时，传动机构可实现起动机的驱动齿轮与发动机的飞轮齿圈啮合，完成发动机的起动工作；在起动工作结束后，能使驱动齿轮与飞轮齿圈立即分离，达到起动机驱动齿轮迅速复位的目的。

2. 传动机构的结构

传动机构由驱动齿轮、拨叉、单向离合器和限位螺母等组成，如图3-9所示。

驱动齿轮是实现起动机与发动机飞轮齿圈啮合的部件。拨叉可使离合器进行轴向移动，使驱动齿轮与发动机飞轮齿圈啮合与分离。离合器的作用是将起动机产生的转矩传递给发动机，使发动机起动，起动结束后离合器自动打滑，保护起动机不被发动机反拖，避免其飞散损坏。限位螺母用于限制起动机齿轮拨出的位置。

常见的单向离合器有滚柱式单向离合器、摩擦片式单向离合器和弹簧式单向离合器3种。目前，汽车起动机上最常用的是滚柱式单向离合器，如图3-10所示。

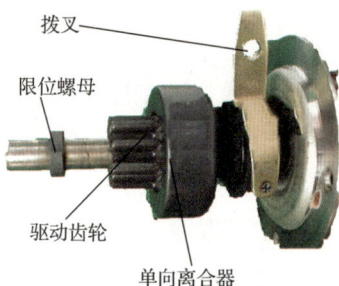

图 3-9　传动机构的组成

图 3-10　滚柱式单向离合器

　　滚柱式单向离合器的结构简单，在中、小功率起动机上广泛应用。但在传递较大转矩时，滚柱易变形卡死，因此滚柱式单向离合器不适用于功率较大的起动机。摩擦片式单向离合器可以传递较大的转矩，应用于大功率起动机上。弹簧式单向离合器的结构简单，成本低，使用寿命长，但由于扭力弹簧的轴向尺寸较长，一般只应用在大功率起动机上。

　　1）滚柱式单向离合器的结构，如图 3-11 所示。滚柱式单向离合器的驱动齿轮与外壳制成一体，外壳内装有十字块和 4 套滚柱、压帽及弹簧，十字块与花键套筒固连，护盖与外壳相互扣合密封，花键套筒的外面装有啮合弹簧，末端安装有拨叉环与卡簧。整个离合器总成套装在转子轴的花键部位上，可轴向移动和随轴转动。在外壳与十字块之间，形成 4 个宽窄不等的楔形槽，槽内分别装有一套滚柱、压帽及弹簧。滚柱的直径略大于楔形槽的窄端，略小于楔形槽的宽端。

1—驱动齿轮；2—外壳；3—十字块；4—滚柱；5—压帽及弹簧；6—垫圈；
7—护盖；8—花键套筒；9—弹簧座；10—啮合弹簧；11—拨叉环；12—卡簧。

图 3-11　滚柱式单向离合器的结构

　　2）滚柱式单向离合器的工作过程。

　　① 发动机起动时，拨叉将离合器沿花键推出，驱动齿轮啮入发动机的飞轮齿圈。起动机转子的转矩经套筒带动十字块旋转，滚柱滚入楔形槽的窄端，将十字块与外壳卡紧，于是电动机转子的转矩可由十字块经外壳传递给驱动齿轮，从而达到驱动发动机飞轮齿圈旋转、起动发动机的目的，如图 3-12（a）所示。

　　② 发动机起动后，飞轮齿圈的转速会高于驱动齿轮，从而带动驱动齿轮旋转，当转速

超过转子转速时，滚柱滚入楔形槽的宽端，外壳与十字块之间不能传递力矩，发动机的力矩就不会传递至起动机，防止了转子超速飞散的危险，如图 3-12（b）所示。

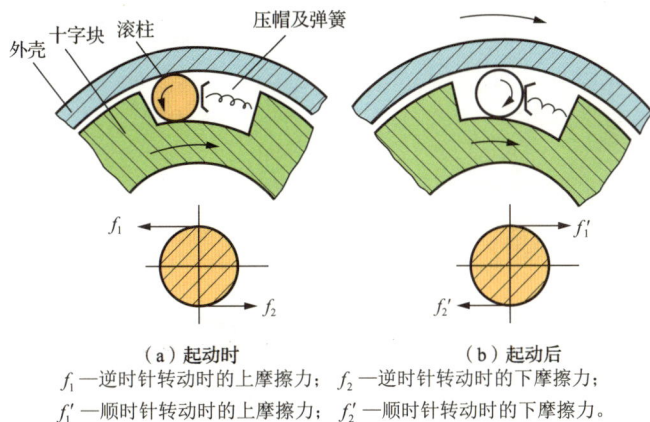

（a）起动时　　　　　　　（b）起动后

f_1—逆时针转动时的上摩擦力；　f_2—逆时针转动时的下摩擦力；
f_1'—顺时针转动时的上摩擦力；　f_2'—顺时针转动时的下摩擦力。

图 3-12　滚柱的受力及作用示意图

③ 起动完毕，由于回位弹簧、拨叉的作用，离合器退回，驱动齿轮与飞轮齿圈脱离啮合。

（三）电磁开关

1. 电磁开关的作用

电磁开关也称控制装置或操纵机构，它是实现驱动齿轮与飞轮齿圈啮合与分离的核心控制装置，其作用是：一方面通过接通与断开蓄电池与起动机内部直流电动机之间的电路，来控制直流电动机工作；另一方面通过内部线圈来实现驱动齿轮与飞轮齿圈的啮合与分离。

2. 电磁开关的结构

电磁开关主要由吸引线圈、保持线圈、复位弹簧、活动铁心（可动铁心）、接触片、外壳及接线柱等组成，如图 3-13 所示。

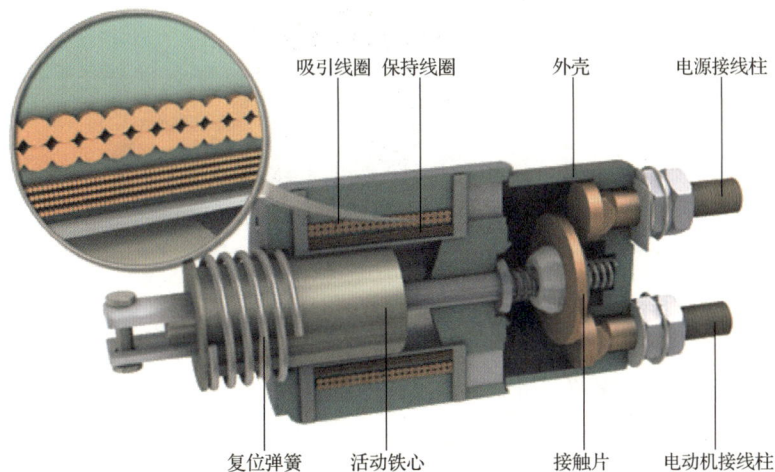

图 3-13　电磁开关的结构

电磁开关内部的吸引线圈与保持线圈是有区别的。吸引线圈的导线较粗，线圈的匝数较少；保持线圈的导线较细，线圈的匝数较多。起动机电磁开关有 3 个端子，分别是 50、30 和 C 端子。50 端子与电磁开关的吸引线圈、保持线圈连接；30 端子直接与蓄电池的正极连接；C 端子与直流电动机的定子绕组连接。

五、起动机的工作过程

起动机的工作原理就是起动机的工作过程。以普通起动机（图 3-14）为例，起动机的工作过程可分为以下 6 个工作阶段。

微课：起动机的工作原理

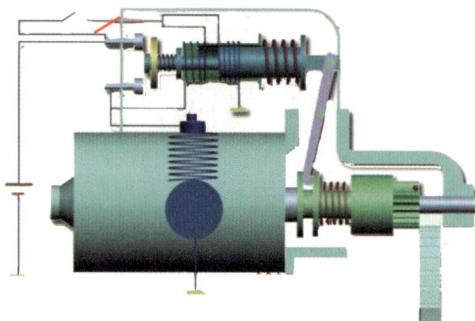

图 3-14　普通起动机

工作阶段 1：当起动发动机时，吸引线圈电路接通，电流方向为起动机 50 端子→吸引线圈→起动机 C 端子→直流电动机→起动机内部搭铁（起动机微转）。此时吸引线圈的电流电路接通，吸引线圈产生电磁力，如图 3-15 所示。

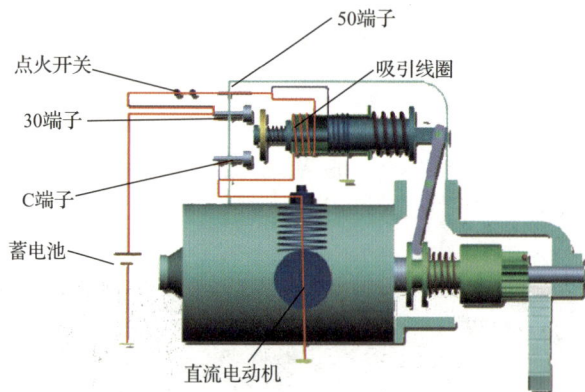

图 3-15　普通起动机的工作阶段 1

工作阶段 2：保持线圈电路接通，电流方向为蓄电池正极→起动机 30 端子→点火开关→起动机 50 端子→保持线圈→起动机搭铁。此时保持线圈的电流电路接通，保持线圈产生电磁力，如图 3-16 所示。

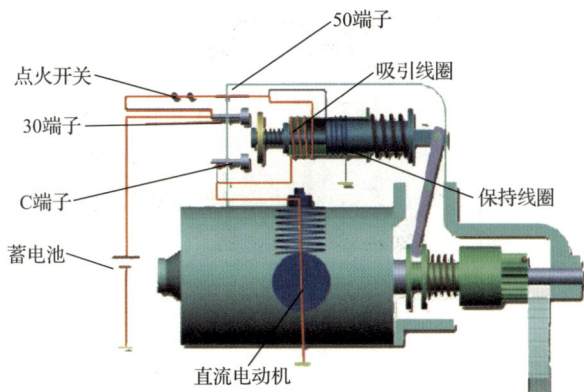

图 3-16 普通起动机的工作阶段 2

工作阶段 3：吸引线圈和保持线圈电路接通。吸引线圈和保持线圈起作用，活动铁心向左移动，在拨叉的作用下，驱动齿轮与飞轮接触，也就是触盘与开关触点（30 端子、C 端子）接触，如图 3-17 所示。

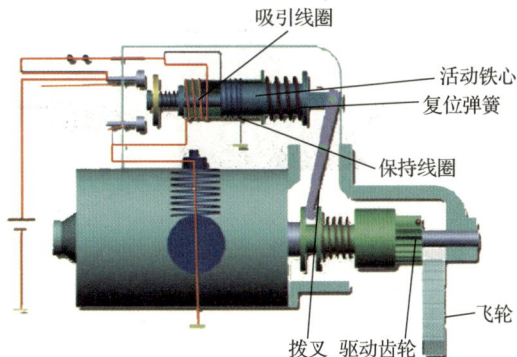

图 3-17 普通起动机的工作阶段 3

当吸引线圈和保持线圈接通电流时，两线圈产生同方向的磁通，在其电磁力的共同作用下，活动铁心前移。后端通过集电环带动拨叉移动，使驱动齿轮与飞轮进入啮合。

工作阶段 4：电流方向为蓄电池正极→起动机 30 端子→触盘→起动机 C 端子→直流电动机→起动机内部搭铁，如图 3-18 所示。

当触盘与开关触点（也就是 30 端子、C 端子）接触时，吸引线圈被短路。保持线圈继续通电，活动铁心继续保持在吸合位置。

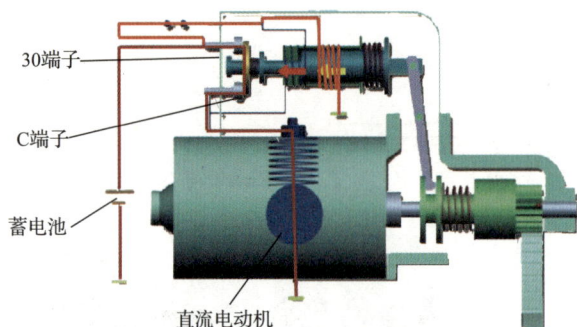

图 3-18　普通起动机的工作阶段 4

工作阶段 5：点火开关断开，电流方向为蓄电池正极→起动机 30 端子→吸引线圈和保持线圈→各自搭铁。这时电磁开关中的吸引线圈和保持线圈的电流方向相反，磁场相互抵消，如图 3-19 所示。

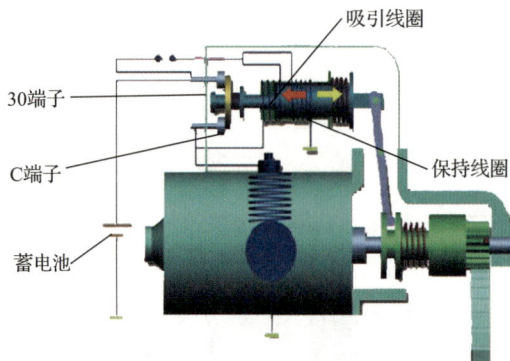

图 3-19　普通起动机的工作阶段 5

工作阶段 6：点火开关断开，触盘与开关触点（30 端子、C 端子）分离，起动机 30 端子供电切断，起动机停止工作，同时复位弹簧，通过拨叉将驱动齿轮与飞轮分离，起动机回到原来的位置并停止工作，如图 3-20 所示。

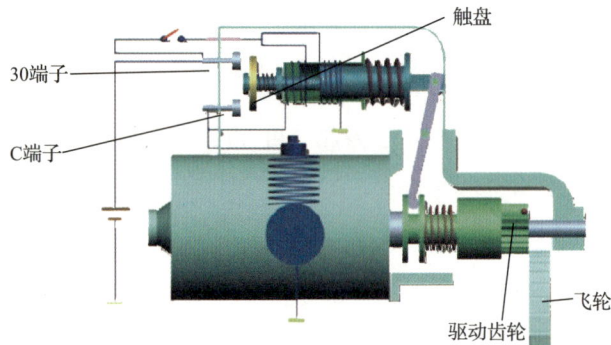

图 3-20　普通起动机的工作阶段 6

六、起动机的分类及型号

（一）起动机的分类

1. 按励磁方式分

1）励磁式起动机：定子采用励磁绕组和铁心，通过引入电流建立磁场，结构稍复杂，但输出的转矩和功率较大。

2）永磁式起动机：定子使用永磁材料制成，没有励磁绕组，结构简单，体积小、质量轻，但功率较小。

2. 按啮合机构不同分

1）电磁强制啮合式起动机：靠电磁力拉动杠杆强制驱动齿轮啮入飞轮齿圈。此类起动机的结构简单、动作可靠、操作方便，广泛使用于现代汽车。

2）转子移动式起动机：靠起动机磁极的吸力，使转子沿轴向移动而使驱动齿轮啮入飞轮齿圈，起动后再由回位弹簧使转子回位，让驱动齿轮退出飞轮齿圈。此类起动机的啮合机构多用于柴油发动机。

3. 按有无减速装置分

1）非减速起动机：在起动机的转子与驱动齿轮之间未装有减速装置，电动机产生的电磁转矩直接通过单向离合器的驱动齿轮传给飞轮齿圈。

2）减速起动机：在转子和驱动齿轮之间装有减速齿轮，电动机产生的电磁转矩经减速、增扭后带动单向离合器的驱动齿轮转动。常用的减速起动机有行星齿轮式减速起动机和平行轴式减速起动机。

（二）起动机的型号

根据行业惯例，起动机型号由以下 5 部分组成。

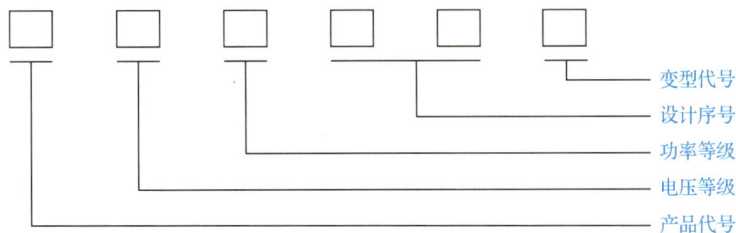

变型代号
设计序号
功率等级
电压等级
产品代号

1. 产品代号

产品代号用字母表示，常见的有 QD、QDJ、QDY 这 3 种，分别表示电磁式起动机、减速式起动机、永磁式起动机或永磁式减速起动机。字母 Q、D、J、Y 分别对应汉字"起、动、减、永"汉语拼音的第一个大写字母。

2. 电压等级

电压等级用阿拉伯数字表示，1 表示电压等级为 12V，2 表示电压等级为 24V。

3. 功率等级

功率等级用阿拉伯数字表示，国产起动机的功率等级代号如表 3-2 所示。

表 3-2　国产起动机的功率等级代号

功率等级代号	1	2	3	4	5	6	7	8	9
功率/kW	<1	1~2	2~3	3~4	4~5	5~6	6~7	7~8	>8

4. 设计序号

设计序号用 1~2 位阿拉伯数字表示，按产品设计的先后顺序排序。

5. 变型代号

变型代号用汉语拼音大写字母 A、B、C 等表示，在主要电气参数和基本结构不变的情况下，一般电气参数的变化和结构改变称为变型。

例如，起动机的型号 QDY124C，表示电压等级为 12V，功率等级为 1~2kW，第 4 代设计产品为 C 型号的永磁式减速起动机。

七、起动系统的维护与使用

（一）起动机的外观清洁检查

1）起动机的外观应保持清洁、干净。

2）检查起动机的外壳，不得有裂纹或变形现象，并且在汽车上安装牢固。

3）检查起动机的各连接导线是否牢固，接线柱上是否存在锈蚀、腐蚀等，防止出现松动、接触不良的情况。因为起动机的工作电流很大，接触不良很容易产生电火花，造成隐患。

（二）起动机的使用注意事项

为了延长起动机的使用寿命，并保证起动机能迅速、可靠、安全地工作，使用起动机时必须注意以下几点。

1）起动机是按短时间大电流工作设计的，因此，使用起动机时，每次的工作时间不得超过 5s，重复起动时必须间隔 15s 以上，使蓄电池得以恢复。如果连续 3 次起动，则应在检查与排除故障的基础上停歇 15min。

2）起动机电路的导线连接要牢固。

3）在发动机起动后，迅速关闭点火开关。在发动机正常运转时，切勿随便接通点火开关的起动挡。

4）应定期对起动机进行全面的保养和检修。

任务实施

一、准备工具、设备

汽车普通起动机 1 个、汽车拆装工具箱、万用表、维修手册。

微课：汽车起动机拆装

二、汽车起动机的解体检测与不解体检测

（一）起动机的解体检测

1. 直流电动机的检查

（1）转子的检查

转子的常见故障有转子绕组匝间断路或搭铁等。可使用万用表检查转子绕组是否断路、搭铁，如图 3-21 所示。

微课：汽车起动机检查

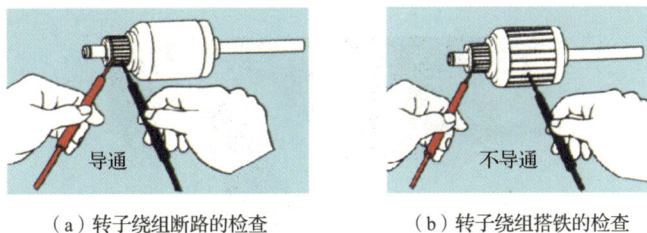

（a）转子绕组断路的检查   （b）转子绕组搭铁的检查

图 3-21 转子绕组的检查

步骤 1：检查转子绕组是否断路。检查转子绕组断路时，将万用表的两表笔分别依次与相邻的换向片接触，其读数应一致。若出现阻值为无穷大，则说明转子绕组断路，应更换转子绕组。

步骤 2：检查转子绕组是否搭铁。检查转子绕组是否搭铁时，使用万用表进行检查，将其表笔分别搭接在换向器和铁心（或转子轴）上，阻值应为无穷大；若阻值为零，则为搭铁，应更换转子绕组。

（2）定子的检查

定子的常见故障有接头脱焊、定子绕组断路或搭铁等。

步骤 1：定子绕组断路的检测，如图 3-22（a）所示。使用万用表测量两个定子绕组电刷之间的阻值，若近似 0Ω，则说明正常；测量两个搭铁电刷之间的阻值，若近似 0Ω，则说明正常，否则应更换定子绕组。使用万用表测量定子绕组电刷与搭铁电刷之间的阻值，若为无穷大，则说明正常，否则也应更换定子绕组。

步骤 2：定子绕组搭铁的检测，如图 3-22（b）所示。使用万用表测量定子绕组电刷与壳体之间的阻值，应为无穷大；使用万用表测量搭铁电刷与壳体之间的阻值，应近似 0Ω，若测量结果不符合规定，则应修理或更换电刷、定子绕组。

（a）定子绕组断路的检查　　　　　　　　（b）定子绕组搭铁的检查

图 3-22　定子的检查

（3）电刷装置的检查

步骤 1：测量电刷的高度。使用游标卡尺测量每个电刷的高度，如图 3-23 所示，国产起动机新电刷的高度为 14mm，极限高度为 9mm。低于极限高度时，应更换电刷。电刷与换向器的接触面积应在 75%以上，并且要求电刷在电刷架内无卡滞现象，否则需要修磨或更换电刷。

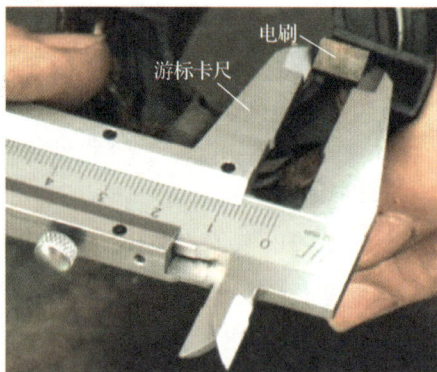

电刷

游标卡尺

图 3-23　使用游标卡尺测量电刷的高度

步骤 2：使用万用表的蜂鸣挡检查电刷架的绝缘性。使用万用表的电阻挡测量正电刷与前端盖或负电刷之间的阻值，如图 3-24 所示。万用表不导通为正常；万用表导通为搭铁，应更换绝缘垫片。

（a）测量正电刷与前端盖之间的阻值　　　　　（b）测量正电刷与负电刷之间的阻值

图 3-24　电刷架绝缘性的检查

步骤 3：使用弹簧秤测量电刷弹簧的弹力，读取电刷弹簧从电刷分离瞬间的弹簧秤读数。标准弹簧安装载荷为 17～23N，最小安装载荷为 12N，若安装载荷小于规定值，则应更换电刷弹簧。

2. 单向离合器的检查

单向离合器常见的故障是打滑。可以用扭力扳手检测单向离合器的转矩。若转矩小于规定值，则说明单向离合器打滑，应进行更换。

步骤1：检查单向离合器的驱动齿轮是否严重损坏或磨损。若有损坏，则应进行更换。

步骤2：检查单向离合器的锁住功能。一只手握住单向离合器的壳体，另一只手转动驱动齿轮。当向一个方向转动驱动齿轮时，齿轮应被锁止；当向另一个方向转动驱动齿轮时，齿轮应能灵活转动，如图3-25所示。

步骤3：检查起动机单向离合器是否存在打滑现象。如图3-26所示，检测时，将单向离合器固定在台虎钳上，然后使用扭力扳手沿顺时针方向施加转矩。单向离合器应能承受制动试验时的最大转矩（通常为25N·m）而不打滑。

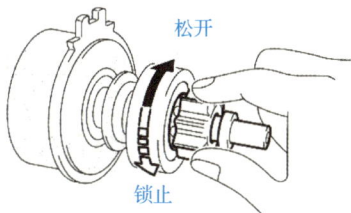

图 3-25 单向离合器齿轮的检查　　　　图 3-26 单向离合器打滑的检查

3. 电磁开关的检查

电磁开关的故障主要有触点烧蚀，吸引线圈短路、断路、搭铁，保持线圈短路、断路等，检查步骤如图3-27所示。

步骤1：保持线圈的检查。将万用表的两表笔分别接于50端子和电磁开关外壳，若有电阻，则说明保持线圈良好；若电阻为零，则说明保持线圈短路；若电阻无穷大，则说明保持线圈断路。保持线圈短路或断路都应更换电磁开关或起动机总成。

步骤2：吸引线圈的检查。将万用表的两表笔分别接50端子和直流电动机接线柱的C端子，若有电阻，则说明吸引线圈良好；若电阻为零，则说明吸引线圈短路；若电阻无穷大，则说明吸引线圈断路。吸引线圈短路或断路都应更换电磁开关或起动机总成。

步骤3：活动铁心的检查。用手将接触盘铁心稳固压住，以确保电磁开关上的电源接线柱与直流电动机的接线柱之间实现连通。然后测量两接线柱之间的电阻值，若电阻值接近零，则表示连接正常；否则说明存在接触不良的问题，此时需要更换电磁开关或起动机总成。

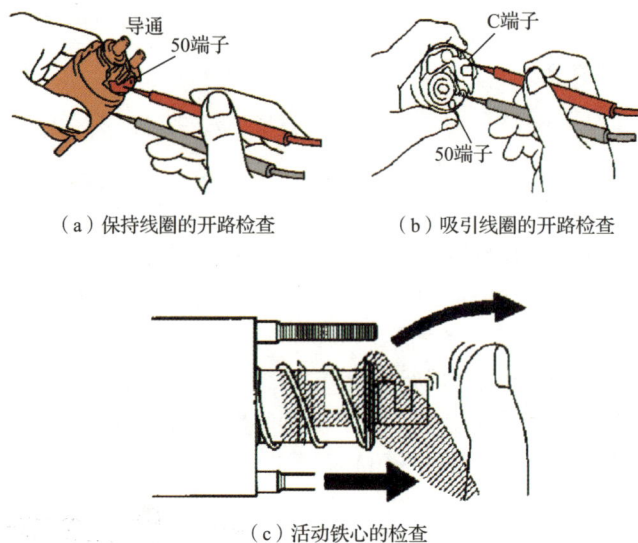

（a）保持线圈的开路检查　　　（b）吸引线圈的开路检查

（c）活动铁心的检查

图 3-27　电磁开关的检查

（二）起动机的不解体检测

起动机的不解体检测也就是对起动机进行性能测试，也称起动机的整机试验。对于起动机的性能测试来说，主要有 3 个试验，分别是起动机空载试验、吸引线圈作用试验、保持线圈作用试验。

微课：起动机的性能测试

1. 起动机空载试验

起动机空载试验的电路连接：将蓄电池的正极与起动机 30 端子连接，蓄电池的负极与起动机的外壳连接，用带夹导线将 30 端子和 50 端子连接起来，如图 3-28 所示。

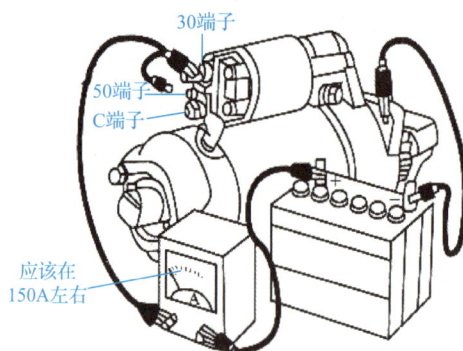

图 3-28　起动机空载试验的电路连接

若起动机正常，则测试结果应该是起动机平稳运转，同时驱动齿轮应移出；断开 50 端子后，起动机应立即停止转动，同时驱动齿轮缩回。否则，说明起动机存在故障，应进行维修或更换。

2. 吸引线圈作用试验

起动机吸引线圈作用试验的电路连接：拆下起动机 C 端子上的定子绕组引线；用带夹导线将起动机 C 端子、电磁开关壳体同时与蓄电池的负极连接起来，用带夹导线将起动机的 50 端子与蓄电池的正极连接起来。也就是说，蓄电池的正极连接起动机的 50 端子，蓄电池的负极连接起动机的 C 端子和外壳，如图 3-29 所示。

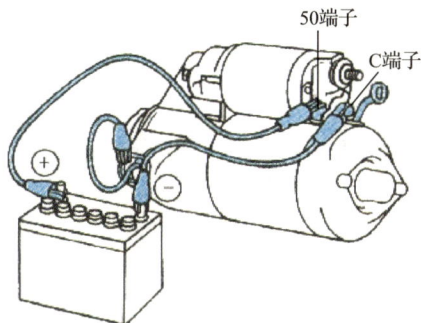

图 3-29 起动机吸引线圈作用试验的电路连接

若起动机正常，则测试结果应该是起动机驱动齿轮向外移出；否则说明电磁开关有故障，应该进行维修或更换。

3. 保持线圈作用试验

起动机保持线圈作用试验的电路连接：在吸引线圈作用试验连接的基础上，断开起动机 C 端子与蓄电池负极的连接线，如图 3-30 所示。

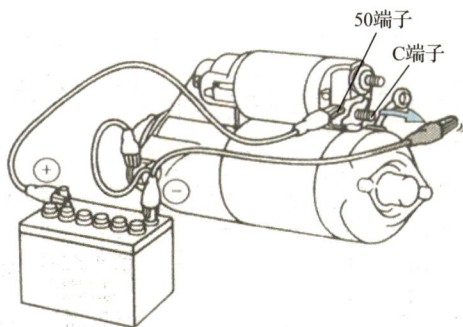

图 3-30 起动机保持线圈作用试验的电路连接

若起动机正常，则测试结果应该是驱动齿轮保持在伸出位置不动；否则说明电磁开关有故障，应进行维修或更换。

任务二　起动系统故障诊断与维修

情景导入

今天小王接到新的维修任务，进行一汽大众迈腾 B8 车辆起动系统的故障检修，在检修过程中他发现电路存在故障，需要检测该车的起动系统电路，小王该如何检测呢？

任务目标

1）熟悉起动系统控制电路的常见类型。

2）理解起动系统控制电路的工作原理。

3）能够对起动系统进行故障诊断与排除。

知识准备

起动系统的控制电路是指除起动机本身电路外的起动系统电路。起动系统的控制电路因车型的不同而有所不同，大体上可以分为无起动继电器的控制电路、带起动继电器的控制电路和带电控单元模块的控制电路。

一、无起动继电器的控制电路

无起动继电器的控制电路，就是前面学习的起动机工作过程所用到的电路图，通过起动电路接通阶段、驱动齿轮和飞轮齿圈啮合、起动机复位，完成整个起动机工作过程，结构简单，但是起动机起动时的电流很大，容易烧毁点火开关。

无起动继电器的控制电路如图 3-31 所示。

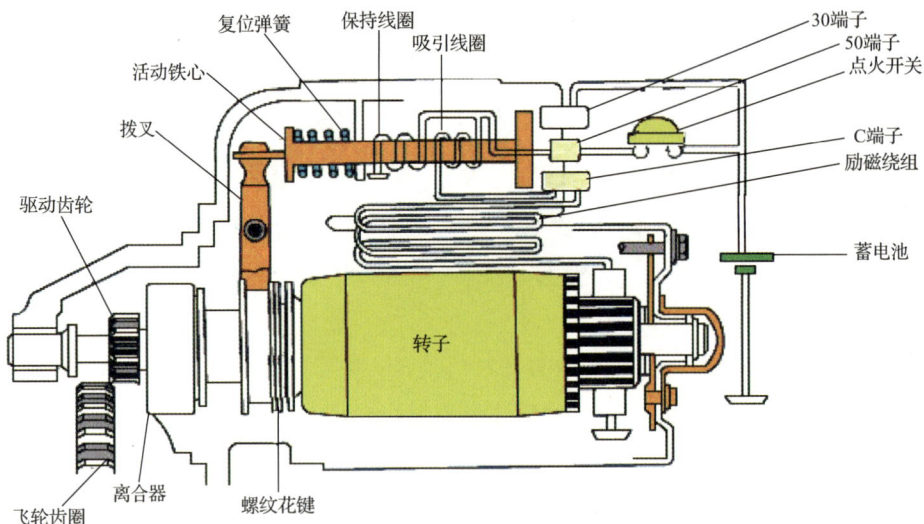

图 3-31　无起动继电器的控制电路

1）当将点火开关打到起动挡时，接通以下两条电路。

① 保持线圈：蓄电池"+"→点火开关ST→50端子→保持线圈→搭铁→蓄电池"−"。

② 吸引线圈-励磁绕组-转子绕组：蓄电池"+"→点火开关ST→50端子→吸引线圈→C端子→励磁绕组→正极电刷→转子绕组→负极电刷→通电→蓄电池"−"。

实现了两个动作：①流经吸引线圈和励磁绕组、转子绕组的电流使电动机转动，但由于电流较小，电动机低速运转；②流经吸引线圈和保持线圈的电流产生的电磁吸力吸引活动铁心向右移动，克服复位弹簧的作用力，带动拨叉顺时针转动，推动单向离合器向左移动，使驱动齿轮与飞轮齿圈啮合。此过程中电动机的转速较低，转子轴上的螺纹使驱动齿轮边转动边轴向移动，保证了其与飞轮齿圈的平顺啮合。

2）当驱动齿轮与飞轮齿圈完全啮合时，接通以下两条电路。

① 保持线圈：蓄电池"+"→点火开关ST→50端子→保持线圈→搭铁→蓄电池"−"。

② 主电路：蓄电池"+"→30端子→主开关接触片→C端子→励磁绕组→正极电刷→转子绕组→负极电刷→通电→蓄电池"−"。

当驱动齿轮与飞轮齿圈完全啮合后，与活动铁心连在一起的主开关接触片向右移动，接通30端子及C端子的内部触点，主电路接通，通过电动机的电流增大，转矩增大，转速升高，将发动机起动。此时吸引线圈两端的电压相等，无电流通过。保持线圈产生的电磁吸力使活动铁心保持在吸引位置。

3）发动机起动以后，关闭点火开关时，点火开关从ST挡回到ON挡，接通以下两条电路。

① 吸引线圈-保持线圈：蓄电池"+"→30端子→接触片→C端子→吸引线圈→保持线圈→通电→蓄电池"−"。

② 主电路：蓄电池"+"→30端子→主开关接触片→C端子→励磁绕组→正极电刷→转子绕组→负极电刷→通电→蓄电池"−"。

发动机起动以后，关闭点火开关时，点火开关从ST挡回到ON挡，切断50端子的电路。这时，接触片仍与30端子及C端子的内部触点保持接触，虽然主电路仍然处于接通状态，但流经电动机的电流变小，起动机低速运转。此时，流经吸引线圈和保持线圈的电流方向相反，产生的电磁吸力相互抵消一部分后，在复位弹簧的作用下，使活动铁心向左移动，带动拨叉逆时针转动，推动单向离合器向右移动，使驱动齿轮与飞轮齿圈脱离啮合，同时，接触片与30端子和C端子的内部触点断开，切断了电动机的电路，电动机停止转动，起动过程结束。

二、带起动继电器的控制电路

为了保护起动继电器，出现了带起动继电器的控制电路（图3-32）。设置起动继电器的目的是减小通过点火开关的电流，防止点火开关烧损。

如图3-32所示，起动继电器上有4个接线柱，分别标有起动机、电源、搭铁和点火开关ST，继电器线圈的两端分别连接点火开关ST与搭铁接线柱，继电器常开触点的两端分别连接蓄电池的正极与起动机的50端子。

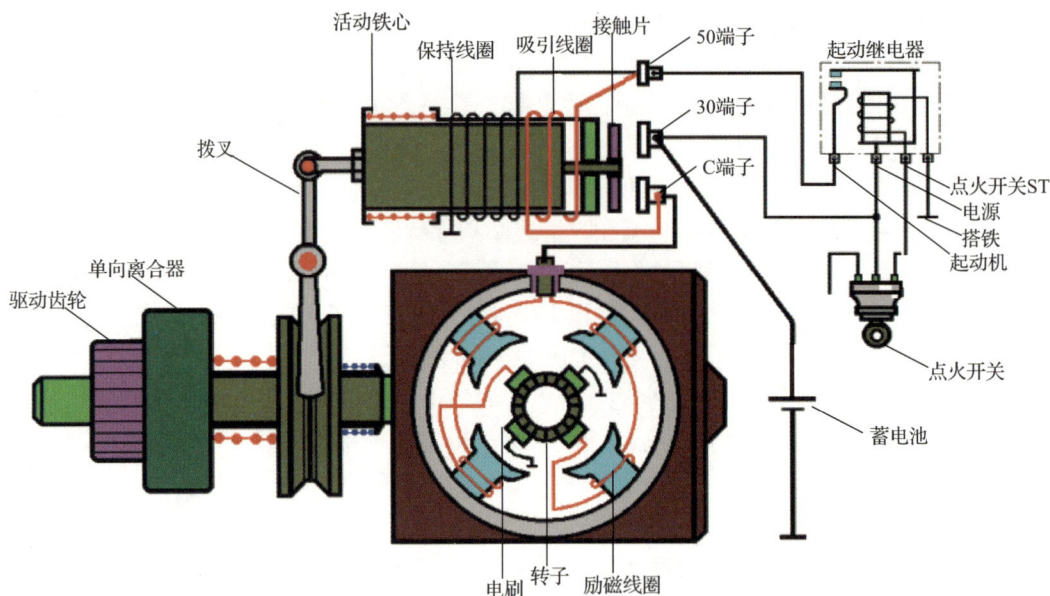

图 3-32　带起动继电器的控制电路

1）发动机起动时，将点火开关打到起动挡，起动继电器的线圈通电。电流路径如下：蓄电池"+"→电源接线柱→点火开关 ST 接线柱→起动继电器线圈 ST 接线柱→起动继电器线圈→起动继电器线圈搭铁接线柱→蓄电池"−"。

起动继电器的线圈通电后，产生的电磁吸力使继电器触点闭合，接通起动机电路。电流路径为两路：一路为蓄电池"+"→起动机 30 端子→继电器电源接线柱→继电器触点→起动机 50 端子→保持线圈→通电→蓄电池"−"；另一路为蓄电池"+"→起动机 30 端子→继电器电源接线柱→继电器触点→起动机 50 端子→吸引线圈→起动机 C 端子→励磁绕组→正极电刷→转子绕组→负极电刷→通电→蓄电"−"。流经保持线圈和吸引线圈的电流产生的电磁吸力方向一致，将活动铁心吸入，带动拨叉将单向离合器推出，在起动机的缓慢转动下，使驱动齿轮柔和地啮入飞轮齿圈。

2）当驱动齿轮和飞轮齿圈完全啮合后，与活动铁心连在一起的接触片将起动机的 30 端子及 C 端子接通，接通了主开关电路，通过电动机的电流增大，转矩增大，转速升高，将发动机起动。电流路径为两路：一路为主电路，蓄电池"+"→起动机 30 端子→主开关接触片→起动机 C 端子→励磁绕组→正极电刷→转子绕组→负极电刷→通电→蓄电池"−"；另一路为蓄电池"+"→起动机 30 端子→继电器电源接线柱→继电器触点→起动机 50 端子→保持线圈→搭铁→蓄电池"−"，流经保持线圈的电流产生的电磁吸力将活动铁心保持在吸引的位置上。此时，吸引线圈两端的电压相等，无电流通过。

3）当发动机起动后，关闭点火开关时，点火开关从 ST 挡回到 ON 挡，起动继电器线圈断电，电磁吸力消失，触点断开，切断了起动机 50 端子的电路。此时，接触片仍与 30 端子及 C 端子保持接触。电流路径为两路：一路为蓄电池"+"→起动机 30 端子→主开关接触片→起动机 C 端子→励磁绕组→正极电刷→转子绕组→负极电刷→通电→蓄电池"−"；

另一路为蓄电池"+"→起动机 30 端子→接触片→起动机 C 端子→吸引线圈→保持线圈→通电→蓄电池"−"。虽然主电路还接通，但流经电动机的电流变小，起动机低速运转。此时，流经吸引线圈和保持线圈的电流产生的电磁吸力方向相反，相互抵消一部分后，在复位弹簧的作用下，活动铁心回位，带动拨叉推动单向离合器使驱动齿轮与飞轮齿圈脱离啮合，同时，接触片与 30 端子和 C 端子断开，切断了电动机的电路，电动机停止转动，起动过程结束。

三、带电控单元模块的控制电路

现在汽车中很多使用智能钥匙，安装了一键起动系统，也称无钥匙起动系统，通过采用无线射频、编码识别、防盗等技术，自动识别本车的智能钥匙，再通过动力系统控制模块，来控制起动继电器线圈通电，从而控制起动机电路及起动机工作。

以福特翼虎的起动系统电路组成框图为例，由动力系统控制模块控制的起动系统电路组成框图如图 3-33 所示，该电路主要包括蓄电池、点火开关、熔断器、起动继电器及动力系统控制模块等。

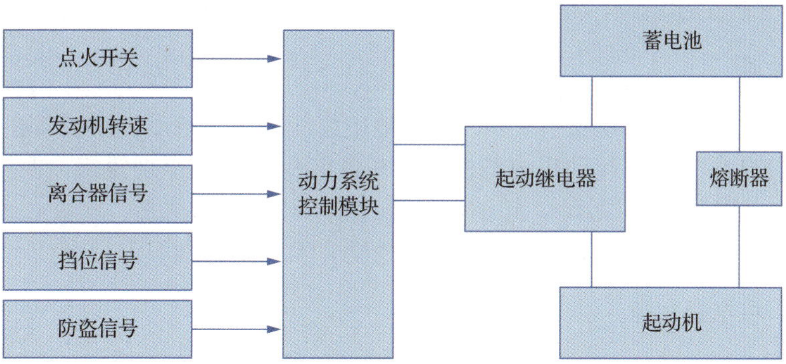

图 3-33　由动力系统控制模块控制的起动系统电路组成框图

福特翼虎起动系统的工作过程：发动机起动时，将点火开关打到起动挡，动力系统控制模块接收点火开关发出的起动请求信号、防盗系统发出的电压信号、变速器模块发出的空挡信号、离合器或制动系统发出的起动请求信号、发动机检测到的转速信号，动力系统控制模块收到信号后进行分析处理，符合正确起动信号时，向起动继电器线圈通电，起动继电器内部触点闭合，蓄电池给起动机的 50 端子供电，驱动齿轮与发动机飞轮接触，起动发动机。发动机起动结束后，点火开关离开 ST 挡，动力系统控制模块检测到点火开关离开 ST 挡，停止向起动继电器供电，起动结束。

四、起动系统的常见故障

汽车起动系统的常见故障有起动机不运转、起动机运转无力、起动机空转和起动机齿轮撞击等。

（一）起动机不运转故障

1. 故障现象

将点火开关拨至起动挡，起动机转速很低，出现不能起动发动机的症状。

2. 故障原因

1）蓄电池故障。蓄电池严重亏电、蓄电池电缆线接头接触不良等。

2）起动继电器及熔断器故障。起动继电器线圈烧蚀或短路，触点烧蚀损坏，熔断器出现烧断等。

3）起动机自身故障。起动机内部的吸引线圈和保持线圈出现短路、断路故障，电磁开关触点烧蚀、直流电动机故障等。

（二）起动机运转无力故障

1. 故障现象

将点火开关拨至起动挡，起动机能运转，但功率明显不足，无法起动发动机。

2. 故障原因

1）蓄电池故障。蓄电池亏电太多、蓄电池电缆线接头接触不良或接线柱被氧化等。

2）起动机自身故障。起动机内部的吸引线圈和保持线圈出现短路、断路故障，电磁开关触点烧蚀、直流电动机故障、起动机装配过紧导致阻力过大等。

3）连接线路故障。起动机连接线路出现松动、氧化或锈蚀等。

（三）起动机空转故障

1. 故障现象

点火开关拨至起动挡，起动机能运转，转速很高，但无法起动发动机。

2. 故障原因

1）起动机的单向离合器打滑，不能传递起动转矩。

2）起动机的单向离合器行程故障。

（四）起动机齿轮撞击故障

1. 故障现象

将点火开关拨至起动挡，起动机能运转，但无法与飞轮齿圈啮合，有齿轮撞击的声音。

2. 故障原因

1）飞轮齿圈与驱动齿轮的轮齿损坏或磨损严重。

2）起动机电磁开关导通过早，造成起动机的驱动齿轮未啮合就早已高速旋转。

任务实施

一、准备工具、设备

实训整车、万用表、汽车解码仪、维修手册。

二、诊断汽车起动系统故障并检修

（一）分析故障现象

一辆一汽大众迈腾 B8 汽车，打开点火开关，方向盘解锁正常，仪表显示无异常，起动发动机，起动机不运转，起动机内无触点吸合声音。

（二）使用解码仪读取故障码

步骤 1：打开点火开关，使用汽车解码仪扫描网关列表，读取故障码。故障码为起动继电器电路电气故障。

对于具有自诊断功能的系统而言，读取故障码是所有检测工作的第一步，如果有故障码，则应了解故障码的定义和生成的条件，并基于此展开故障诊断和检修。

起动继电器电路电气故障的故障码说明在发动机的起动过程中，发动机电控单元 J623 没有接收到正常的起动系统反馈信号，且起动机不转，说明起动机的 A1 端子可能没有收到起动控制信号，下一步需要验证故障码的真实性。

步骤 2：验证故障码的真实性。

使用汽车解码仪读取数据流，如图 3-34 所示，读取汽车起动数据组。

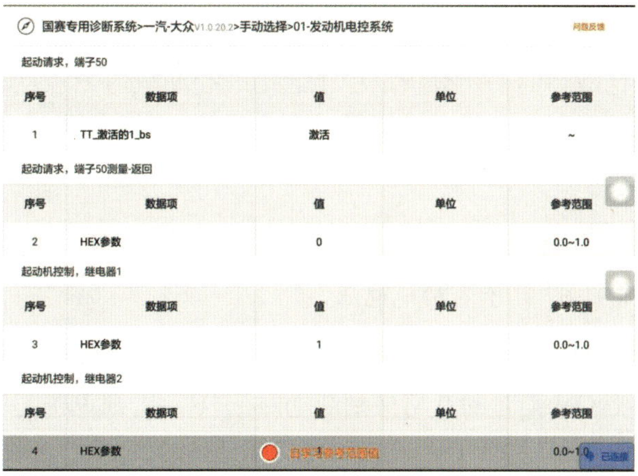
国赛专用诊断系统>一汽-大众V1.0.20.2>手动选择>01-发动机电控系统　问题反馈

起动请求，端子50

序号	数据项	值	单位	参考范围
1	TT_激活的1_bs	激活		~

起动请求，端子50测量-返回

序号	数据项	值	单位	参考范围
2	HEX参数	0		0.0~1.0

起动机控制，继电器1

序号	数据项	值	单位	参考范围
3	HEX参数	1		0.0~1.0

起动机控制，继电器2

序号	数据项	值	单位	参考范围
4	HEX参数	1		0.0~1.0

图 3-34　起动数据流

1 区：50 端子请求正常。

2 区：50 端子反馈异常。

3 区：J906 继电器接通。

4 区：J907 继电器接通。

上述数据说明 J623 已经接收到了 50 端子请求信号，并给 J906 和 J907 的线圈提供了控制信号，但 50 端子反馈信号异常，说明 J907、J906 及其相关电路可能存在故障。

（三）分析电路原理

起动系统电路如图 3-35 所示。

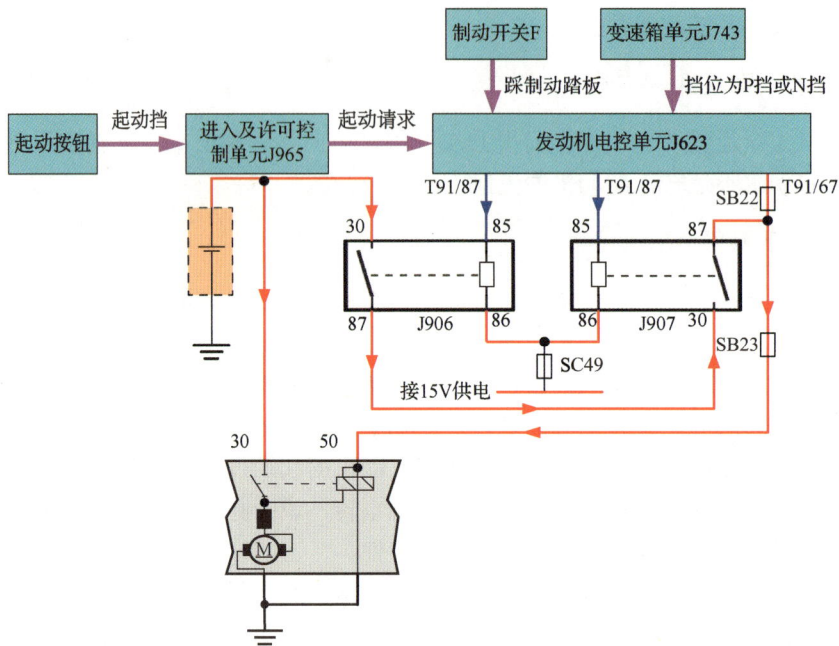

图 3-35　起动系统电路

根据故障现象进行故障的初步分析，由于起动时起动机内无触点吸合的声音，围绕该现象分析，故障的可能原因有：①起动机控制电路故障；②起动机电源及搭铁故障；③起动机自身故障等。

（四）诊断维修过程

1. 测量 J623 的 T91/67 端子的对地电压

在起动发动机的过程中，测量 J623 的 T91/67 端子的对地电压，正常情况下该端子的电压应从点火开关处于 ON 挡时的 0 切换到起动时的+B，否则说明起动系统存在故障。

实测结果：起动时，J632 的 T91/67 端子的对地电压接近 0。这说明 J623 未接收到起动反馈信号，下一步测量 J907 继电器的 87 端子的对地电压。

2. 测量 J907 继电器的 87 端子的对地电压

在起动发动机的过程中，使用万用表测量 J907 继电器的 87 端子的对地电压，正常情况下该端子的电压应从点火开关处于 ON 挡时的 0 切换到起动时的+B，否则说明起动系统存在故障。

如果该端子的电压从 0 跳跃到+B，则说明起动机的 50 端子及 J632 的 T91/67 端子至 J907 继电器触点之间的电路存在故障。

如果该端子的电压始终为 0，则说明 J907 继电器及其相关电路可能存在故障，可能的故障原因如下。

1）J907 继电器自身故障。

2）J907 继电器电源电路故障。

3）J907 继电器控制电路故障。

实测结果：J907 继电器的 87 端子的对地电压始终为 0。可能原因是继电器自身及其相关电路存在故障，下一步对 J907 继电器的供电及控制信号进行测量。

3. 测量 J907 继电器的供电及控制信号

1）测量继电器的 30 端子、85 端子及 86 端子的对地电压。测量条件为将点火开关从 ON 挡切换到起动挡。继电器各端子的标准电压值如表 3-3 所示。

表 3-3 继电器各端子的标准电压值

测量端子	测量条件	标准结果
85 端子的对地电压	将点火开关从 ON 挡切换到起动挡	+B 到 0 变化
86 端子的对地电压	将点火开关从 ON 挡切换到起动挡	+B 不变
30 端子的对地电压	将点火开关从 ON 挡切换到起动挡	空载电压到+B 变化

① 如果 30 端子的对地电压始终为空载电压，则说明 J907 继电器的触点供电异常，可能原因如下。

a. J907 继电器的 30 端子与 J906 继电器的 87 端子之间的电路存在故障。

b. J906 继电器自身及其相关电路存在故障。

② 如果将点火开关从 ON 挡切换到起动挡，86 端子的对地电压正常应该是+B 不变，实测为由+B 变化为 0，则说明 J906 继电器的线圈供电存在故障，应进行检修。

③ 如果测得 85 端子的对地电压始终维持在蓄电池电压，则说明 J907 继电器没有接收到 J623 的控制信号，可能原因如下。

a. J907 继电器的 85 端子与 J623 的 T91/88 端子之间的电路存在故障。

b. J623 自身及电源电路存在故障。

实测结果：J907 继电器的 85 端子、86 端子、30 端子电压均正常。因此，说明 J907 继电器自身损坏。

2）对 J907 继电器进行单件测试，如图 3-36 所示。

使用万用表的电阻挡测量 J907 继电器的 85 端子和 86 端子之间的电阻，正常值为 60～200Ω。测试结果为无穷大，则说明继电器线圈损坏。

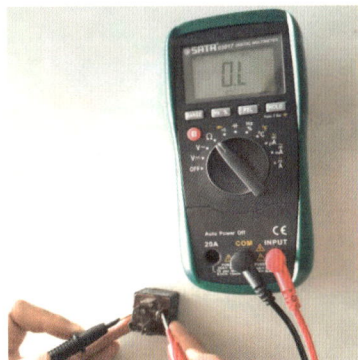

图 3-36 J907 继电器单件测试

（五）更换或维修部件

针对检测结果，更换 J907 继电器。

（六）检查验收

重新起动发动机，起动机可以正常运转，故障排除。

考 核 评 价

本项目的考核评价（表3-4）分为自我评价、小组评价和教师评价，其中教师评价是依据考核评价内容和学习成果进行的综合评价。

表3-4　考核评价表

班级：　　　　小组：　　　　姓名：　　　　时间：

评价模块	评价内容	分值	自我评价	小组评价
理论知识	1）熟悉起动系统的作用和组成	10		
	2）熟悉起动机的型号和起动系统控制电路的常见类型	10		
	3）理解汽车起动机、起动系统控制电路的工作原理	10		
操作技能	1）能识别汽车起动机的型号	20		
	2）能对汽车起动机进行解体检测和不解体检测	20		
	3）能对起动系统进行故障诊断与排除	20		
职业素养	1）具有标准意识、质量意识、服务意识等	5		
	2）具有严谨细致、吃苦耐劳的品质	5		

综合评价：

总结与反思：

直 击 工 考

一、填空题

1．汽车起动系统主要由_____、_____、_____和_____等组成。

2．起动机俗称_____，它一般由_____、_____和_____组成。

3．直流电动机的作用是将蓄电池的_____转换为_____，产生_____。

4．转子也称_____，是直流电动机的旋转部件。它的作用是产生起动机所需的_____，一般由_____、_____、换向器和转子轴等组成。

5．电磁开关主要由_____、_____、复位弹簧、活动铁心、接触片及接触触点等组成。

二、判断题

1. 起动系统主要包括起动机和起动控制电路两部分。 (　　)

2. 普通起动机一般采用串励式直流电动机。 (　　)

3. 磁极也称转子，其作用是产生磁场。它是由定子绕组和固定在壳体上的磁场铁心组成的。 (　　)

4. 拨叉可使离合器进行轴向移动，并实现与驱动齿轮和发动机飞轮齿圈的啮合与分离。 (　　)

5. 起动机空转的原因有可能是起动机的单向离合器打滑，不能传递起动转矩。(　　)

三、简答题

1. 简述起动机的工作过程。

2. 简述起动机性能测试的主要方法。

项目四
汽车点火系统检修

项目导读

点火系统是汽油发动机所特有的装置，按照发动机的工作要求能够及时点燃气缸内的可燃混合气，它直接影响着发动机的性能。近年来，汽车点火系统的发展很快，已经实现了由传统点火系统到电子点火系统，并向着计算机控制点火系统方向发展。实际上，各种点火系统的工作逻辑是相同的，只是实现的手段不同而已。

本项目主要介绍汽车点火系统基础知识、点火系统检修、火花塞检修与更换等知识与技能。通过学习，读者应能对汽车点火系统进行故障检测与维修。

学习目标

知识目标

1）掌握点火系统、火花塞的作用。
2）理解点火系统、火花塞的工作原理。
3）掌握点火系统的常见故障类型和火花塞的拆装与检查方法。

能力目标

1）能够辨别不同类型的点火系统。
2）能够对点火线圈、控制电路、火花塞进行检修。
3）能够对点火系统进行日常维护及故障诊断与检修。

素养目标

1）培养创新思维，以及举一反三和解决问题的能力。
2）培养踏实认真、不怕失败、勇于探索的科学精神。

任务一　汽车点火系统认知及点火线圈检修

情景导入

在日常生活中，我们经常会看到一些汽油发动机车辆打不着火，抛锚在路边。其中，很多情况下是因为点火系统出现故障，导致发动机不能工作。那么，点火系统的作用是什么？它又是怎样工作的呢？

任务目标

1）掌握点火系统的作用。
2）理解点火系统的结构与工作原理。
3）能够辨别不同类型的点火系统。
4）能够检修点火线圈及控制电路。

知识准备

一、汽车点火系统的作用

对于汽油发动机来说，采用的是点燃式，气缸内的可燃混合气体是靠电火花点燃的，产生电火花的系统就是点火系统。

汽车点火系统（图 4-1）的作用是将汽车电源系统供给的低压电转换为高压电，并按照发动机的做功顺序与点火时刻的要求，适时把高压电传递给各缸的火花塞，进而击穿火花塞，产生高压电火花，点燃可燃混合气体。

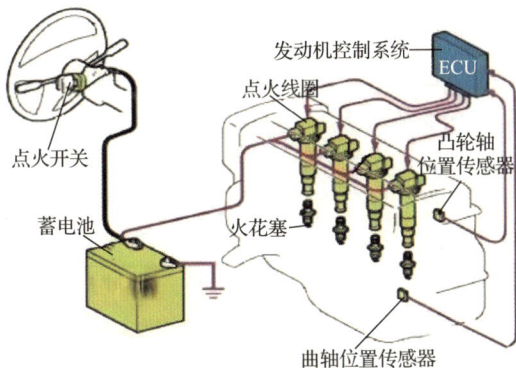

图 4-1　汽车点火系统

微课：汽车点火系统概述

二、发动机对点火系统的要求

无论发动机处于何种工况和使用条件下，点火系统都应该及时、准确地点燃各缸的火花塞，以保证汽车正常运行。为了满足上述条件，汽车发动机对点火系统有以下 3 个基本要求。

（一）能产生足以击穿火花塞间隙的高压电

汽车发动机正常运行时，击穿火花塞产生电火花的高压电为 10kV 左右，但在低温起动时，击穿火花塞产生电火花的电压则需要在 19kV 以上，因此点火系统必须有一定的二次电压储备。为了保证充足的二次电压储备，同时不使制造成本过高，二次电压一般为 30kV 左右。

（二）产生的电火花必须有足够的点火能量

火花塞产生的电火花必须有一定的点火能量，这样才能把可燃混合气体点燃。在发动机起动时，由于起动温度的影响，混合气体雾化不良，需要点火系统提供 100MJ 的点火能量。在发动机正常运行时，点火系统应能提供 50～80MJ 的点火能量。

（三）点火时刻应该适应发动机的工作状况

点火时刻应适应发动机的工作状况，点火顺序应该按照发动机的工作顺序。例如，4 缸发动机的点火顺序为 1—3—4—2 或 1—2—4—3，6 缸发动机的点火顺序一般为 1—5—3—6—2—4 等。

由于混合气体在气缸内燃烧时会占用一定的时间，所以混合气体不应在压缩行程上止点处点火，而应该适当提前，使活塞达到上止点时，混合气体已得到充分的燃烧，从而使发动机获得较大的功率。点火时刻一般用点火提前角来表示，即从发出电火花开始到活塞到达上止点为止的一段时间内曲轴转过的角度。

如果点火过迟，当活塞到达上止点时才点火，则混合气体的燃烧主要在活塞下行过程中完成，即燃烧过程在容积增大的情况下进行，使炽热的气体与气缸壁接触的面积增大，因而转变为有效功率的热量相对减少，气缸内最高燃烧压力降低，导致发动机过热，功率下降。

如果点火过早，则由于混合气体的燃烧完全在压缩过程进行，气缸内的燃烧压力急剧升高，活塞到达上止点之前燃烧压力即达最大，使活塞受到反冲，发动机做负功，不仅使发动机的功率降低，并有可能引起爆燃和运转不平稳，加速运动部件和轴承的损坏。

三、影响点火系统击穿电压的因素

（一）火花塞电极间隙与形状对击穿电压的影响

火花塞电极间隙越大，击穿火花塞的点火电压也越大；火花塞电极间隙越小，所需的击穿电压越低。

（二）气缸内混合气体的压力与温度对击穿电压的影响

当气压越高，温度越低时，混合气体的密度就越大，离子的自由运动距离就越短，不易发生碰撞电离，击穿电压就越大。

（三）电极温度与极性对击穿电压的影响

电极温度越高，电极周围的气体密度越小，击穿电压就越低。电极中央为负极时，击穿电压低；电极中央为正极时，击穿电压较高。

（四）发动机的工作情况对击穿电压的影响

当发动机的转速较高时，气缸内的温度升高，使气缸的充气量减小，从而导致气缸的压力减小，火花塞的击穿电压随转速的升高而降低；发动机在起动和加速时，击穿电压比平稳工作时的击穿电压要高。

四、点火系统的分类

（一）按照点火提前角的控制方式分类

点火系统主要是按照点火提前角控制方式的不同进行分类的，可分为传统点火系统、晶体管电子点火系统和微机控制电子点火系统，如图 4-2 所示。

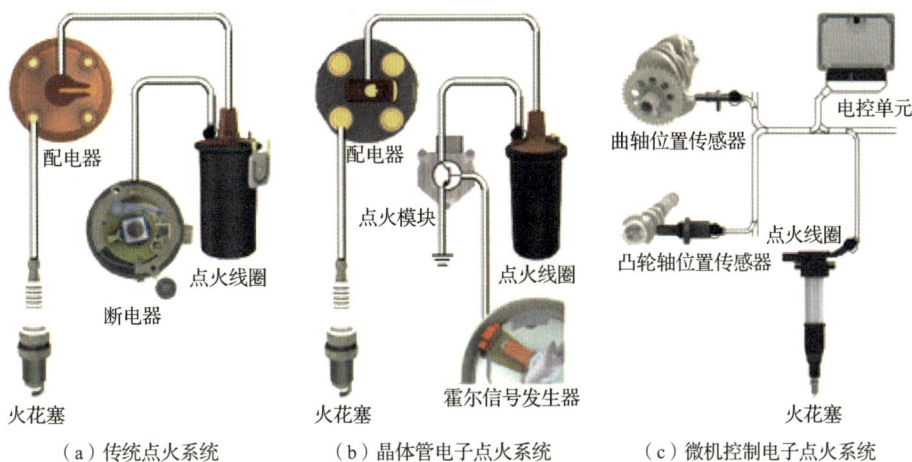

（a）传统点火系统　　（b）晶体管电子点火系统　　（c）微机控制电子点火系统

图 4-2　点火系统的类型

1. 传统点火系统

在传统点火系统中，使用断电器的触点接通与切断点火线圈的一次电路（一次电流流经的电路称为一次电路），从而在点火线圈的二次电路（二次电流流经的电路称为二次电路）产生高电压。传统点火系统是汽车最早应用的点火系统，如图 4-2（a）所示，其主要特点是结构简单、价格低廉等，缺点是大量应用机械装置控制点火，工作可靠性差、点火能量低、点火精确度差、故障率较高，远远不能满足现代汽车的需要，目前基本已被淘汰。

2. 晶体管电子点火系统

晶体管电子点火系统是汽车第二代点火系统的典型类型，如图 4-2（b）所示，它的工作原理与传统点火系统基本相同。在晶体管电子点火系统中，点火线圈的工作靠信号发生器和电子点火器等电子元器件控制。通过晶体管的通断控制点火线圈的一次电路，从而在点火线圈的二次电路产生高压电。

其主要特点是，与传统点火系统相比，它的工作可靠性更高、点火时间更精确、体积更小等，但是随着汽车电子技术的发展，特别是汽车行驶速度的不断提升，晶体管电子点火系统已不能满足汽车对点火系统的需求。

3. 微机控制电子点火系统

微机控制电子点火系统也称计算机控制点火系统，如图 4-2（c）所示，它是根据各种信号传感器的输入信号，经过电控单元的运算与分析，控制点火线圈一次电路的接通与切断，从而在点火线圈的二次电路产生高压电。微机控制电子点火系统的控制精度更高，点火时间更准确，点火能量更适合，工作性能更可靠，同时可减少汽车尾气的排放，使汽车的动力性、经济性都有提升。目前，微机控制电子点火系统成为汽车的主流点火系统。

（二）按照点火能量的储存方式分类

1）电感储能式电子点火系统：点火系统的点火能量以磁场的形式储存在点火线圈中。目前应用在绝大多数汽车上。

2）电容储能式电子点火系统：点火系统的点火能量以电场的形式储存在专门的储能电容器中。目前应用在部分赛车上。

（三）按照高压电的配电方式分类

1）有分电器点火系统：也称机械配电点火系统，在传统点火系统上大量应用。

2）无分电器点火系统：也称直接点火系统，将点火系统的分电器总成用电子控制装置代替，各缸火花塞直接与点火线圈相连，在电控单元的控制下，二次绕组产生的高压电直接传递给火花塞，按照发动机的点火顺序依次进行点火。目前在现代汽车上广泛应用。

五、传统点火系统的基本结构与工作原理

（一）基本结构

传统点火系统主要是由电源系统（蓄电池或发电机）、点火开关、分电器、点火线圈、高压线、火花塞等组成的，如图 4-3 所示。分电器主要由断电器、配电器、电容器、点火提前调节机构和凸轮等组成，如图 4-4 所示。它通过断电器接通与切断点火线圈的一次电路，再由配电器将点火线圈产生的高压电，按发动机的工作顺序输送至各缸火花塞。

微课：汽车点火系统的构造与原理

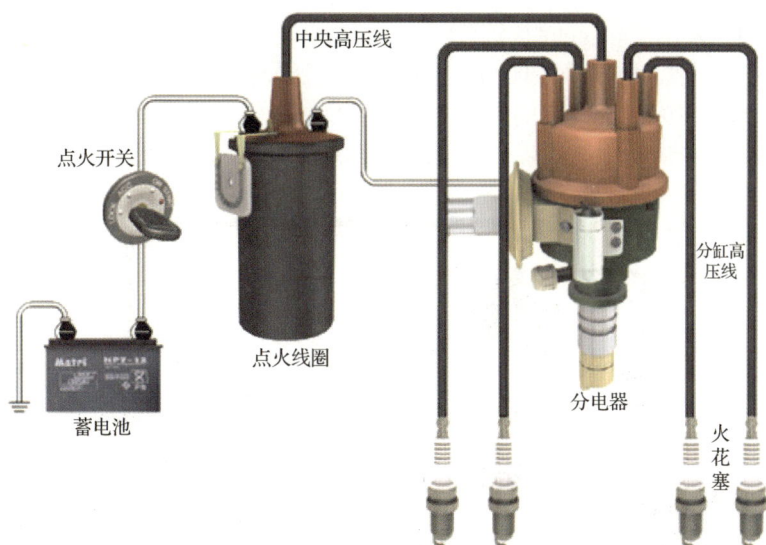

图 4-3　传统点火系统的结构

中央高压线

点火开关

点火线圈

蓄电池

分电器

分缸高压线

火花塞

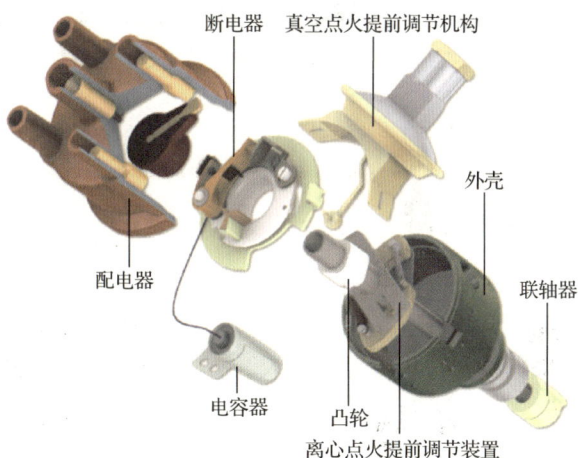

图 4-4　分电器的结构

断电器　真空点火提前调节机构

配电器

电容器

凸轮

离心点火提前调节装置

外壳

联轴器

（二）工作原理

发动机工作时，断电器凸轮也随着配气凸轮轴一起旋转。断电器是由触点和凸轮组成的，凸轮角数对应发动机的缸数。当断电器触点闭合时，一次电路有电流通过；当断电器凸轮顶开触点时，一次电路立刻切断。断电器凸轮旋转一周，触点交替闭合与断开，如图 4-5 所示。

如图 4-6 所示，当断电器触点闭合时，一次电路的电流方向为蓄电池正极→点火开关→点火线圈的一次绕组→断电器→搭铁→蓄电池负极，此时一次绕组形成磁场，一段时间后，断电器凸轮将触点顶开，一次电流被瞬

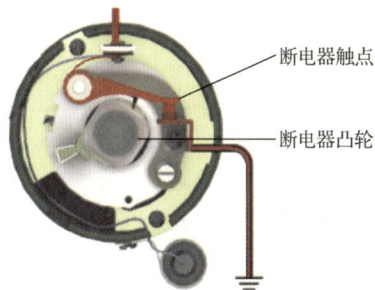

断电器触点

断电器凸轮

图 4-5　断电器的结构

间切断，磁场迅速发生变化，两组绕组感应出电动势。由于二次绕组匝数较多，二次绕组能感应出 15kV 左右的高压电，产生的高压电再由配电器分配给各缸的火花塞。如图 4-7 所示，二次电路的电流方向为点火线圈的二次绕组→中央高压线→配电器→分缸高压线→火花塞→击穿火花塞间隙产生电火花。点火系统分电器旋转一次，发动机各缸点火一次。

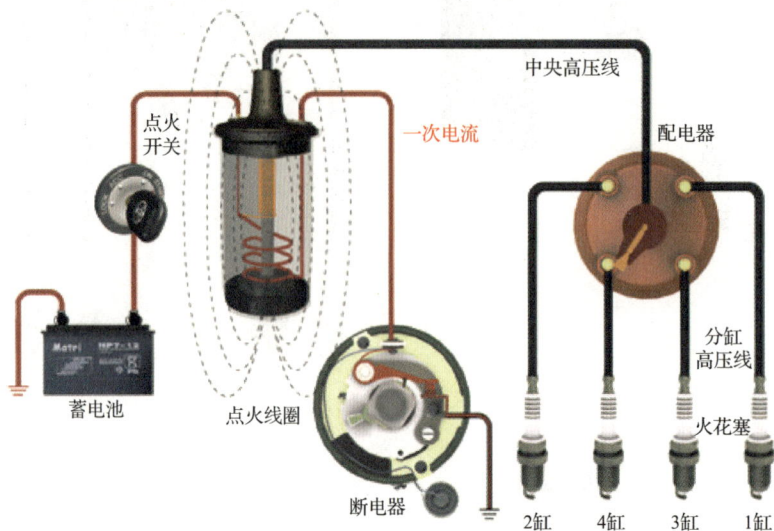

图 4-6　传统点火系统的一次电路

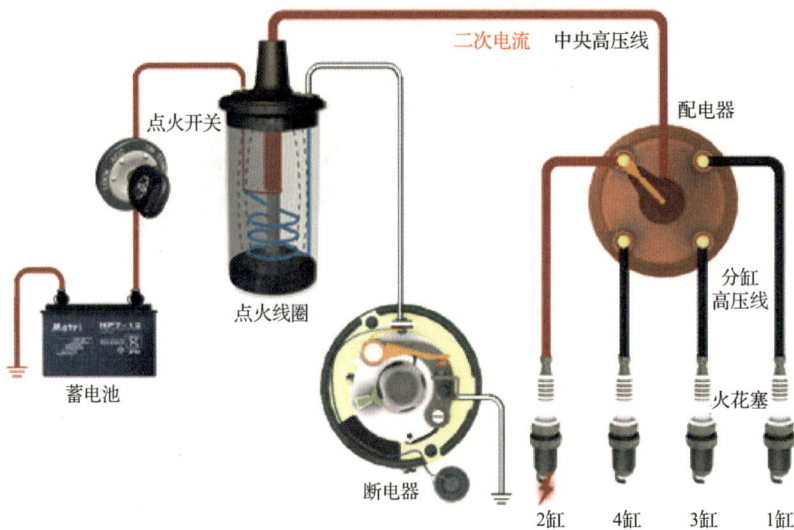

图 4-7　传统点火系统的二次电路

六、晶体管电子点火系统的基本结构与工作原理

（一）基本结构

晶体管电子点火系统主要是由电源（蓄电池或发电机）、点火开关、点火模块、点火线圈、带点火信号发生器的分电器、高压线和火花塞等组成的，如图 4-8 所示。

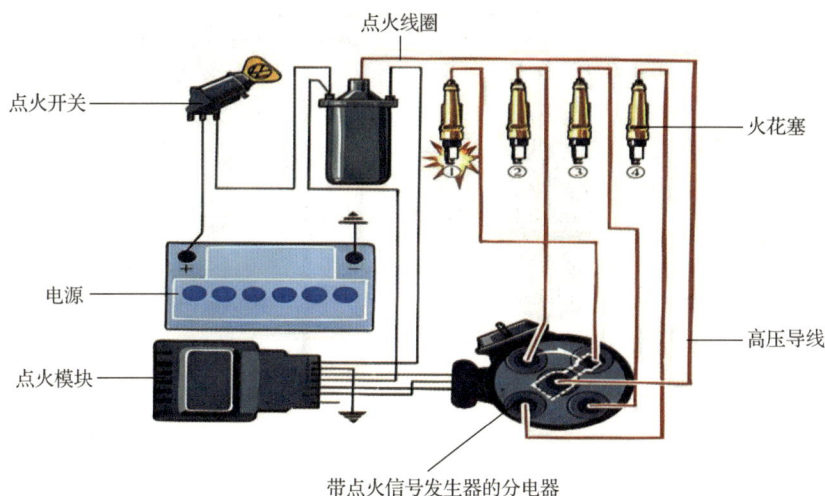

图 4-8　晶体管电子点火系统的结构

点火信号发生器一般安装在分电器中，可分为电磁式、霍尔式和光电式。

1. 电磁式点火信号发生器

电磁式点火信号发生器利用电磁感应原理产生触发电子点火器的脉冲信号。电磁式点火信号发生器的作用是产生与发动机曲轴位置相应的磁感应电压脉冲信号，并输入点火器作为点火控制信号。

2. 霍尔式点火信号发生器

霍尔式点火信号发生器利用霍尔效应产生触发电子点火器的脉冲信号。霍尔式点火信号发生器的作用是利用霍尔效应产生与发动机缸数相对应的脉冲信号，并将信号传递给点火控制器，实现对点火系统的控制。

3. 光电式点火信号发生器

光电式点火信号发生器利用光电效应产生触发电子点火器的脉冲信号。光电式点火信号发生器的作用是利用发光二极管、光电晶体管和遮光板，使晶体管发送给点火控制器不同的通断信号，并将信号传递给点火控制器，实现对点火系统的控制。

（二）工作原理

以霍尔式电子点火系统为例，如图 4-9 所示，在霍尔式电子点火系统中，点火线圈的工作通过点火信号发生器和点火控制器等电子元器件进行控制。一次电路的电流方向为蓄电池正极→点火开关→点火线圈的一次绕组→点火模块（点火控制器）→霍尔式点火信号发生器→搭铁→蓄电池负极，此时点火器的通断是由霍尔式点火信号发生器控制的。霍尔式点火信号发生器发出脉冲信号，经点火控制器处理后，适时实现一次绕组的通断，使二次绕组产生高压电。二次电路的电流方向为点火线圈的二次绕组→中央高压线→配电器→分缸高压线→火花塞→击穿火花塞间隙产生电火花。

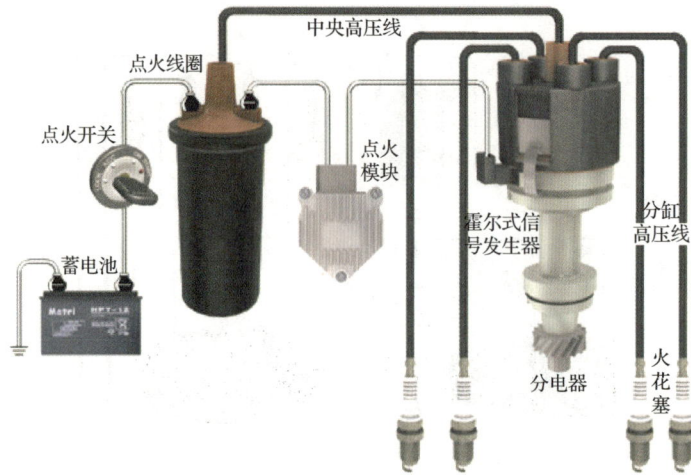

图 4-9　霍尔式电子点火系统

七、微机控制点火系统的基本结构与工作原理

　　微机控制点火系统也称计算机控制点火系统，它是现代汽车最常用的点火系统。发动机运行时，电控单元不断采集发动机的转速、负荷、冷却液温度、进气温度等传感器信号，并根据存储器中存储的有关程序和数据，通过计算，寻找在此工况下的最佳点火时机，操控点火控制器进行点火。

　　（一）基本结构

　　微机控制点火系统是由监控汽车发动机运行状况的传感器、处理信号和发出指令的电控单元、执行器（点火线圈、火花塞）组成的，如图 4-10 所示。

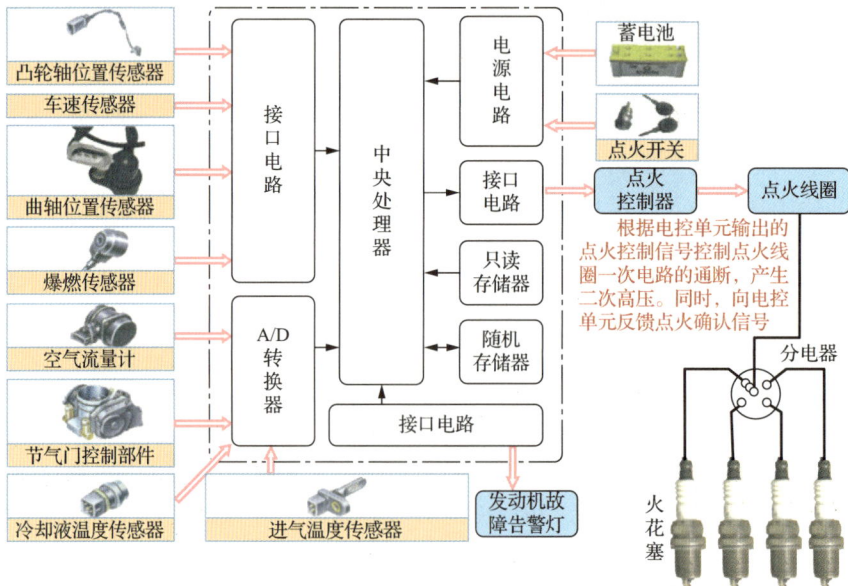

图 4-10　微机控制点火系统的结构

1. 传感器

传感器用于检测发动机的各种工作状态，并把数据传递给发动机电控单元。其主要包括曲轴位置传感器、凸轮轴位置传感器、节气门控制部件、空气流量计、进气温度传感器、冷却液温度传感器、氧传感器、爆燃传感器等。

2. 电控单元

电控单元也就是汽车 ECU，它具有运算与控制功能，发动机在运行时，它采集各传感器的输出信号进行运算，并将运算的结果转换为控制信号，控制被控对象工作。在点火系统中，被控对象就是点火线圈。

3. 执行器

在执行器中，点火线圈和火花塞是重要的组成部分。点火线圈的作用是将电源提供的低压电转换为点火所需的高压电，并击穿火花塞间隙产生电火花。点火线圈利用变压器原理，实现将低压电转换为高压电。

点火线圈其实就是由两组绕组构成的升压变压器。当一次绕组接通电源时，随着电流的增长，四周产生一个很强的磁场，铁心储存磁场能；当一次绕组电路断开时，一次绕组的磁场迅速衰减，二次绕组被一个强大而剧烈变化的磁场吞没。由于二次绕组的匝数非常多，所以二次绕组可感应出高压电（最高可达 10 万 V）。

点火线圈按照结构形式的不同，可分为开磁路点火线圈和闭磁路点火线圈。

（1）开磁路点火线圈

点火线圈中心是由硅钢片叠加成的条形铁心，由于铁心没有构成闭合回路，所以当低压电流通过一次绕组时，铁心被磁化，磁路上下都暴露在外边并未构成闭合磁路，称为开磁路点火线圈，如图 4-11 所示。

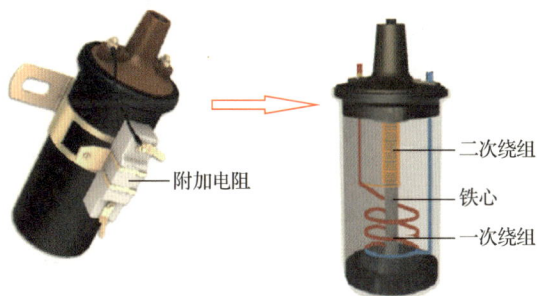

图 4-11　开磁路点火线圈的结构

如图 4-12 所示，在开磁路点火线圈上，铁心绕有一次绕组和二次绕组。一次绕组一般用直径为 0.5～1mm 的漆包线缠绕 240～370 匝；二次绕组一般用直径为 0.06～0.1mm 的漆包线缠绕 11000～30000 匝。

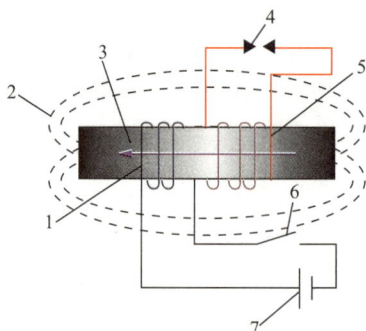

1——一次绕组；2—磁通线；3—铁心；4—火花塞；5—二次绕组；6—点火开关；7—电源。

图 4-12　开磁路点火线圈

（2）闭磁路点火线圈

由于开磁路点火线圈的磁阻大、漏磁多、磁通损失严重，所以常使用闭磁路点火线圈。闭磁路点火线圈的铁心常采用"口"字形或"日"字形，如图 4-13 和图 4-14 所示。铁心内绕有一次绕组，外部绕有二次绕组，一次绕组产生的磁通量通过铁心构成闭合磁路。闭磁路点火线圈的能量损失小、转换效率高，可使点火线圈小型化。

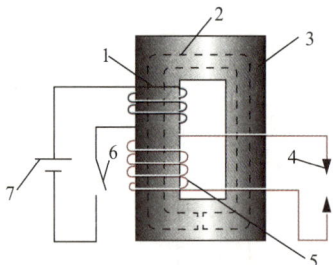

1——一次绕组；2—磁通线；3—铁心；4—火花塞；
5—二次绕组；6—点火开关；7—电源。

图 4-13　"口"字形闭磁路点火线圈

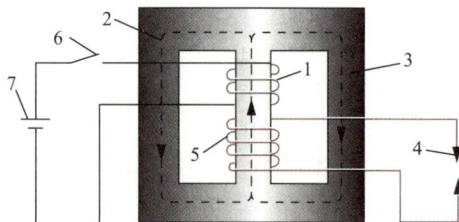

1——一次绕组；2—磁通线；3—铁心；4—火花塞；
5—二次绕组；6—点火开关；7—电源。

图 4-14　"日"字形闭磁路点火线圈

（二）工作原理

微机控制点火系统的工作原理如图 4-15 所示。首先在汽车上插入钥匙接通电源，起动发动机，传感器开始工作，收集各部件的状态信息并传递给发动机电控单元，发动机电控单元根据收集的信息，进行分析、计算并输出执行信号，将信号传递给点火线圈，点火线圈产生高压使火花塞产生火花，点燃混合气体。在发动机起动时，曲轴每转两圈，各缸火花塞按点火顺序轮流跳火一次。

图 4-15　微机控制点火系统的工作原理

（三）点火正时

通过对发动机电控单元进行分析，发动机能够得到最佳的点火时机。最佳点火时机是指活塞即将到达上止点的那一刻，而不是刚好达到上止点时，所以最佳点火时机需要有一个提前量，也就是点火提前角。实际点火提前角的控制方式如图4-16所示。

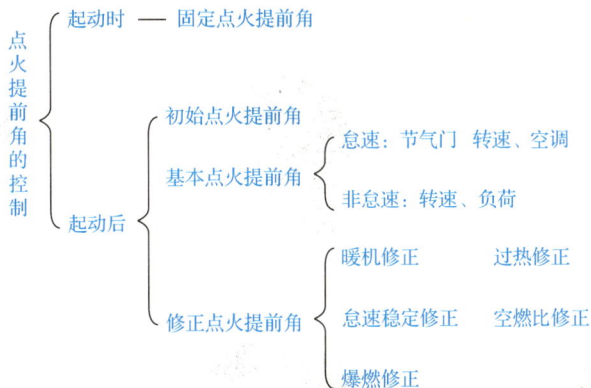

点火提前角的控制
- 起动时 —— 固定点火提前角
- 起动后
  - 初始点火提前角
  - 基本点火提前角
    - 怠速：节气门　转速、空调
    - 非怠速：转速、负荷
  - 修正点火提前角
    - 暖机修正　　过热修正
    - 怠速稳定修正　空燃比修正
    - 爆燃修正

图4-16　实际点火提前角的控制方式

1）发动机起动时，进气管绝对压力传感器信号或空气流量计信号不稳定，电控单元无法正确计算点火提前角，一般将点火时刻固定在发动机本身设定的固定点火提前角。

2）发动机起动后，实际点火提前角=初始点火提前角+基本点火提前角+修正点火提前角。

① 初始点火提前角：在发动机的压缩行程终了，活塞即将达到行程的顶点时，点火系统向火花塞提供高压火花，点燃气缸内的压缩混合气体，带动活塞做功，这个时间就是点火正时。点火正时使分电器轴的位置与发动机活塞的位置相匹配，从而使点火系统有正确的初始点火提前角。

② 基本点火提前角：怠速时，电控单元根据节气门位置传感器信号、发动机转速传感器信号和空调开关信号确定基本点火提前角；非怠速时，电控单元根据发动机的转速和负荷确定基本点火提前角。当发动机节气门开度一定时，随着转速的提高，需要适当增大点火提前角。当发动机转速一定时，随着负荷的增加，节气门开度增大，需要适当减小点火提前角；反之，当发动机负荷减小时，应适当增大点火提前角。

③ 修正点火提前角：电控单元根据实际传感器测得的信号对点火提前角进行修正，主要包括暖机修正、过热修正、怠速稳定修正、空燃比修正、爆燃修正等。

任务实施

一、准备工具、设备

实训车辆、车外防护3件套、车内防护4件套、汽车解码仪、万用表、维修手册。

二、识别点火系统设备

（一）识别点火系统传感器

步骤要领：打开发动机舱盖，寻找与汽车点火系统相关的传感器，认识汽车曲轴位置传感器、凸轮轴位置传感器、节气门控制部件、空气流量计、进气压力传感器、进气温度传感器、冷却液温度传感器、氧传感器、爆燃传感器等主要传感器，如图4-17～图4-25所示。

图 4-17　曲轴位置传感器　　　　图 4-18　凸轮轴位置传感器　　　　图 4-19　节气门控制部件

图 4-20　空气流量计　　　　图 4-21　进气压力传感器　　　　图 4-22　进气温度传感器

图 4-23　冷却液温度传感器　　　　图 4-24　氧传感器　　　　图 4-25　爆燃传感器

（二）识别点火系统执行器

步骤要领：在汽车发动机上寻找并拆下点火线圈（图4-26），找到火花塞（图4-27），进行认识。

图 4-26　汽车点火线圈　　　　　　　　图 4-27　汽车火花塞

（三）识别点火系统电控单元

步骤要领：沿着点火线圈连接线寻找点火系统控制模块——汽车发动机电控单元，如

图 4-28 所示，进行认识。

图 4-28　发动机电控单元

三、检修点火线圈及其控制电路

（一）点火线圈的故障检修

1. 明确故障现象

一汽大众迈腾轿车发动机某缸不工作，发动机出现抖动现象。

2. 读取解码仪中的故障码

将点火开关置于 ON 挡，读取故障码；起动发动机后，先清除故障码，再次读取故障码，故障码显示 2 缸出现失火。

3. 电路原理分析

一汽大众迈腾轿车的点火系统电路如图 4-29 所示。

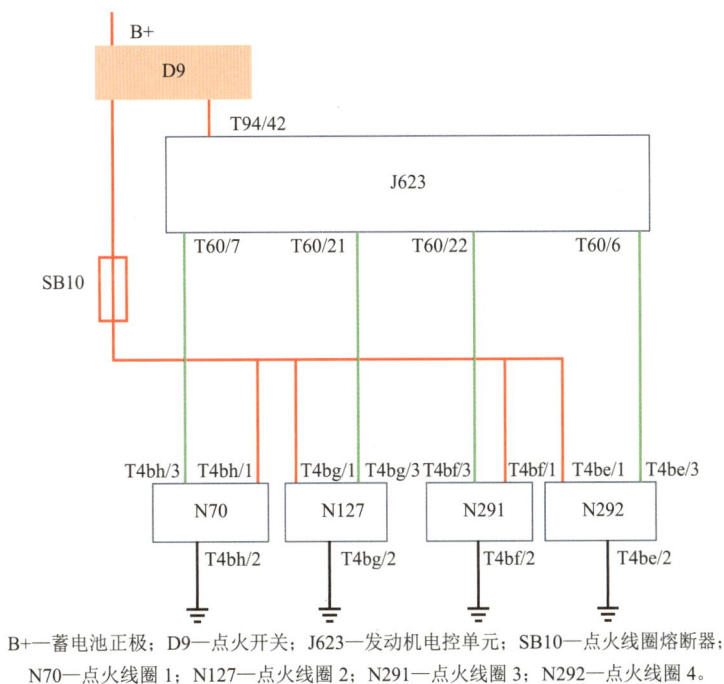

B+—蓄电池正极；D9—点火开关；J623—发动机电控单元；SB10—点火线圈熔断器；
N70—点火线圈 1；N127—点火线圈 2；N291—点火线圈 3；N292—点火线圈 4。

图 4-29　一汽大众迈腾轿车的点火系统电路

运行原理：当点火开关 D9 闭合时，发动机电控单元 J623 接收到点火开关 D9 的闭合信号，经分析处理后，对 4 个点火线圈发出点火信号，4 个点火线圈依次产生高压电供给火花塞进行点火。

造成故障的可能因素：2 缸的点火线圈自身损坏；点火线圈 2 的线路损坏；火花塞损坏。

4. 诊断维修过程

（1）点火线圈的检查测量

1）外观检查。检查点火线圈是否保持清洁、干燥，外壳无破损、裂纹和变形，接线端子无断裂和烧损，绝缘橡胶无破损、老化和变形，点火线圈内的填充物无冒出和变形。

2）故障诊断仪检测。使用故障诊断仪查看点火系统是否有故障码，并查看点火数据流，进而判断点火系统的故障所在。

3）线路检测。使用示波器测量 2 缸点火线圈的供电线和信号线的波形，并与标准波形进行对比。

（2）火花塞的检查测量

1）外观检查。检查项目包括电极间隙；侧电极是否烧偏，是否有飞线、破损裂纹、熏黑、油污、过度烧损等。

2）火花塞的颜色检查。在正常情况下，燃烧良好的火花塞电极的颜色为浅黄色或棕红色。

3）电极间隙测量。使用塞尺检查电极间隙。

4）绝缘电阻的测量。火花塞工作于高温、高压环境下，其绝缘性能应符合标准。使用绝缘电阻表测量其绝缘电阻，标准为绝缘电阻大于 10MΩ。如果不符合要求，则清洗火花塞，并再次进行测量；如果仍不符合要求，则更换火花塞。

5. 更换点火部件

针对检测结果，更换新的火花塞和点火线圈。

6. 检查验收

打开点火开关，清除故障码，并检查车辆是否仍然抖动。

（二）点火线圈控制电路断路的故障检修

1. 明确故障现象

一辆一汽大众迈腾轿车，打开点火开关，仪表显示无异常，着车后，发动机抖动，且抖动的频率与发动机的转速同步，仪表排气故障指示灯长亮。

2. 解码仪读取故障码

打开点火开关，使用汽车解码仪扫描网关，读取故障码，如图 4-30 所示，发现有以下故障码：P230200，二次回路点火线圈 1-功能失效——主动/静态。

故障码	描述	码库类型	维修建议
P230200	二次回路点火线圈1 - 功能失效——主动/静态		无

图 4-30　读取故障码

通过上述故障码可以看出，是 1 缸点火线圈或其电路故障造成的发动机缺缸。

3. 电路原理分析

点火系统电路如图 4-31 所示。

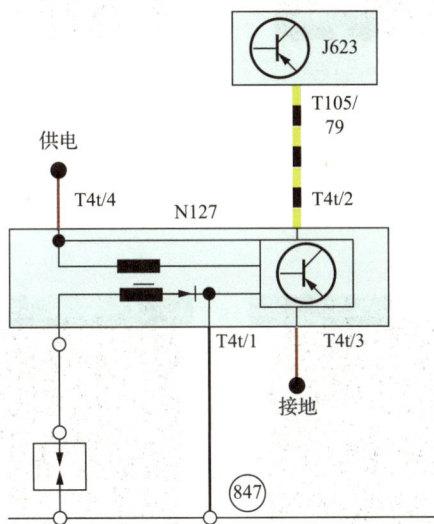

图 4-31　点火系统电路

发动机抖动的频率与发动机的转速同步，这说明可能是发动机缺缸造成的，同时按照故障码的提示，故障可能原因有：①1 缸点火线圈 N127 损坏；②J623 局部损坏；③1 缸点火线圈 N127 供电及搭铁故障；④1 缸火花塞故障；⑤控制电路故障等。

4. 故障诊断流程

（1）测量 1 缸点火线圈 N127 的供电、搭铁电压

测量 N127 的 T4t/4 端子的对地电压，标准值为+B，实测值为 11.85V，如图 4-32 所示，因此结果正常。

测量 N127 的 T4t/1 端子的对地电压，标准值为 0，实测值约为 0，如图 4-33 所示，因此结果正常。

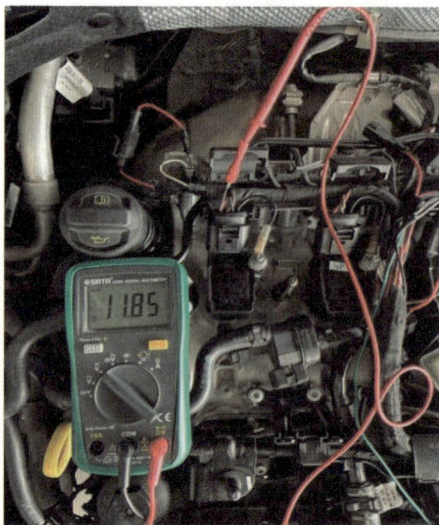

图 4-32　点火线圈 N127 的供电测量

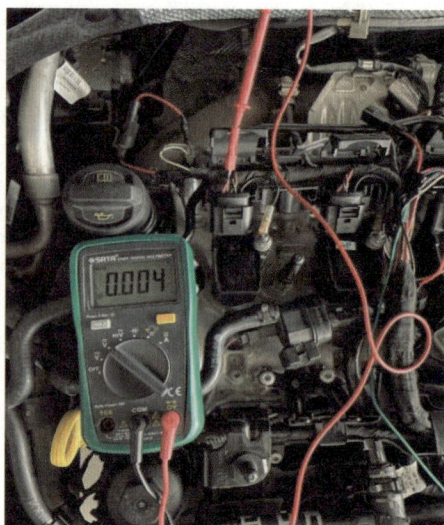

图 4-33　点火线圈 N127 的供电测量

（2）测量 1 缸点火线圈 N127 的控制信号

测量 N127 的 T4t/2 端子的对地波形，标准为 0～5V 方波（图 4-34），实测如图 4-35 所示，因此测量结果异常。这说明 N127 接收的 J623 控制信号异常，下一步测量 J623 输出的控制信号。

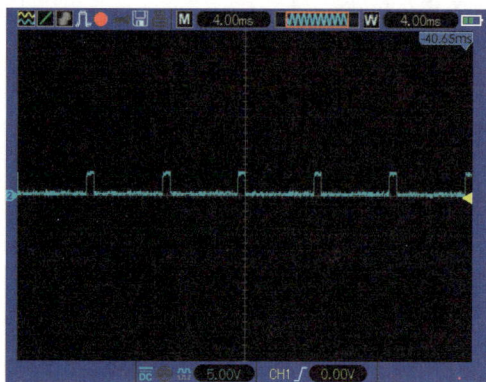

图 4-34　标准波形

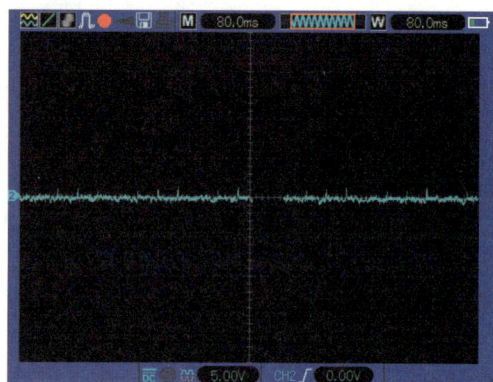

图 4-35　实测波形

（3）测量 J623 输出的控制信号

测量 J623 的 T105/79 端子的对地波形，标准为 0～5V 方波信号，实测如图 4-36 所示，因此测量结果正常。

将 1 缸点火线圈 N127 的 T4t/2 端子与 J623 的 T105/79 端子连接起来，测得一端波形为 0 直线，一端为 0～5V 的方波信号，说明 N127 的 T4t/2 端子至 J623 的 T105/79 端子之间的线路断路。

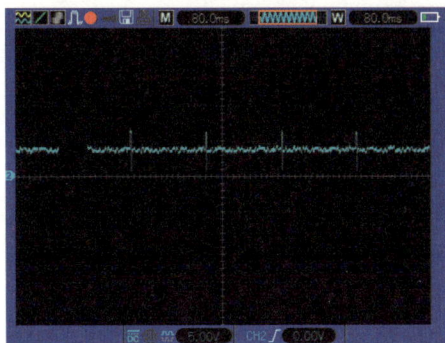

图 4-36 J623 的 T105/79 端子的对地实测波形

5. 更换或维修部件

针对检测结果，维修 1 缸点火线圈 N127 的 T4t/2 端子至 J623 的 T105/79 端子之间的线路。

6. 检查验收

打开点火开关，重新起动发动机，发动机抖动现象消失，重新读取发动机故障码，故障码消失，故障排除。

任务二　汽车火花塞的检修与更换

情景导入

今天小王和维修师傅检查一辆大众迈腾汽车，这辆车在运行过程出现抖动，经检查后发现火花塞烧蚀，需要更换火花塞，应如何进行更换呢？

任务目标

1）掌握汽车火花塞的作用、组成。
2）理解汽车火花塞的工作原理及热特性。
3）掌握汽车火花塞的拆卸、检查和安装方法。
4）能够对汽车火花塞进行检查和更换。

知识准备

一、汽车火花塞的作用

汽车火花塞是什么元件？它有什么作用？其实火花塞的作用相当于发动机内部的一个打火机或一个火柴，它时刻起到一个产生电火花，点燃发动机内部的高压、高温混合气体的作用，它在汽车发动机压缩行程即将终止时工作，保证发动机动力的持续输出。

微课：汽车火花塞的
基本知识

在日常用车中，汽车是否省油、发动机运行是否平稳，都和火花塞有着非常大的关系。汽车在行驶过程中，若表现出动力不足，同时油耗增加，则应更换火花塞。如果汽车的某个气缸不工作，那么很大概率是火花塞或气缸的点火线圈出现了故障，也要对其进行更换。

二、对汽车火花塞的要求

汽车火花塞是发动机点火系统的重要组成部分，由于其在气缸内部，工作环境十分恶劣，所以对其工作要求十分苛刻，主要有以下方面。

1）耐热性大。可适应极热、极冷的温度变化情况，能承受吸入混合气体冷却状态（常温状态 50～60℃）到燃烧气体加热温度达 2200～2500℃时的反复温度变化。

2）绝缘体要耐高电压。绝缘体在急剧的温度变化、反复的压力变化情况下，要求在 30kV 的高电压下可以保持足够的绝缘性。

3）要有足够的机械强度。在工作行程中能承受 50～70kg/cm^2 的反复爆发压力。

4）要有耐腐蚀性。电极材料应能承受燃烧生成物 CO、SO_2、PbO 的强烈腐蚀。

5）要有良好的气密性。要使火花塞工作可靠，对电极间隙、位置、气密性等都有极高的要求。

三、汽车火花塞的组成

汽车火花塞主要由接线螺母、中心电极、接地电极（侧电极）、火花塞壳体、绝缘体等组成，如图 4-37 所示。

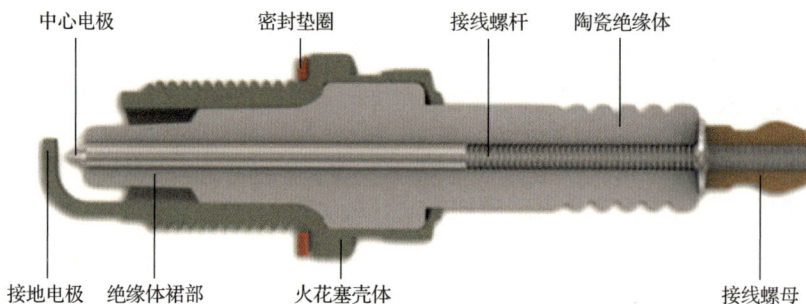

图 4-37　汽车火花塞的结构

1）接线螺母。接线螺母是和高压线圈紧挨的部分，电流通过接线螺母和中心电极后，击穿中心电极与接地电极之间的介质产生火花，从而点燃气缸中的可燃气体。

2）中心电极。中心电极和接地电极配合高压电产生火花。

3）接地电极。接地电极也称侧电极，其与中心电极配合高压电产生火花。中心电极与接地电极之间的间隙称为电极间隙。

4）火花塞壳体。火花塞壳体和接地电极是连接的。

5）绝缘体。绝缘体的作用非常重要，它是火花塞当中必不可少的一部分，主要起到隔离中心电极的作用，防止不必要的事故发生。

接地电极与火花塞壳体连接，通过气缸盖螺纹连接到发动机缸体上。接线螺母是火花塞上与高压线圈接触的部分，电流通过接线螺母和中心电极后，击穿中心电极与接地电极之间的介质产生火花，从而点燃气缸中的混合气体。

四、汽车火花塞的类型

火花塞电极的类型多种多样，其中电极越细、电极越尖，电场强度越大，击穿电压就越小，同时在点火过程中带走的热量越少，越有利于火焰核的顺利稳定，能减少电极的冷却作用和消焰作用，从而带来更好的燃烧性能。

（一）按照外形结构分类

如图 4-38 所示，火花塞按照外形结构可分为以下 6 种。

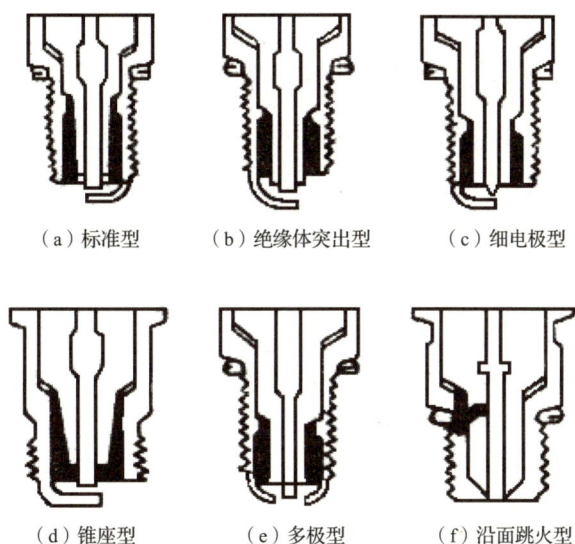

(a) 标准型　　　　(b) 绝缘体突出型　　　　(c) 细电极型

(d) 锥座型　　　　(e) 多极型　　　　(f) 沿面跳火型

图 4-38　汽车火花塞按照外形分类

1）标准型火花塞：其绝缘体裙部略缩入壳体端面，接地电极在壳体端面以外，是使用最广泛的一种火花塞。

2）绝缘体突出型火花塞：绝缘体裙部较长，突出于壳体端面以外。它具有吸热量大、抗污能力好等优点，且能直接受到进气的冷却而降低温度，因此也不易引起炽热点火，所以热适应范围宽。

3）细电极型火花塞：其电极很细，特点是火花强烈、点火能力好、在严寒季节也能保证发动机迅速可靠地起动、热范围较宽，能满足多种用途。

4）锥座型火花塞：其壳体和旋入螺纹制成锥形，因此不用垫圈即可保持良好的密封，从而缩小了火花塞的体积，对发动机的设计更为有利。

5）多极型火花塞：接地电极一般为两个或两个以上，优点是点火可靠、间隙不需要经常调节，所以常用于电极容易烧蚀和火花塞间隙不能经常调节的一些汽油机上。

6）沿面跳火型火花塞：沿面间隙型，它是一种最冷型的火花塞，其中心电极与壳体端面之间的间隙是同心的。

（二）按照材质分类

一般情况，火花塞按照材质可以分为镍合金火花塞、铂金火花塞、铱金火花塞，如图 4-39 所示。

（a）镍合金火花塞　　　　　　　（b）铂金火花塞　　　　　　　（c）铱金火花塞

图 4-39　汽车火花塞按照材质分类

1）镍合金火花塞。镍在强度、硬度、电阻、熔化温度、耐腐蚀性等方面的表现优良，但是镍合金容易积炭，为了延长火花塞的使用寿命，一般会把电极表面制作得比较大，这样被积炭覆盖的时间就会增长，从而延长使用寿命。

2）铂金火花塞。铂金火花塞最大的特点是使用寿命长、耐久性好、适合更恶劣的工况。由于铂金火花塞的中心电极较细，根据尖端放电原理，电极尖更容集积聚较多的电能，电火花更容易跳过两极之间的间隙。

3）铱金火花塞。铱金火花塞凭借其高强度电弧、高温耐受性及快速的响应特性，不易积炭，因此其电极可以设计得远小于传统火花塞。铱金火花塞的主要优势在于其高熔点性能，这使它非常适用于各种大功率发动机，能够承受更高的温度而不导致电极融化或损坏。此外，铱金的高硬度允许电极制造得更精细。这种细电极设计使点火更为集中、能量更强，火花塞路线更稳定，可以有效地提升燃烧效率。

五、汽车火花塞的工作过程

火花塞的点火过程必须经过以下 4 个阶段，如图 4-40 所示。

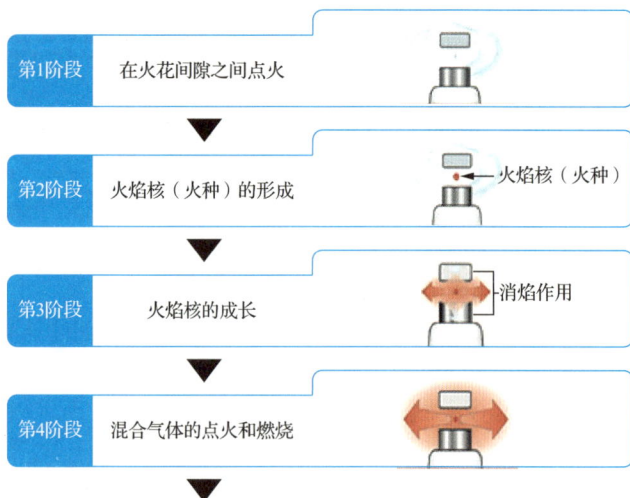

第1阶段	在火花间隙之间点火
第2阶段	火焰核（火种）的形成
第3阶段	火焰核的成长
第4阶段	混合气体的点火和燃烧

图 4-40　火花塞的点火过程

第 1 阶段：在火花间隙之间点火。对中心电极与接地电极施加高电压，破坏电极之间的绝缘状态，使空气介质被电离，从而引发放电现象。

第 2 阶段：火焰核的形成。当电弧击穿混合气体并引燃时，会形成一个微小的火点，这个火点可以出现在从正极到负极间经过电弧的任何位置上。这个阶段称为点燃期。

第 3 阶段：火焰核的成长。火点形成后，会逐渐蔓延变成更大一点的火点，这时电弧已经消失。这个阶段称为扩散期。

第 4 阶段：混合气体的点火和燃烧。火焰核的扩张引燃更多混合气形成火焰，这个阶段称为蔓延期。

六、火花塞的热特性

火花塞裙部的温度保持在 500～750℃时，落在绝缘体上的油滴能立即烧去，通常将这个温度称为火花塞的自净温度。低于这个温度时，火花塞易产生积炭；高于这个温度时，在火花塞表面易产生炽热点，形成早燃。因此，要使火花塞正常工作，就要保证火花塞的裙部温度为自净温度。

火花塞的热特性主要取决于绝缘体裙部的长度。根据热传导性能，火花塞可以分为热型和冷型，如图 4-41 所示。绝缘体裙部长的火花塞，其受热面积大，传输距离长，散热困难，裙部温度高，称为热型火花塞；反之，绝缘体裙部短，受热面积小，传输距离短，散热容易，裙部温度低，称为冷型火花塞。大功率、高转速、高压缩比的发动机选用冷型火花塞，小功率、低转速、低压缩比的发动机选用热型火花塞。

火花塞的热特性使用热值表示。热值指火花塞散掉所吸收热量的程度，它是一个相对概念，国产火花塞一般用 1、2、3、4、5、6、7、8、9、10、11 表示，热值越高，散热越好，小数字为热型，大数字为冷型，如图 4-42 所示。

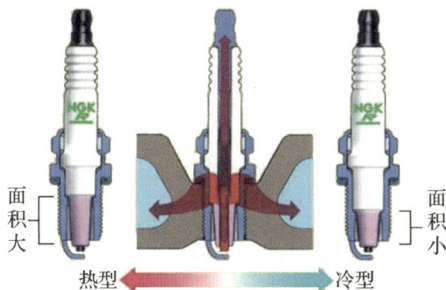

图 4-41　热型与冷型火花塞

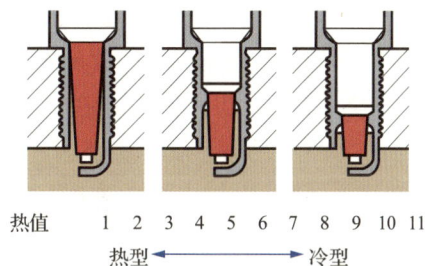

图 4-42　火花塞的热值

七、火花塞的检测

火花塞是汽车的重要组成部件，火花塞损坏会造成发动机起动困难、油耗增加、尾气排放不合格和提速无力，那么如何检测汽车火花塞的性能状况呢？

微课：火花塞的检测与拆装

（一）火花塞的外观检测

1）检查电极有无积炭和电极是否烧熔；观察火花塞的螺纹是否完好，主要观察螺纹是

否被外力损坏、有裂纹等，还要观察绝缘体是否完整无损等。

2）通过颜色进行判断。如图 4-43 所示，燃烧良好的火花塞电极的正常颜色为浅黄色或棕红色，表明火花塞工作良好；如果被熏黑，被黑色炭积物覆盖，这就是火花塞积炭，若积炭严重，则需要更换火花塞；火花塞绝缘体裙部呈灼白状，说明电极烧损快，过度燃烧，需要更换火花塞。

（a）正常使用　　　　　（b）油污潮湿　　　　　（c）绝缘体破损

（d）过热燃烧　　　　　（e）铅污染　　　　　（f）碳粉熏黑

（g）炽热燃烧　　　　　（h）过多积炭　　　　　（i）外力破坏

图 4-43　火花塞的外观颜色

（二）火花塞的使用时间检查

火花塞的使用寿命，一般为 3～5 万 km，较好的为 8 万 km。火花塞的使用寿命与它的材料有直接关系，镍合金火花塞的使用寿命为 2～3 万 km，单铂金火花塞的使用寿命为 4 万 km，双铂金火花塞的使用寿命为 6 万 km，铱金火花塞的使用寿命为 8 万 km，铂铱合金火花塞的使用寿命可达 10 万 km。

（三）火花塞的技术状态检查

1）火花塞的间隙检查。火花塞的间隙因发动机型号的不同而不同。若火花塞的触点间隙过小，则电火花的能量就太小，不易点燃混合气体，因此间隙应适中，使点燃的电火花正好能点燃混合气体。若触点间隙过大，则高压电不能击穿火花塞空气，因此无法产生电火花，从而不能点燃混合气体。

火花塞的电极间隙一般为 0.7～1.2mm。一般用塞尺或火花塞间隙规测量火花塞间隙。如果没有工具，则可以使用折断的钢锯片或刀片代替量规来测量火花塞间隙。如图 4-44 所示为塞尺、火花塞间隙规和火花塞间隙。

火花塞塞尺的使用方法：首先将要测量的火花塞表面清理干净，不能有油污或其他杂质，根据目测的间隙大小选择适当规格的塞尺逐个塞入。读出塞入的塞尺个数，然后对下一位数字进行估读。随着消耗，火花塞间隙逐渐变大并导致故障，因此火花塞间隙不符合要求时，应进行调整。

2）火花塞绝缘电阻的检查。使用绝缘电阻表（图4-45）或足够量程的万用表来测量绝缘电阻。绝缘电阻应大于 $10M\Omega$。

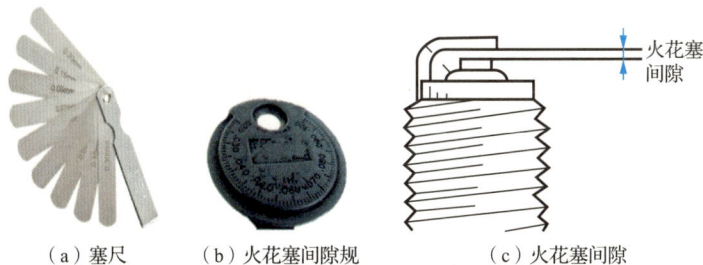

（a）塞尺　　（b）火花塞间隙规　　（c）火花塞间隙

图 4-44　塞尺、火花塞间隙规和火花塞间隙　　　　图 4-45　绝缘电阻表

3）火花塞的跳火测试。火花塞性能的好坏可以通过跳火测试进行判断。火花塞一端与点火线圈相连，放电端离发动机缸体 $1\sim2cm$。若火花塞电极间产生"叭叭"作响的蓝色火花，则表明该火花塞工况良好。

任务实施

一、准备工具、设备

实训车辆、车外防护3件套、车内防护4件套、拆装工具（长扳手、长接杆和六角套筒）、火花塞。

二、汽车火花塞的拆卸、检查与安装

（一）火花塞的拆卸

步骤要领如下。

1）清理点火线圈周围的灰尘或油污，然后拔下点火线圈的线束插头，使用套筒取下点火线圈的固定螺栓。

2）使用双手用力拔出点火线圈。

3）使用六角套筒拧松火花塞，然后使用细软管吹净火花塞周围的污物，防止旋出火花塞后，污物进入气缸内。

4）使用带磁性的套筒取出火花塞，然后使用干净的毛巾覆盖在火花塞座孔的位置。

（二）火花塞的技术状况检查

步骤要领如下。

1）检查火花塞的外观是否有损坏。如果有，则应及时更换新的火花塞。

2）检查火花塞上是否有积炭、黑色油迹。如果有，则应及时清理，必要时更换新的火花塞。

3）检查火花塞的电极间隙。查阅该车型的维修手册，找到火花塞的标准电极间隙。利用塞尺测量出火花塞的电极间隙，并与标准电极间隙进行对比，判断火花塞是否可以使用。

4）调整火花塞的电极间隙。火花塞的电极间隙一般为 0.7~1.2mm。调整时，只能调整接地电极，不能调整中心电极。当火花塞电极间隙过大时，可使用旋具柄轻轻敲打接地电极来调整；当火花塞电极间隙过小时，可将一字旋具插入电极间，扳动旋具把电极间隙调整到规定值。

（三）火花塞的安装

步骤要领如下。

1）安装火花塞时，应选择同型号的火花塞。先取下覆盖在火花塞座孔的毛巾，再将火花塞放到套筒中。

2）将火花塞对准缸盖上的火花塞座孔，用手轻轻拧入火花塞。

3）使用扭力扳手紧固火花塞，一般拧紧力矩为 20N·m。

4）拧紧火花塞时，注意将套筒及扭力扳手对正火花塞，同时注意拧紧力矩不能过大，防止损坏火花塞及缸盖火花塞座孔的螺纹。

5）安装完火花塞后，再安装点火线圈，注意不要把顺序弄错。

6）安装完成后，起动车辆，测试汽车的运行状态。

任务三　汽车点火系统故障检修

情景导入

今天小王和维修师傅维修一辆大众迈腾 B7 汽车，当起动发动机时，发现发动机无法起动，经排查，初步判断可能是点火系统故障，应如何进行维修呢？

任务目标

1）掌握点火系统的常见故障类型。

2）能够对点火系统进行日常维护。

3）能够对点火系统的典型故障进行诊断与排除。

知识准备

一、点火系统的故障类型

汽车点火系统的性能好坏，直接影响汽车发动机的动力性和经济性。汽车点火系统故障可导致发动机无法起动、发动机运行不平稳和发动机加速不良等。

1. 点火线圈故障

1）故障特征：点火线圈产生的高压电电压不够或无法产生高压电，造成火花塞电火花微弱或无电火花，发动机运行不正常，甚至无法起动。

2）故障原因：点火线圈漏电，一次绕组或二次绕组烧断、搭铁、短路等，点火线圈绝缘材料破裂、点火控制器损坏等。

3）排除方法：点火线圈损坏一般直接按照报废处理，重新更换同型号的新点火线圈。

2. 火花塞故障

1）故障特征：火花塞电极出现严重烧蚀和火花塞积炭严重，电极间隙无法产生电火花，造成某缸不工作，发动机运行不平稳，出现抖动现象。

2）故障原因：火花塞严重腐蚀或电极老化，造成电极损坏或绝缘体破坏；点火过早引起爆燃、过热、早燃等，造成火花塞电极熔断。

3）排除方法：使用积炭清洗剂清除火花塞表面的积炭，调整电极间隙，电极出现烧蚀时，应及时更换火花塞。

3. 发动机电控单元故障

1）故障特征：发动机起动困难，发动机运行不平稳，发动机的动力性、经济性下降。

2）故障原因：电控单元随着使用年限的增加或外界因素的破坏，部分集成电路损坏、焊接头开焊、部分电子元件失效。

3）排除方法：首先对外部电路进行检测，确认是电控单元故障后，应及时进行维修。损坏严重时，应及时进行更换。

二、点火系统的日常维护与使用

1）定期更换汽车火花塞。由于火花塞在高温、高压的环境下工作，应按照火花塞的使用规定定期更换，并且更换时应全部更换。

2）在拆装火花塞时，应该将周围清理干净，不能让灰尘、杂物进入气缸内。

3）当出现汽车点火系统故障时，一定要及时进行维修，避免损坏其他设备。

4）当发动机正常运行时，禁止断开点火系统连接线或点火控制器的连接线。

5）按照汽车使用要求，使用合格的油品，防止火花塞因油品影响其使用寿命。

任务实施

一、准备工具、设备

实训车辆、车外防护 3 件套、车内防护 4 件套、汽车解码仪、万用表、示波器、维修手册。

二、任务实施

（一）故障现象

微课:汽车点火系统的
故障诊断

一辆一汽大众迈腾 B8 汽车，打开点火开关，方向盘解锁正常，仪表显示无异常；起动发动机时，起动机运转正常，但无任何着车征兆。

（二）读取解码仪中的故障码

故障码：无故障码。

读取数据流，显示始终未操作。

（三）分析电路原理

点火系统控制电路如图 4-46 所示。

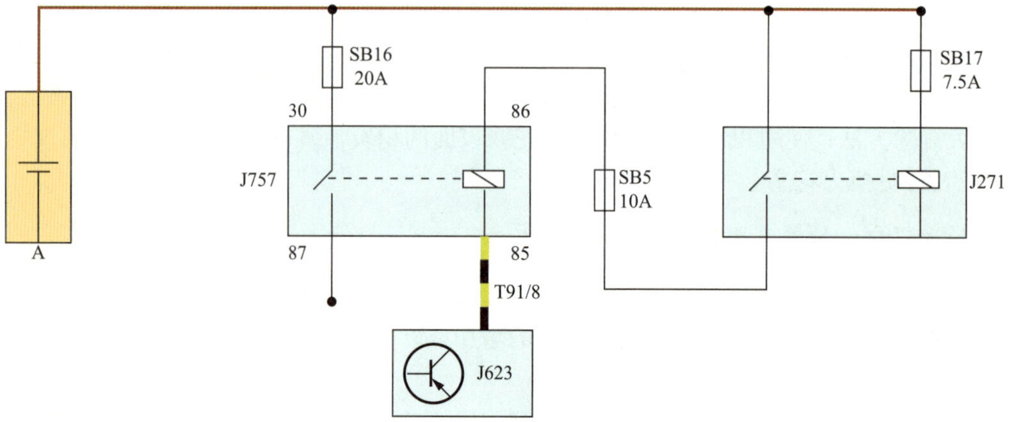

图 4-46　点火系统控制电路

该车的故障现象说明气缸内没有任何混合气体燃烧的迹象，可能的原因有：点火系统故障、燃油系统故障、控制系统故障、机械系统故障。如果在观察故障现象时注意到了液压泵的运转情况，那么就可以结合在打开点火开关和起动发动机的过程中液压泵可以运转的现象，说明液压泵控制系统基本正常，但不能代表燃油系统压力正常及喷油正常。

（四）诊断维修过程

1. 高压跳火测试

在起动过程中，检查火花塞是否跳火，结果为火花塞均不跳火。这说明所有火花塞均未点火，根据故障概率，判断故障可能在公共电源或搭铁部位，而且继电器 J757 给所有点火线圈供电，便于检测，且其故障概率更高，因此从继电器 J757 开始检测。

2. 测量继电器 J757 的 87 端子的对地电压

打开点火开关，继电器 J757 的 87 端子对地电压标准值变化为 0→+B。
如果实测结果一直为+B，则说明继电器 J757 至 4 个点火线圈之间的公共线路存在故障。
如果实测结果一直为 0，则说明继电器 J757 及其相关线路存在故障。
实测结果：继电器 J757 的 87 端子对地电压始终为 0。

3. 测量继电器 J757 供电及控制信号

继电器 J757 各端子的标准电压值如表 4-1 所示。

表 4-1 继电器 J757 各端子的标准电压值

测量端子	测量条件	测量结果
85 端子的对地电压	将点火开关从 ON 挡切换到起动挡	0 不变
86 端子的对地电压	将点火开关从 ON 挡切换到起动挡	0→+B 变化
30 端子的对地电压	将点火开关从 ON 挡切换到起动挡	+B 不变

1）检测继电器 J757 的 85 端子电压，如果电压异常，则说明继电器 J757 接收到的 J623 控制信号异常，下一步需要检测 J623 输出的控制信号。

2）检测继电器 J757 的 86 端子电压，如果电压异常，则说明 J757 的线圈供电存在故障，下一步需要检测上游供电熔断器 SB5。

3）检测继电器 J757 的 30 端子电压，如果电压异常，则说明 J757 继电器触点供电异常，下一步需要检测其上游供电熔断器 SB16。

4）检测继电器 J757 的 85 端子电压、86 端子电压、30 端子电压，如果电压均正常，则说明继电器自身损坏，需要进行继电器的单件测试。

实测结果：继电器 J757 的 86 端子电压、30 端子电压均正常，85 端子电压异常，说明 J757 继电器接收到的 J623 控制信号异常。

4. 测量 J623 输出的控制信号

打开点火开关，使用万用表测量 J623 的 T91/8 端子的对地电压，正常电压值为 0，实测正常。J757 的 85 端子至 J623 的 T91/8 端子之间的线路一端为 0，一端为 12V，说明 J757 的 85 端子至 J623 的 T91/8 端子之间的线路断路。

（五）更换或维修部件

针对检测结果，维修 J757 的 85 端子至 J623 的 T91/8 端子之间的线路。

（六）检查验收

重新打开点火开关，起动发动机，汽车恢复正常工作，故障排除。

考 核 评 价

本项目的考核评价（表 4-2）分为自我评价、小组评价和教师评价，其中教师评价是依据考核评价内容和学习成果进行的综合评价。

表 4-2 考核评价表

班级： 小组： 姓名： 时间：

评价模块	评价内容	分值	自我评价	小组评价
理论知识	1）掌握点火系统、火花塞的作用	10		
	2）理解点火系统、火花塞的工作原理	10		
	3）掌握点火系统的常见故障类型和火花塞的拆装与检查方法	10		

续表

评价模块	评价内容	分值	自我评价	小组评价
操作技能	1) 能辨别不同类型的点火系统	20		
	2) 能对点火线圈、控制线路、火花塞进行检修	20		
	3) 能对点火系统进行日常维护及故障诊断与检修	20		
职业素养	1) 具有创新思维和创新意识	5		
	2) 具有踏实认真、不怕失败、勇于探索的精神	5		

综合评价：

总结与反思：

直 击 工 考

一、填空题

1. 对于汽油发动机来说，采用的是_____，气缸内的可燃混合气体是靠电火花点燃的，然而产生电火花就是_____。

2. 汽车点火系统的发展是由_____到_____，再到目前汽车上普遍使用的_____。

3. 发动机正常工作时，击穿火花塞间隙的电压一般为_____V左右。

4. 微机控制点火系统的结构由_____、_____和执行器组成。

5. 火花塞的热特性主要取决于_____。根据火花塞的热传导性能，火花塞可以分为热型和_____。

二、判断题

1. 火花塞电极间隙越大，击穿火花塞的点火电压越小；火花塞电极间隙越小，所需的击穿电压越高。 （ ）

2. 在传统点火系统中，使用断电器的触点接通与切断点火线圈的一次电路，从而在点火线圈的二次电路产生高压电。 （ ）

3. 点火线圈的作用是将电源提供的低压电转换为点火所需的高压电，并击穿火花塞间隙产生电火花。 （ ）

4. 大功率、高转速、高压缩比的发动机选用热型火花塞，小功率、低转速、低压缩比的发动机选用冷型火花塞。 （ ）

5. 在跳火测试中，若火花塞电极间产生"叭叭"作响的蓝色火花，则表明该火花塞的工况良好。 （ ）

三、简答题

1. 简述发动机对点火系统的要求。

2. 简述汽车火花塞的常见类型。

项目五
汽车照明与信号系统检修

项目导读

现代汽车上装有各式各样的灯具，这些灯不仅起到照明的作用，有些还起到提示、警示其他车辆或行人的作用，对保障汽车的安全运行起到至关重要的作用。在这些灯具中，能提供道路照明的灯有近光灯、远光灯、雾灯等；能提供车厢内部照明的灯有顶灯、阅读灯等；能显示汽车的整车位置的灯有示宽灯、停车灯；能给其他车辆或行人提示的灯有危险警告灯、转向灯、制动灯等。现代汽车离不开车灯，汽车照明与信号系统是汽车电气设备的重要组成部分。

本项目主要介绍汽车照明系统检修、汽车信号系统检修的相关知识与技能。通过学习，读者应能对汽车照明与信号系统进行检修。

学习目标

知识目标

1）了解照明系统、信号系统的功用、类型与结构。
2）掌握前照灯的防眩目措施与工作原理。
3）掌握信号系统的电路分析方法。

能力目标

1）能够对汽车照明系统进行故障诊断与排除。
2）能够对汽车信号系统进行故障诊断与排除。

素养目标

1）培养安全意识、法治意识，提升职业道德素养。
2）培养凝神聚力、精益求精、追求极致的职业品质。

任务一　汽车照明系统检修

情景导入

小王接到一项维修任务，一辆 1.8T 帕萨特轿车，晚上在室内行驶的过程中，当近光灯开关被打开时，右前近光灯正常，左前近光灯不亮，应如何进行检修呢？

任务目标

1）熟悉照明系统的功用、类型与结构。
2）掌握前照灯的防眩目措施与工作原理。
3）能对汽车照明系统进行故障诊断与排除。

知识准备

一、认识汽车照明系统

汽车照明系统是为了提高车辆行驶的安全性和舒适性而设置的，主要用于夜间或雨雾环境下的道路照明、车内照明、汽车装饰等。

汽车照明系统根据安装位置和用途的不同，可分为外部照明系统和内部照明系统。

（一）外部照明系统

1. 前照灯

前照灯俗称大灯，装在汽车头部的两侧，用于夜间或光线昏暗路面上汽车行驶时的照明，保证汽车全天候安全行驶。国家规定汽车前照灯必须具备远光和近光两种照明方式，并通过变光开关转换。前照灯有两灯制和四灯制之分。

2. 雾灯

雾灯安装在车头和车尾，装于车头的雾灯位置比前照灯稍低，用于雨、雾天气行车的道路照明，称为前雾灯；车尾的雾灯称为后雾灯，主要用于雨、雾天高速行驶的汽车向后方车辆或行人提供本车的位置信息。雾灯的光色为黄色或橙色（黄色光波较长，具有较强的穿透性）。

3. 牌照灯

牌照灯安装在汽车尾部牌照的上方，用于夜间照亮尾部车牌，当尾灯点亮时，牌照灯也点亮，用来确保行人距车尾 20m 处看清牌照号码。

4. 倒车灯

倒车灯安装在汽车的尾部，其作用是当汽车倒车时照明车后道路，有时也提示其他车

微课：汽车照明系统的发展历程

微课：汽车照明系统

汽车前照灯

辆或行人注意。当点火开关接通时，驾驶员挂上倒车挡，自动接通电路，倒车灯点亮。倒车灯发出的灯光一般为白色。

汽车照明系统如图 5-1 所示。

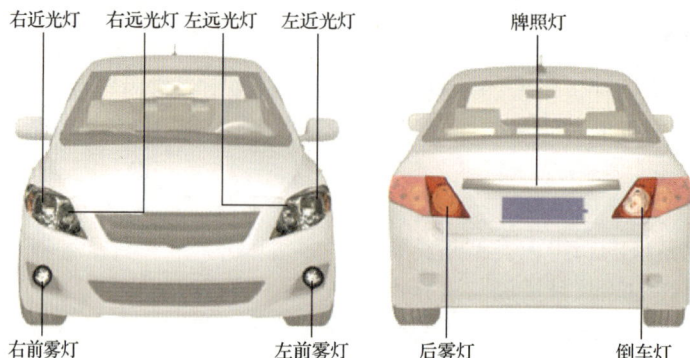

图 5-1　汽车照明系统

（二）内部照明系统

1. 顶灯

顶灯安装在驾驶室或车厢内部，用于对驾驶室内部进行照明，但必须不致使司机眩目。有的车辆顶灯兼作门灯使用，当车门关闭不严时灯亮，提醒驾驶员注意。通常客车车内灯都位于驾驶室中部，使车内的灯光分布均匀。

2. 仪表灯

仪表灯安装在汽车仪表盘上，用于夜间照亮仪表盘，以便于驾驶员能迅速获取行车信息并进行正确的操作。尾灯点亮时，仪表灯也同时点亮。有些车还加装了灯光控制变阻器，使驾驶员能调整仪表灯的亮度。

3. 阅读灯

阅读灯安装在乘客座前部或顶部，当车内光线不足时，其能提供给乘客足够的亮度，以便于车内阅读，同时又不会影响驾驶员的正常操作。

4. 行李箱灯

行李箱灯位于汽车行李箱内，当开启行李箱时，用于照亮整个行李箱空间。

5. 工作灯

为了便于夜间检修，在发动机盖上还装有工作灯，有的车辆上还设有工作灯插座并配有导线及移动式灯具。

二、汽车前照灯

（一）对前照灯的照明要求

为了保证汽车行驶的安全性，汽车安装了各种各样的照明设备。不同汽车的照明系统是不完全相同的，除美观、实用外，还必须满足两个要求，即保证行车安全和符合交通法规的规定。为了保证行车安全，对前照灯的照明要求如下。

1. 足够的照明距离

前照灯应保证车前有明亮而均匀的照明，使驾驶员能看清车前 100m 内路面上的障碍物。随着汽车行驶速度的提高，对汽车前照灯的照明距离要求也越来越远。

2. 具有防眩目功能

眩目是指人的眼睛突然受强光照射时，由于视觉神经受刺激而失去对眼睛的控制，本能地闭上眼睛或看不清暗处物体的生理现象。前照灯在工作时，应避免驾驶员眩目，以免夜间两车相会时，使对方驾驶员眩目，而造成交通事故。

（二）前照灯的结构

前照灯的基本结构包括三大光学组件、壳体及插头插座等，其中三大光学组件为灯泡、反射镜和配光镜，如图 5-2 所示。

1. 灯泡

目前汽车前照灯的灯泡有充气灯泡、卤钨灯泡、高压放电氙灯和 LED（light emitting diode，发光二极管）灯等。

（1）充气灯泡

其灯丝用钨丝制成（钨的熔点高、发光强）。但由于钨丝受热后会蒸发，所以将缩短灯泡的使用寿命。制造时，要先从玻璃泡内抽出空气，再充以约 86% 的氩和约 14% 的氮的混合惰性气体。在充气灯泡内，惰性气体受热后膨胀会产生较大的压力，可减少钨的蒸发，故能提高灯丝的温度，并增强发光效率，从而延长灯泡的使用寿命。为了缩小灯丝的尺寸，常把灯丝制成紧密的螺旋状，这对聚合平行光束是有利的，前照灯的灯泡结构如图 5-3 所示。

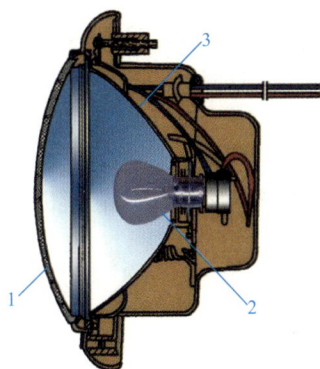

1—配光镜；2—灯泡；3—反射镜。

图 5-2　前照灯的组成

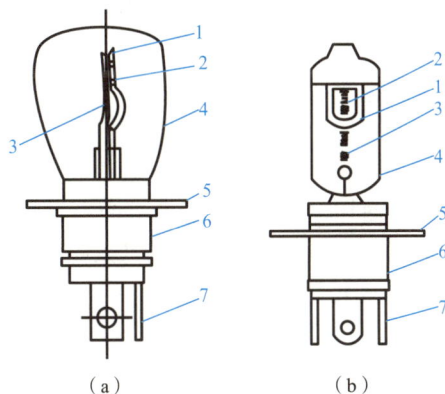

1—配光屏；2—近光灯丝；3—远光灯丝；4—灯壳；5—定焦盘；6—灯头；7—插片。

图 5-3　前照灯的灯泡结构

（2）卤钨灯泡

虽然白炽灯泡的灯丝周围抽成真空并充满了惰性气体，但是灯丝的钨仍然要蒸发，使灯丝损耗。而蒸发出来的钨沉积在灯泡上，将使灯泡发黑。卤钨灯泡则是指在灯泡内所充惰性气体中渗入某种卤族元素。卤族元素（简称卤素）是指碘、溴、氯、氟等元素。

卤钨灯泡是利用卤钨再生循环反应的原理制成的。卤钨再生循环的基本过程是：从灯丝上蒸发出来的气态钨与卤素反应生成了一种挥发性的卤化钨，它扩散到灯丝附近的高温区又受热分解，使钨重新回到灯丝上，被释放出来的卤素继续扩散参与下一次循环反应，如此周而复始地循环下去，因此防止了钨的蒸发和灯泡的黑化现象。

卤钨灯泡的尺寸小，泡壳用耐高温、机械强度较高的石英玻璃或硬玻璃制成，充入压力较高的惰性气体，并且因工作温度高，灯内的工作气压比其他灯泡大很多，故钨的蒸发也受到更为有力的抑制。在相同的功率下，卤钨灯的亮度为白炽灯的 1.5 倍，使用寿命为白炽灯的 2～3 倍。

现在使用的卤素一般为碘或溴，称为碘钨灯泡或溴钨灯泡。我国目前生产的是溴钨灯泡。

（3）高压放电氙灯

高压放电氙灯由弧光灯组件、电子控制器、升压器 3 部分组成。如图 5-4 所示为高压放电氙灯的外形及原理图。

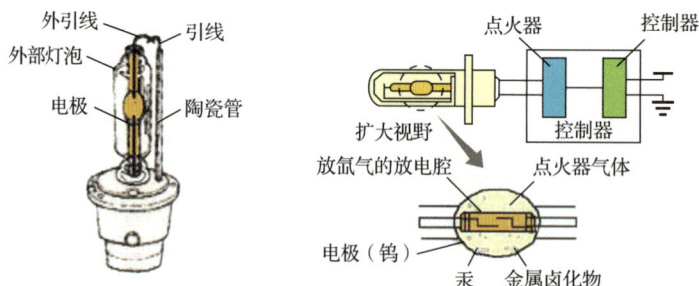

图 5-4　高压放电氙灯的外形及原理图

灯泡发光和荧光灯非常相似，亮度是卤钨灯泡的 3 倍左右，使用寿命是卤钨灯泡的 5 倍。高压放电氙灯克服了传统灯泡的缺陷，几万伏的高压使其光亮强度增加，完全满足了汽车夜间高速行驶的需要。这种灯的灯泡中没有灯丝，取而代之的是装在石英管内的两个电极，管内充有氮气及微量金属元素（或金属卤化物）。在电极上加数万伏的引弧电压后，气体开始电离而导电，气体原子即处于激发状态，电子发生能级跃迁而开始发光，电极间蒸发少量汞蒸气，光源立即引起汞蒸气弧光放电，待温度上升后再转入卤化物弧光灯工作。

（4）LED 灯

LED 是一种能够将电能转换为可见光的半导体，它改变了白炽灯钨丝发光与节能灯三基色荧光粉发光的原理，而采用电场发光。

LED 具有与安全相关的优势，特别是在停车灯及方向指示灯方面。LED 与传统灯丝和灯泡相比，反应更快速，在汽车行驶的过程中，LED 灯可以使随后的车辆更早得到警示信号。LED 更进一步的优势在于照明区域的均衡性。正因为使用了 LED，功能区才能在第一时间实现完全照明，而不需要中间的有色透镜。

汽车LED灯根据应用可分为配光用灯和装饰用灯两种，配光灯适用于仪表指示灯背光显示、前后转向灯、制动指示灯、倒车灯、雾灯、阅读灯等功能性方面，装饰灯主要用于汽车灯光色彩变换，起车内外美化作用。近几年随着部分车用LED亮度问题的解决和成本的下降，其应用量大幅增长。国内常见的车型大都采用了LED灯。

与传统灯泡比起来，LED的优点如下。

1）点亮无延迟，响应时间更快，防止车辆发生不安全事故。

2）结构简单，内部采用支架结构，四周用透明的环氧树脂密封，有更强的抗震性能。

3）发光纯度高，无须灯罩滤光，光波长误差在10nm以内。

4）发光热量很小，对灯具材料的耐热性要求不是很高。

5）光束集中，更易于控制，且不需要用反射器聚光，有利于减小灯具的深度。

6）节能，耗电量低，达到传统灯泡同等的发光亮度时，耗电量仅为传统灯泡的6%。

7）车辆控制电路不易被氧化。

8）使用寿命长。采用灯丝结构，一般使用寿命可达几万乃至十万小时。

9）光线质量高，基本上无辐射，属于"绿色"光源。

10）LED占用体积小，设计者可以随意变换灯具模式，令汽车造型多样化。

2. 反射镜

反射镜的作用是最大限度地将灯泡发出的光线聚合成强光束，以增加照射距离。

前照灯灯泡灯丝发出的光度有限，功率仅为40～60W。如果没有反射镜，则只能照清汽车灯前6m左右的路面；而有了反射镜之后，使前照灯照距可达150m或更远。

如图5-5所示，反射镜一般呈抛物面状，内表面镀铬、铝或银，然后抛光，目前多采用真空镀铝。

如图5-6所示，灯丝位于焦点上，其大部分光线经反射后，成为平行光束射向远方，光度增强几百倍，甚至上千倍，达40000cd以上，从而使车前150m甚至400m内的路面足够清楚。

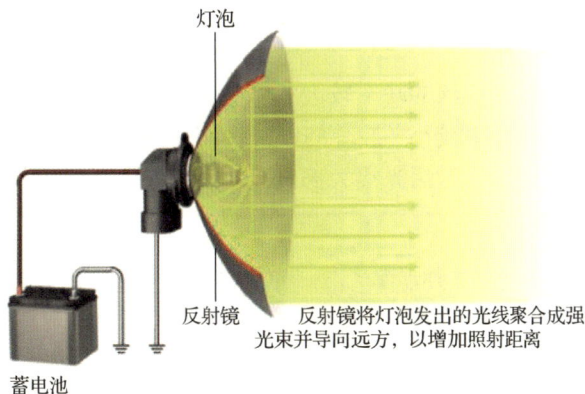

图5-5 汽车反射镜　　　　图5-6 反射镜的作用

3. 配光镜

配光镜又称散光玻璃，是很多块特殊棱镜和透镜的组合，外形一般为圆形和矩形，装于反射镜之前，其作用是将反射镜反射出的平行光束进行折射，使车前路面和路缘都有良好而均匀的照明，如图 5-7 所示。近年来已开始使用塑料配光镜，其特点是质量小且耐冲击性能好。

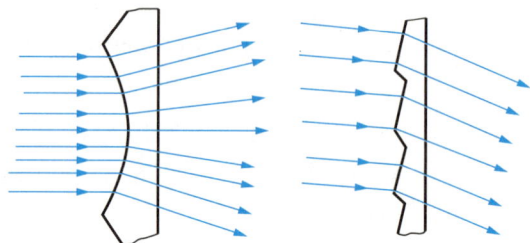

图 5-7　配光镜的作用

（三）前照灯的防眩目措施

前照灯能明亮而均匀地照清车前 150m 甚至 400m 以内的路面，从而保证了车辆的夜间行驶安全，但前照灯射出的强光会使迎面来车的驾驶员眩目。

夜间会车时，前照灯造成的迎面驾驶员的眩目现象容易引发交通事故。为了避免前照灯的眩目影响，在汽车上一般采用双丝灯泡前照灯。灯泡的一根灯丝用于"远光"，另一根灯丝用于"近光"。当夜间行驶且无迎面来车时，可使用远光灯丝，使前照灯光束射向远方，便于提高车速。当两车相遇时，使用近光灯丝，使光束倾向路面，车前 50m 内的路面也照得十分清晰，从而避免迎面来车驾驶员的眩目现象。我国交通法规规定，夜间会车时，双方须在距对面来车 150m 以外关闭远光灯，改用防眩目近光灯。

国内外生产的双丝灯泡前照灯，按近光的配光方式不同，可分为对称形和非对称形两种配光形式。

1. 对称形配光

远光灯丝的功率较大（45～60W），位于反射镜的焦点位置，射出的光线远而亮；近光灯丝的功率较小（22～55W），位于反射镜焦点的上方并稍向右偏斜，由于其光线较弱，且经反射镜反射后光线大部分向下倾斜，从而减少了对迎面来车驾驶员的眩目影响，如图 5-8 所示。

2. 非对称形配光

远光灯丝位于反射镜的焦点处，近光灯丝则位于焦点前方且稍高出光学轴线，其下方装有金属遮光罩，如图 5-9 所示。

由于近光灯丝射向反射镜上部的光线反射后倾向路面，而遮光罩挡住了灯丝射向反射镜下半部的光线，所以没有向上反射能引起眩目的光线。

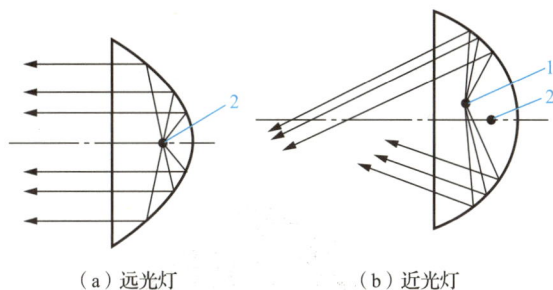

（a）远光灯　　　　（b）近光灯

1—近光灯丝；2—远光灯丝。

图 5-8　双丝灯泡的远、近光束

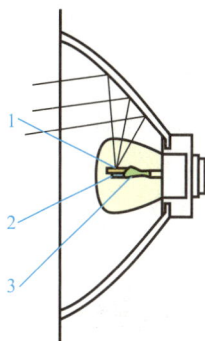

1—近光灯丝；2—遮光罩；3—远光灯丝。

图 5-9　带遮光罩的前照灯灯泡

遮光罩在安装时偏转一定的角度，使其近光的光形分布不对称而形成一条明显的明暗截止线。若明暗截止线呈 Z 形，则称为 Z 形配光。其不仅可以避免迎面来车驾驶员的眩目，还可以防止迎面而来的行人和非机动车驾驶员的眩目，保证了汽车夜间行驶的安全。前照灯的配光形式如图 5-10 所示。

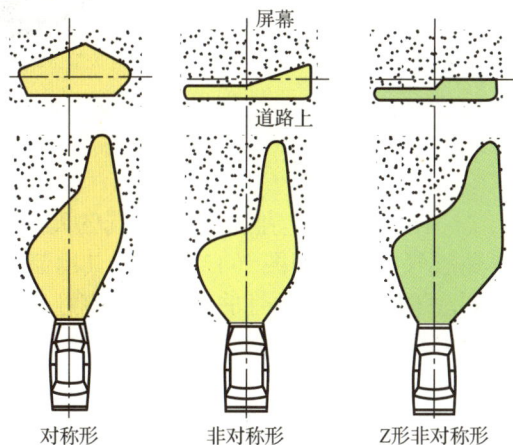

对称形　　　　　非对称形　　　　Z形非对称形

图 5-10　前照灯的配光形式

（四）前照灯的类型

前照灯按结构可分为半封闭式前照灯、全封闭式前照灯、HID（high intensity discharge，高强气体放电灯）氙气式前照灯、可拆式前照灯等。因可拆式前照灯密封性不好，目前很少采用，已基本被淘汰。

1.　半封闭式前照灯

半封闭式前照灯的配光镜的反射镜边缘上卷曲的牙齿紧固在反射镜上，两者之间使用橡胶圈或密封胶密封，灯泡可以从反射镜后端拆装，如图 5-11 所示。这种前照灯维修方便，目前被广泛使用。注意更换灯泡时，切勿用手触摸灯泡顶端部分，以免缩短灯泡的使用寿命。

2. 全封闭式前照灯

全封闭式前照灯俗称"真空灯"，它的反射镜和配光镜制成一体，灯丝焊在反射镜底座上，反射镜表面镀铝，里面充满惰性气体，结构如图 5-12 所示。这种前照灯的密封性好，可以避免反射镜受到污染，照明效果好，使用寿命长，但当灯丝烧坏后，需要更换前照灯总成，成本较高。

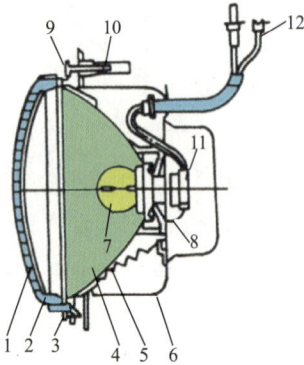

1—配光镜；2—固定圈；3—调整圈；4—反射镜；
5—拉紧弹簧；6—灯壳；7—灯泡；8—防尘罩；
9—调节螺栓；10—调节螺母；11—胶木插座；12—接线片。

图 5-11　半封闭前照灯的结构

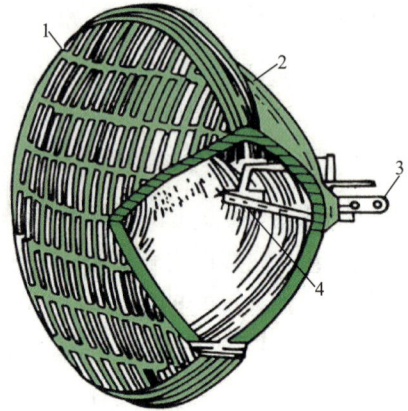

1—配光镜；2—反射镜；3—接头；4—灯丝。

图 5-12　全封闭前照灯的结构

3. HID 氙气式前照灯

图 5-13　HID 氙气式前照灯

HID 氙气式前照灯俗称"氙气大灯"，该类型灯放电的气体是氙气，实物如图 5-13 所示。其由氙气灯泡、稳压器和线组控制盒等组成。这种灯的灯泡中没有灯丝，取代的是石英管内的两个电极，管内充有氙气和微量金属（或金属卤化物）。在电极上加上 12V 的电压后，经过一系列的转换、控制、保护、升压、变频等动作后，产生一个瞬间的 23000V 的点火高压，使气体开始电离导电。其灯泡发出的光色成分和日光灯非常相似，亮度是目前卤钨灯泡的 2.5 倍，使用寿命是它的 5 倍，功率为 35W，可节能 40%。

（五）前照灯的控制电路

1. 组成

前照灯控制电路主要由灯光开关、变光开关、前照灯继电器及前照灯组成。

（1）灯光开关

灯光开关的形式有拉钮式、旋转式和组合式等，现代汽车上应用较多的是将前照灯、尾灯、转向灯及变光灯开关等制作成一体的组合式开关，如图 5-14 所示。

转动开关端部便可依次接通尾灯（包括位灯）和前照灯，将开关向下压，便可由近光变为远光，将开关向上扳，亦可变为远光。不同的是，松手后开关自动弹回近光位置，此位置用来作为夜间行车时的超车信号。前后扳动开关，可使左、右转向灯工作。

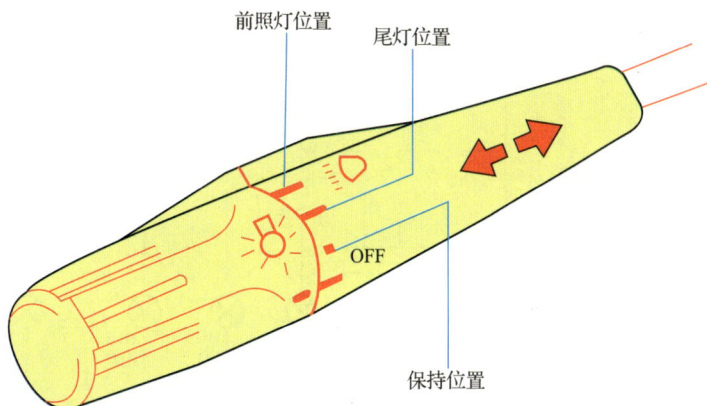

图 5-14　组合式开关

（2）变光开关

变光开关可以根据汽车行驶环境的需要切换远光和近光。它一般与灯光开关制成一体，安装在方向盘左侧的下方，便于驾驶员操作。

（3）前照灯继电器

由于前照灯的工作电流较大，特别是四灯制的汽车，如果用车灯开关直接控制前照灯，则车灯开关易烧坏，所以在前照灯的电路中安装继电器（前照灯继电器、变光继电器等），用开关来控制继电器线圈的小电流，而由继电器触点来控制前照灯的大电流。

2. 前照灯控制电路

汽车前照灯随车形的不同，其控制方式也有差异，可分为继电器控制式和电子控制式。

（1）继电器控制式前照灯

下面以丰田轿车为例，介绍继电器控制式前照灯电路的特点，电路如图 5-15 所示。它主要由灯光开关、变光开关、前照灯继电器、前照灯和相关连接电路等组成。

电路控制原理：当灯光开关移动到组合开关 HEAD（LOW）位置时，前照灯继电器工作，此时变光继电器不工作，常闭触点结合近光灯电路支路，近光灯点亮。第一条电路中的电流由蓄电池正极经熔断器、前照灯继电器、灯光开关到搭铁。第二条电路中的电流由蓄电池正极流向熔断器、前照灯继电器经变光继电器、熔断器（HEAD LWR）、近光灯（LO）再到搭铁，此时近光灯被点亮。

灯光开关移动到 HEAD（HIGH）位置时，前照灯继电器工作，此时变光继电器也工作，常闭触点结合远光灯电路支路，远光灯点亮。第一条电路中的电流由蓄电池正极经熔断器、前照灯继电器、灯光控制开关到搭铁。第二条电路中的电流由蓄电池正极流向熔断器、前照灯继电器经变光继电器、熔断器（HEAD UPR）、远光灯（HI）再到搭铁，此时远光灯被点亮。

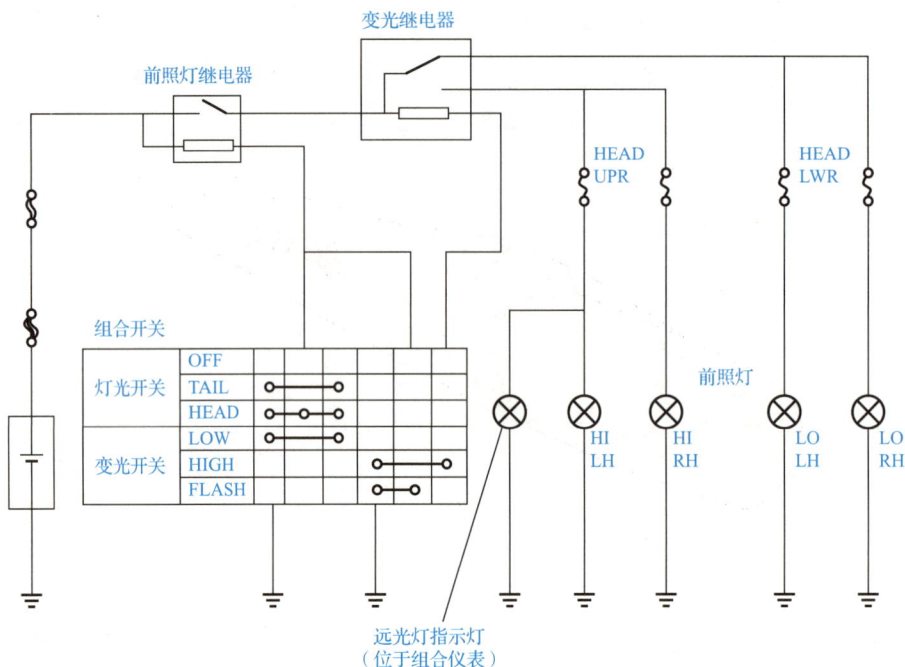

图 5-15　继电器控制式前照灯的电路

（2）新型电子控制式前照灯

随着电子控制技术的发展，越来越多的前照灯使用电子控制式。下面以大众新型迈腾 B7 轿车为例，介绍新型电子控制式前照灯电路的特点，其电路如图 5-16 所示。它主要由车灯开关、车载电网控制单元、前照灯及相关连接电路等组成。

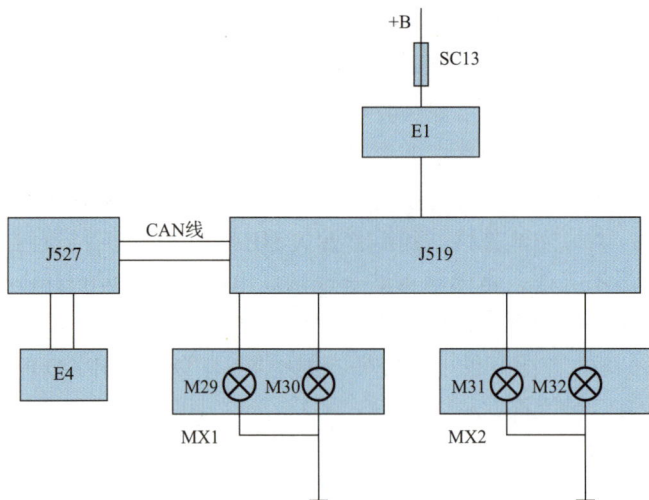

SC13—灯光系统供电熔断丝；J527—转向柱电子装置控制单元；J519—车载电网控制单元；
E4—手动防眩目功能和远光灯瞬时接通功能开关；E1—车灯开关；MX1—左前前照灯；MX2—右前前照灯；
M29—左侧近光灯；M30—左侧远光灯；M31—右侧近光灯；M32—右侧远光灯。

图 5-16　新型电子控制式前照灯的电路

电路控制原理：当驾驶员操作车灯开关 E1 拨入至组合开关近光挡位置时，此时车载电网控制单元 J519 接收到来自近光灯挡位闭合的电压信号，车载电网控制单元 J519 经分析驾驶员的操作指令，由车载电网控制单元 J519 同时给左前前照灯 MX1 和右前前照灯 MX2 供电，此时左侧近光灯 M29 和右侧近光灯 M31 灯泡正常点亮。

当将车灯开关 E1 拨入至组合开关近光灯挡位置，手动防眩目功能和远光灯瞬时接通功能开关 E4 切换到远光灯挡时，此时车载电网控制单元 J519 同时接收到来自近光挡位闭合的电压信号和远光灯挡闭合的电压信号，车载电网控制单元 J519 经分析驾驶员的操作指令，由车载电网控制单元 J519 同时给左前前照灯 MX1 和右前前照灯 MX2 供电，此时左侧远光灯 M30 和右侧远光灯 M32 灯泡正常点亮。

（六）前照灯的常见故障诊断与排除

前照灯的常见故障有前照灯远、近光均不亮，前照灯远光或近光不亮，前照灯发光强度低等。

1. 前照灯远、近光均不亮

（1）故障原因

前照灯熔断器损坏、车灯开关损坏、变光开关损坏、前照灯继电器损坏、变光继电器损坏、连接线路断路等。

（2）诊断思路

1）检查前照灯熔断器，若有熔断，则应进行更换。

2）检查前照灯、变光继电器，查看继电器的线圈及触点是否正常。

3）检查车灯开关或变光开关模块，检查挡位是否接触不良，必要时应进行修理或更换。

4）检查灯光线路，检查各处的接线是否有松动、脱落或断路。

2. 前照灯远光或近光不亮

（1）故障原因

变光开关远光或近光挡接触不良、变光继电器损坏、远光灯或近光灯的灯泡损坏、远光灯或近光灯的熔断器断路、远光灯或近光灯的连接线断路。

（2）诊断思路

1）检查车灯开关或变光开关模块，检查挡位是否接触不良，必要时应进行修理或更换。

2）检查变光继电器，查看继电器的线圈及触点是否正常。

3）检查远光灯或近光灯的灯泡是否损坏，损坏时应进行更换。

4）检查远光灯或近光灯的熔断器，若有熔断，则应进行更换。

5）检查灯光线路，检查各处的接线是否有松动、脱落或断路。

3. 前照灯发光强度低

（1）故障原因

蓄电池电压低、变光开关接触不良、前照灯插接件接触不良、前照灯反射镜老化或锈蚀、线路搭铁不良。

（2）诊断思路

1）检查蓄电池电压。

2）检查灯泡、灯泡的额定电压和功率。

3）检查各处的接线是否有松动、脱落或断路。

4）检查前照灯的反射镜和配光镜。

任务实施

一、准备工具、设备

实训车辆、故障诊断仪、万用表、无损探针。

二、左右两侧近光灯不亮故障检修

微课：汽车照明
系统的故障诊断

（一）左侧近光灯不亮故障检修

1. 明确故障现象

一辆 1.8T 帕萨特轿车，打开点火开关，将车灯开关拨至车灯开关的近光灯挡，此时发现左侧近光灯不亮，右侧近光灯正常。

2. 读取解码仪中的故障码

将点火开关打到 ON 挡，读取故障码；起动发动机后，先清除故障码，再次读取故障码。

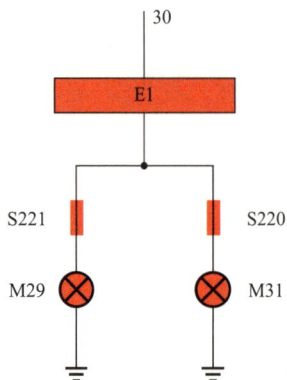

30—蓄电池正极；E1—车灯开光；
S220—右侧近光灯熔断器；
S221—左侧近光灯熔断器；
M29—左侧近光灯灯泡；
M31—右侧近光灯灯泡。

图 5-17　帕萨特轿车前照灯电路

3. 分析电路原理

帕萨特轿车前照灯电路如图 5-17 所示。

运行原理：当车灯开关 E1 闭合时，蓄电池正极 30 的电流经车灯开关 E1 后，分别经左侧近光灯熔断器 S221 和右侧近光灯熔断器 S220，给左、右两侧的近光灯供电。

通过电路图可知，近光灯开关能同时控制两个近光灯，由于右侧的近光灯正常，可以排除车灯开光及线路相关故障，造成故障的可能因素如下。

1）左侧近光灯灯泡损坏。

2）熔断器故障。

3）左侧近光灯到熔断器的连接线路故障。

4）熔断器上游线路故障。

5）搭铁线路故障。

4. 诊断维修过程

（1）测量左侧近光灯的供电端

使用万用表、无损探针等工具，优先测量左侧近光灯的供电。左侧近光灯的供电端子是 5 号端子，将无损探针背插到左侧近光灯连接器的 5 号端子中，打开万用表，打开近光灯，测得左侧近光灯 5 号端子的电压为 0，测试异常，说明左侧近光灯没有得到供电，故障可能在上游点。

（2）测量左侧近光灯的熔断器

左侧近光灯 M29 的上游部件是 S221，熔断器 S221 位于方向盘左侧的保险盒内，用翘板取下熔断器盒盖，找到熔断器 S221 的位置。使用万用表测量 S221 下游端的电压为 0，测试异常，测量上游端的电压为 12.64V，测试正常，说明熔断器 S221 上游端得到了电源供电，一端为零，一端为+B，熔断器内部自身损坏。

（3）确定故障部位

取下熔断器 S221，目视观察熔断器 S221，可以看到内部出现烧蚀断裂。使用万用表进一步验证熔断器 S221 是否损坏，将万用表调至电阻挡 200Ω，然后将万用表笔连接熔断器两侧，若测量为无穷大，则说明熔断器 S221 确实损坏。

5. 更换部件

针对检测结果，更换新的熔断器。观察熔断器 S221 的型号为 15A，使用同型号的新熔断器替换损坏的旧熔断器。

6. 检查验收

重新打开点火开关，检查左侧近光灯是否点亮，正常点亮，左侧近光灯故障排除。

（二）右侧近光灯不亮故障检修

1. 明确故障现象

一辆大众迈腾车，打开点火开关，将灯光开关拨至近光灯挡，右侧近光灯不亮，左侧近光灯正常，仪表显示"请检查右侧前照灯"，其余灯光均正常。

2. 读取解码仪中的故障码

将点火开关打到 ON 挡，读取故障码；起动发动机后，先清除故障码，再次读取故障码。解码仪显示无故障码。

3. 分析电路原理

近光灯的系统电路如图 5-18 所示。

当灯光开关 EX1 拨至近光灯挡位时，车载电网控制单元 J519 接收到灯光开关近光灯挡位电压信号，经 J519 分析处理，给左侧近光灯 M29 和右侧近光灯 M30 供电，左侧近光灯 M29 和右侧近光灯 M30 点亮。

图 5-18　近光灯的系统电路

根据该车辆的现象可知，打开近光灯时，左侧近光灯 M29 正常，说明 J519 能接收到灯光开关的近光灯挡位电压信号；由于该车的右侧近光灯、远光灯共用搭铁，而右侧远光灯工作正常，说明右侧近光灯 M31 的搭铁无异常。

4. 诊断维修过程

（1）测量右侧近光灯 M31 的供电

打开点火开关，将灯光开关 EX1 旋转至近光灯挡，测量右侧近光灯 M31 的供电 T14ad/6 端子的对地电压，如图 5-19 所示，测量值为 0（标准为+B），说明右侧近光灯 M31 的供电异常，下一步测量 J519 侧的电源输出。

（2）测量 J519 侧的电源输出

打开点火开关，将灯开关 EX1 旋转至近光灯挡，测量 J519 的 T46b/1 端子的对地电压，测得 J519 的 T46b/1 端子的对地电压为 12.46V（图 5-20），正常。

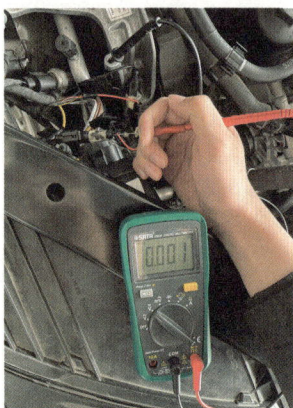

图 5-19　测量右侧近光灯 M31 的供电

图 5-20　测量 J519 侧的电源输出

J519 的 T46b/1 端子与 M31 的 T14ad/6 端子为同一线路，两端存在+B 电压降，判断此线路断路。

5. 更换或维修部件

针对检测结果，维修 J519 的 T46b/1 端子与 M31 的 T14ad/6 端子之间的线路。

6. 检查验收

打开点火开关，将灯光开关 EX1 旋转至近光灯挡，右侧近光灯恢复正常，故障排除。

任务二　汽车信号系统检修

情景导入

今天小王接到一项维修任务，一辆帕萨特轿车，车主将车开到维修站，反映无论向左还是向右打转向灯，转向灯均不亮，需要维修。假如你作为维修师，应如何处理这个故障呢？

任务目标

1）熟悉信号系统的功用、类型与结构。
2）掌握信号系统的电路分析方法。
3）能够对信号系统故障进行诊断与排除。

知识准备

微课：汽车信号系统

一、汽车信号系统

信号系统分为灯光信号与音响信号两类，信号系统的作用是在转弯、制动、会车、停车、倒车等工况下，以警示行人和其他车辆。其中，灯光信号系统包括前小灯、后尾灯、后雾灯、转向信号灯、危险警告灯及制动灯等，音响信号包括电喇叭与倒车蜂鸣器等，如图 5-21 所示。

转向信号灯：安装在车辆两端及前翼子板上，汽车转弯时发出明暗交替的闪光信号，以向其前、后、左、右的车辆表明驾驶员正在转弯或改换车道。转向信号灯每分钟闪烁 60～120 次。

危险警告灯：车辆紧急停车或驻车时，危险警告灯给其前、后、左、右的车辆显示车辆的位置。转向信号灯同时闪烁时，作为危险警告灯使用。

示宽灯与尾灯：用于夜间为其他车辆指示车辆的位置与宽度。位于前方的称为示宽灯，位于后方的称为尾灯。

制动灯：安装在车辆尾部，通知后面的车辆该车正在制动，以避免后面的车辆与其后部碰撞。

目前，多将前照灯、雾灯、示宽灯等组合起来，称为组合前灯；将尾灯、后转向信号灯、制动灯、倒车灯等组合起来，称为组合后灯。

图 5-21　汽车信号系统

二、转向信号装置

1. 转向信号灯的作用

为了指示车辆的行驶方向，汽车上均装有转向信号灯。当汽车要驶离原方向时，需要接通左侧或右侧的转向信号灯，左侧或右侧的前、后转向信号灯闪烁发光，以提醒其他车的驾驶员，如图 5-22 所示；转向后，回转方向盘，控制装置可自动使转向开关回位，转向灯熄灭。转向信号装置一般应具有一定的频闪，我国国标规定为 60～120 次/min。

汽车在行驶的过程中，如果遇见危险情况，则使前、后、左、右转向灯同时发出闪光，作为危险警报信号。

微课：汽车转向信号装置

图 5-22　转向信号灯的作用

2. 转向信号装置的组成

汽车转向信号装置一般由前后转向灯、侧面转向灯、转向指示灯、转向灯开关、闪光器和连接电路等组成，如图 5-23 所示。

图 5-23　汽车右侧转向信号装置

3. 闪光器的结构与工作原理

闪光器是控制转向信号灯闪烁频率的装置。闪光器主要有电热式、电容式和电子式 3 类。电子式闪光器具有性能稳定、可靠等优点，因此被广泛应用，如图 5-24 所示。电子式闪光器主要由晶体管开关电路（晶体管、电容等）和小型继电器组成。它有 3 个端子，一个为正极端子 B，一个为负极端子 E，另一个是输出到转向灯开关的端子 L 或 S。

电子式闪光器的工作原理如图 5-25 所示，当驾驶员打开左转向信号灯开关时，电流方

向为蓄电池正极→闪光器接线柱 B→电阻 R_1 →继电器的常闭触点→接线柱 S→转向灯开关→
左转向信号灯→搭铁→蓄电池负极，形成回路，左转向信号灯点亮。当电流通过电阻 R_1 时
产生电压降，晶体管因正向偏压而导通，集电极电流通过继电器线圈，使继电器的常闭触
点立即打开，左转向信号灯随之熄灭。晶体管导通的同时，其基极电流向电容器充电。电
流方向为蓄电池正极→接线柱 B→晶体管的发射极→基极→电容器→电阻 R_2 →接线柱 S→
转向灯开关→转向灯→搭铁→蓄电池负极，形成回路。随着电容器电荷的积累，充电电流
逐渐减小，晶体管的集电极电流也随之减小，当电流减小时，线圈中产生的磁力不足以维
持动铁心的吸合而释放，继电器触点恢复闭合，转向灯又再次发亮。这时电容器 C 通过电
阻 R_2 、继电器触点，放电电流在 R_2 产生的电压降为晶体管提供正向偏压使其导通。这样，
电容器不断地充电和放电，晶体管也就不断地导通与截止，控制继电器触点反复地打开、
闭合，使转向信号灯闪烁。

图 5-24 电子闪光器

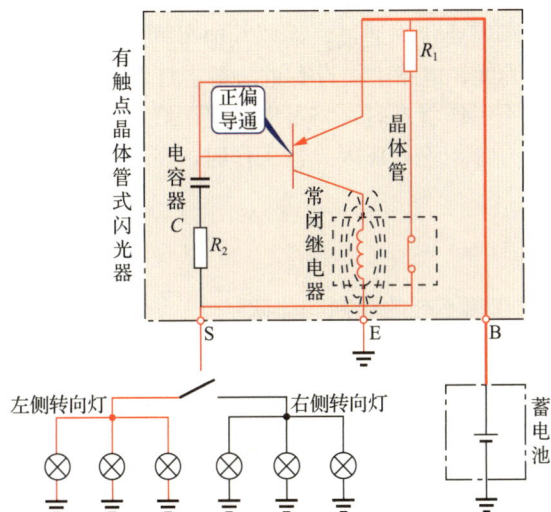

图 5-25 电子闪光器的工作原理

4. 转向信号灯的控制电路

如图 5-26 所示为转向信号灯的一般电路，转向信号灯电路的特点可归纳如下。

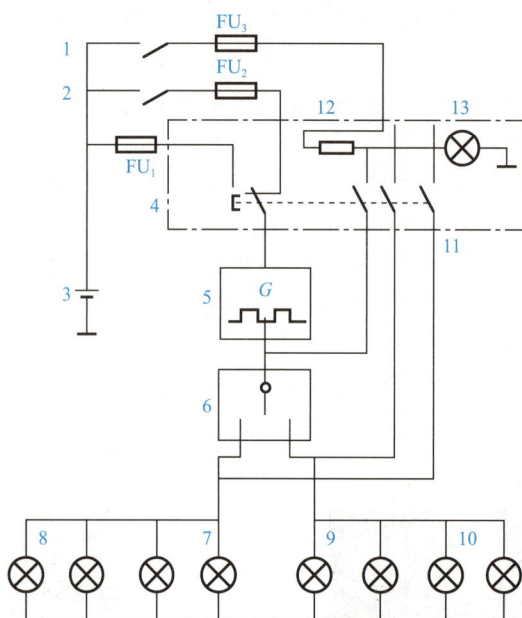

1—照明灯开关；2—点火开关；3—蓄电池；4—组合开关；5—转向闪光器；6—转向灯开关；7—左转向信号灯；8—左转向信号指示灯；9—右转向信号灯；10—右转向信号指示灯；11—危险警告灯开关；12—降压电阻；13—危险警告指示灯。

图 5-26 转向信号与危险警告灯的工作电路

1）转向灯 7、8（或 9、10）与转向灯开关 6 及转向闪光器 5 经危险警告灯开关 11 的常闭触点与点火开关 2 串联，即转向信号灯在点火开关处于工作挡时使用。

2）危险警告灯的使用场合主要是本车有故障不能行驶，或本车有索引其他车的任务，需要其他车辆注意；或本车需要优先通过，需要其他车辆注意。此时，本车可以在发动机不工作时使用危险警告灯。为此，电路中需设有危险警告灯开关 11。此开关有一个多触点联动开关，它在点火开关处于不工作状态时，将蓄电池电源线与闪光器及灯泡相连，并将闪光器的输出端与左、右转向信号灯相连。在闪光器工作时，左、右转向信号灯及信号指示灯同时闪光发出危险信号。

5. 故障诊断与排除

（1）左、右转向信号灯都不亮的诊断与排除

1）按下危险警告灯开关，查看危险警告灯是否正常。如果危险警告灯不亮，则说明闪光器可能存在故障，需要更换闪光器；如果危险警告灯点亮正常，则进入下一步。

2）从熔断丝盒中找到转向熔断丝，测量转向熔断丝是否断路。若断路，则更换转向熔断丝；若正常，则进入下一步。

3）拔下闪光器，打开点火开关，测量闪光器 3 个接脚中的 B 和 E 脚，测量电压应为 12V，否则说明危险警告灯开关或危险警告灯开关至转向熔断丝的连接电路故障，需要更换或维修线路；如果正常，则进入下一步。

4）拆下转向信号灯开关，测量转向信号灯开关在左、右转向位置时内部触点是否接通，如果不通，则说明转向开关损坏，需要更换。

（2）一侧转向信号灯不亮的诊断与排除

1）首先检查该侧的转向信号灯（前、后）和仪表内的指示灯是否都不亮，如果只有某个灯不亮，则可能是该灯泡损坏，需要更换灯泡；如果一侧不亮而另一侧正常，则进入下一步。

2）按下危险警告灯开关，查看危险警告灯是否正常。如果危险警告灯点亮正常，则说明转向信号灯开关内部损坏，需要更换转向信号灯开关；如果危险警告灯的这一侧也不亮，则说明该侧的转向信号灯连接电路断路。

三、制动信号灯

1. 制动信号灯的结构与原理

制动信号灯是与汽车制动系统同步工作的，安装在车辆尾部，当其工作时，告知后面车辆该车正在制动，以避免后面车辆与其相撞。

微课：汽车制动信号装置

目前，轿车均装有高位制动灯，它安装在后窗中心线、靠近窗底部附近，当前、后两辆车距离很近时，后面车辆的驾驶员就能从高位制动灯的亮灭来判断前车的行驶状况。

因控制方式的不同，制动信号灯可分为气压式、液压式和机械式 3 种。

气压式制动信号灯，如图 5-27 所示，一般安装在制动管路中。制动时，制动压缩空气推动橡皮膜片上拱，使触点闭合，接通制动灯电路。

液压式制动信号灯，如图 5-28 所示，一般安装在制动管路中。当踩下制动踏板时，制动系统中的油液压力增大，膜片 2 向上拱曲，克服弹簧 5 的作用力使动触片 4 接通接线柱 6 和 7，制动信号灯通电发亮。松开制动踏板，油液压力下降，动触片 4 在弹簧 5 的作用下复位，制动信号灯熄灭。

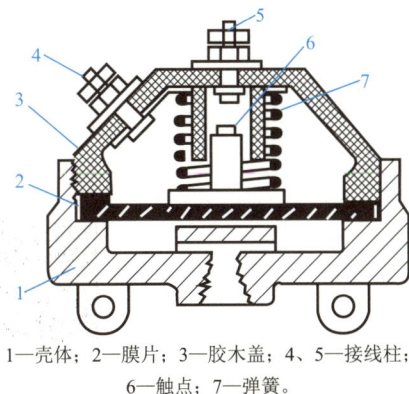

1—壳体；2—膜片；3—胶木盖；4、5—接线柱；
6—触点；7—弹簧。

图 5-27　气压式制动信号灯

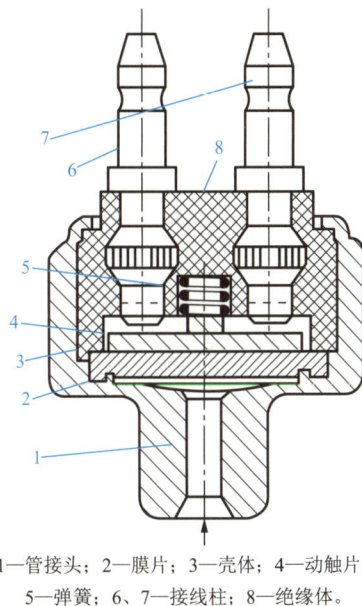

1—管接头；2—膜片；3—壳体；4—动触片；
5—弹簧；6、7—接线柱；8—绝缘体。

图 5-28　液压式制动信号灯

制动踏板直接连动的机械行程开关，如图 5-29 所示，一般安装在制动踏板下方，当踩下制动踏板时，制动开关内的活动触点便将两接线柱接通，使制动灯点亮；松开踏板后，断开制动灯电路。

2. 制动信号灯的控制电路

制动信号灯的控制电路如图 5-30 所示。

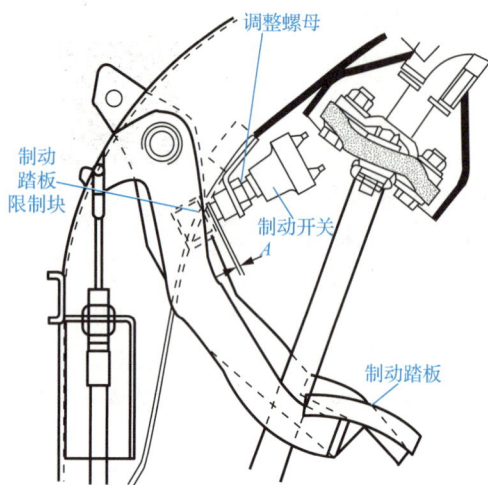

图 5-29　制动踏板直接连动的机械行程开关

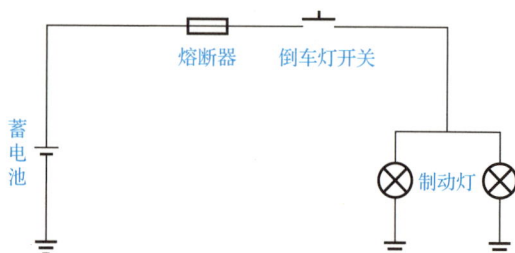

图 5-30　制动信号灯的控制电路

制动信号灯的电路控制过程：当踩下制动踏板时，制动灯开关导通，电流流向为蓄电池正极→熔断丝→制动灯开关→制动灯→搭铁（蓄电池负极），汽车制动灯点亮。

3. 故障诊断与排除

制动信号灯不亮的诊断与排除。

1）踩下制动踏板，查看左、右制动灯是否都不亮，如果只有某个灯不亮，则说明灯泡可能损坏，需要更换灯泡；如果都不亮，则进入下一步。

2）检查制动灯熔断丝是否断路，如果断路，则需要更换熔断丝；如果正常，则进入下一步。

3）拔下制动灯开关的插头，使用短接线直接连接插头的导线，查看制动灯是否点亮，如果不亮，则说明制动灯的电路断路；如果点亮正常，则说明制动灯开关损坏，需要更换制动灯开关。

四、倒车信号灯

1. 倒车信号灯的结构与原理

倒车信号灯安装在汽车尾部，用于在夜间给驾驶员提供额外的照明，使其能够在夜间倒车时看清车的后部，同时倒车信号灯也警告后面车辆的驾驶员和行人，前车驾驶员想要倒车或正在倒车。有些汽车上还装有倒车

微课：汽车倒车
信号装置

雷达。倒车信号灯和倒车雷达均由倒车灯开关控制。倒车灯开关装在变速器盖上，当点火开关接通，变速器换至倒车挡时，倒车灯点亮。

（1）倒车灯开关

倒车灯开关的结构如图 5-31 所示。当把变速杆拨到倒车挡时，由于倒车灯开关中的钢球 1 被松开，在弹簧 5 的作用下触点 4 闭合，倒车灯、倒车蜂鸣器或语音倒车报警器与电源接通，使倒车灯发亮、蜂鸣器发出断续的鸣叫声，语音倒车报警器发出"请注意，倒车"的声音。

（2）倒车雷达装置

倒车雷达装置在倒车时起辅助报警功能，使倒车更加安全。

当驾驶员将变速杆挂到倒车挡后，倒车雷达侦测器进行自我检测。当自我检测通过后，就开始检测汽车后部的障碍物，如风神Ⅱ号轿车的倒车雷达装置，在汽车后部 50cm 处检测到物体表面为 25cm 以上的障碍物，就会发出报警声，以提醒驾驶员注意。

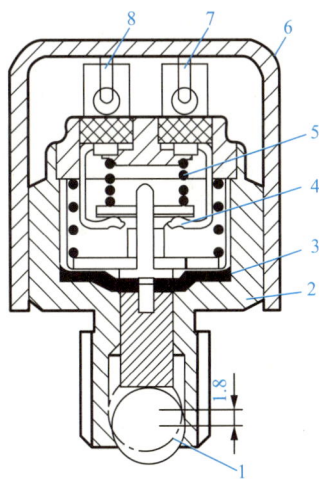

1—钢球；2—壳体；3—膜片；4—触点；
5—弹簧；6—保护膜；7、8—导线。

图 5-31　倒车灯开关的结构

倒车雷达装置由倒车雷达侦测器、控制器、蜂鸣器等组成。倒车雷达侦测器安装在车辆后部的保险杠上，如图 5-32 所示。它向汽车后部发射超声波，并接收反射回来的超声波。控制器接收从侦测器传来的信号，经计算判断障碍物离车尾的距离。如果达到报警位置，就传送信号给蜂鸣器。

倒车雷达装置利用声呐原理进行工作，如图 5-33 所示。发射的超声波频率达到 40kHz，当超声波遇到障碍物时，会有反射波产生，被传感器接收后，控制器就会利用发射波与反射波计算出障碍物与雷达发射器之间的距离，并据此采取相应的报警提示。

图 5-32　倒车雷达的安装位置

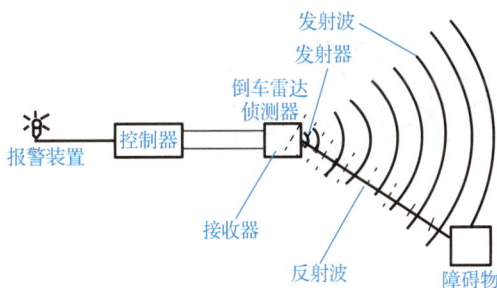

图 5-33　倒车雷达装置的工作原理

2. 倒车信号灯的控制电路

倒车信号灯的控制电路如图 5-34 所示。

倒车信号灯的电路控制过程：当打开点火开关并挂入倒车挡时，倒车灯开关导通，电流方向为蓄电池正极→点火开关→熔断丝→倒车灯开关→倒车灯→搭铁（蓄电池负极），汽车倒车灯点亮。

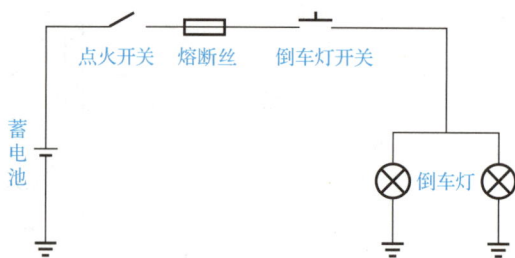

图 5-34　倒车信号灯的控制电路

3. 故障诊断与排除

当打开点火开关并挂入倒车挡时，倒车灯开关导通，倒车灯点亮。

1）打开点火开关，挂入倒车挡，查看左、右倒车灯是否都不亮。如果只有某个灯不亮，则说明灯泡可能损坏，需要更换灯泡；如果都不亮，则进入下一步。

2）检查倒车灯熔断丝是否断路，如果断路，则需要更换熔断丝；如果正常，则进入下一步。

3）拔下倒车灯开关的插头，使用短接线直接连接插头的导线，查看倒车灯是否点亮。如果不亮，则说明倒车灯的电路断路；如果点亮，则说明倒车灯开关损坏，需要更换倒车灯开关。

五、喇叭

汽车上喇叭（图 5-35）的作用是用来警告行人和其他车辆、以引起注意，保证行车安全。

图 5-35　汽车喇叭

微课：汽车喇叭信号装置

1. 喇叭的类型

汽车上的喇叭类型较多，分类方法不同，其类型也不同。按发音动力不同，扬声器可分为气喇叭和电喇叭。

气喇叭利用气流使金属膜片振动产生音响，外形一般为筒形，多用在具有空气制动装置的重型载重汽车上。

电喇叭是利用电磁力使金属膜片振动产生音响，其声音悦耳，广泛使用于各种类型的汽车上。

电喇叭按有无触点可分为普通电喇叭和电子电喇叭。普通电喇叭是利用触点的闭合和断开，来控制电磁线圈激励膜片振动而产生音响的；电子电喇叭中无触点，是利用晶体管电路激励膜片振动来产生音响的。

此外，汽车上的喇叭按外形不同可分为螺旋形、盆形、筒形，如图 5-36 所示。在中小型汽车上，由于安装的位置限制，多采用螺旋形和盆形电喇叭。盆形电喇叭具有体积小、质量小、指向好、噪声小等优点。

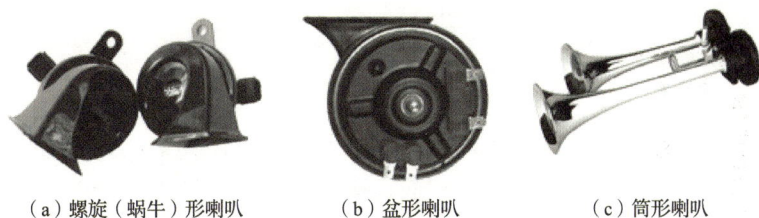

（a）螺旋（蜗牛）形喇叭　　　（b）盆形喇叭　　　（c）筒形喇叭

图 5-36　喇叭的类型

2. 电喇叭的结构与工作原理

盆形电喇叭的电磁铁采用螺管式结构，铁心上绕有线圈，上、下铁心间的气隙在线圈中间，所以能产生较大的吸力。它没有扬声筒，而是将上铁心、膜片和共鸣片固装在中心轴上，如图 5-37 所示。

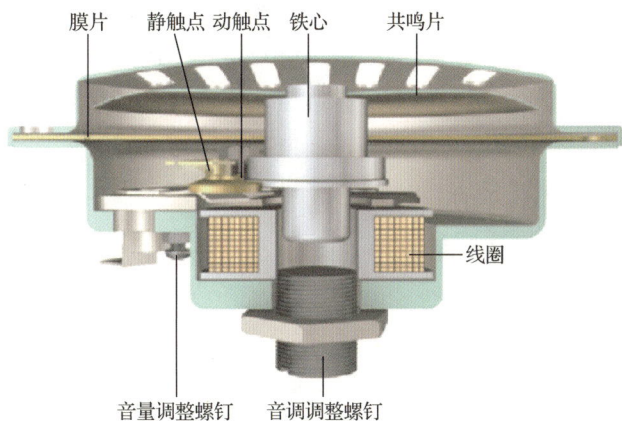

图 5-37　盆形电喇叭的结构

如图 5-38 所示，当驾驶员按下位于方向盘中央的电喇叭按钮时，电路被接通，线圈产生吸力，上铁心被吸下与铁心碰撞，产生较低的基本频率，并激励与膜片一体的共鸣片产生共鸣，从而发出比基本频率强得多且分布又比较集中的谐音。

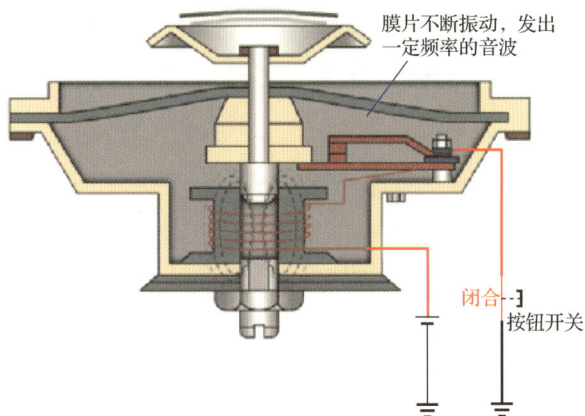

图 5-38　电喇叭的工作原理

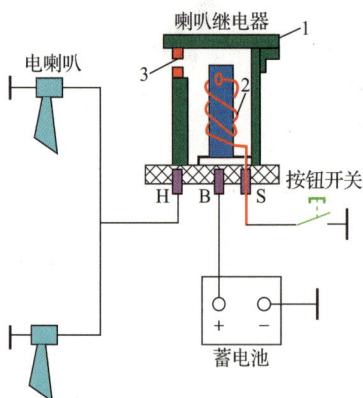

1—触点臂；2—线圈；3—触点。

图 5-39　继电器的接线方法

3. 喇叭的控制电路

为了得到更加悦耳的声音，在汽车上常装有两个不同音调（高、低音）的喇叭。其中，高音喇叭的膜片厚，扬声简短；低音喇叭则相反。有时甚至用 3 个（高、中、低）不同音调的喇叭。

当汽车装用双喇叭时，消耗电流较大（15～20A），用按钮直接控制时，按钮容易烧坏。采用继电器可实现小电流流过按钮，大电流流过继电器触点的控制效果。继电器的接线方法如图 5-39 所示。

当按下按钮开关时，蓄电池电流便流经线圈 2（因线圈电阻很大，流过线圈 2 及按钮开关的电流不大），产生电磁吸力，吸下触点臂 1，触点 3 闭合接通了喇叭电路。因喇叭的大电流不再经过按钮，从而保护了喇叭按钮。当松开按钮时，线圈 2 内的电流被切断，磁力消失，触点在弹簧力的作用下打开，即可切断喇叭电路，使喇叭停止发音。

4. 故障诊断与排除喇叭不响

1）从熔断丝盒内找到喇叭熔断丝，测量喇叭熔断丝是否断路。若断路，则更换熔断丝；若正常，则进入下一步。

2）拔下喇叭继电器，向继电器线圈施加蓄电池电压，使用万用表测量继电器触点是否导通。如果不通，则说明继电器损坏，需要更换喇叭继电器；如果正常，则进入下一步。

3）拔下喇叭插头，使用测试灯连接插头处的导线，按下喇叭按钮，查看测试灯是否点亮。如果点亮，则说明喇叭损坏；如果不亮，则说明按钮或连接电路有故障。

任务实施

一、准备工具、设备

实训车辆、故障诊断仪、万用表、无损探针。

二、汽车转向灯的故障诊断与排除

（一）明确故障现象

一辆 1.8T 帕萨特轿车，打开点火开关，无论向左还是向右打转向灯，左、右侧转向灯均不亮。

（二）读取解码仪中的故障码

将点火开关打到 ON 挡，读取故障码；起动发动机后，先清除故障码，再次读取故障码。

（三）分析电路原理

帕萨特轿车的转向灯电路如图 5-40 所示。

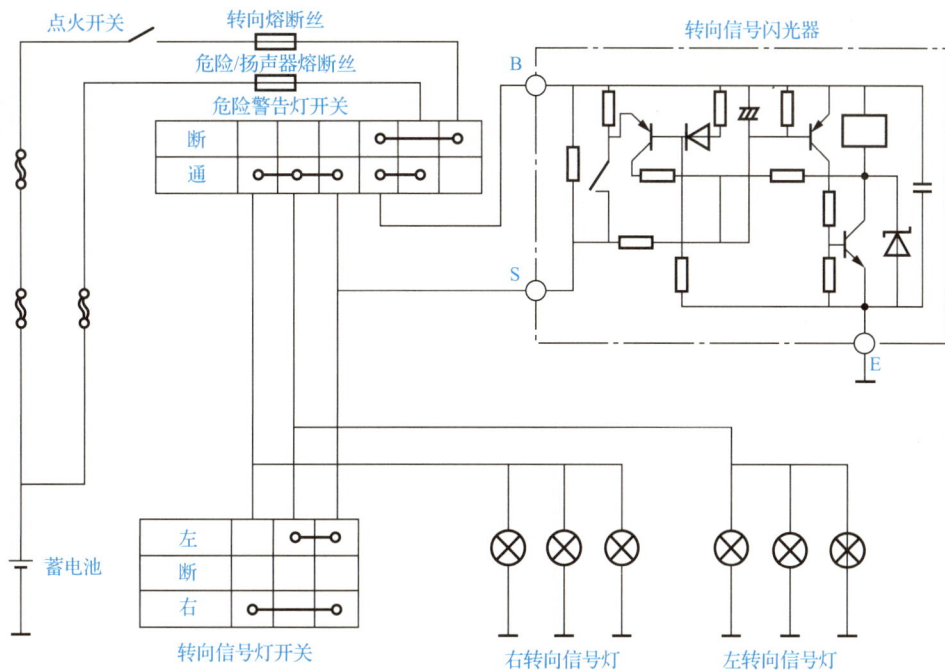

图 5-40　帕萨特轿车的转向灯电路

运行原理：当驾驶员要向左侧转向时，将转向信号灯开关拨往左侧，电流流向为蓄电池正极→点火开关→转向熔断丝→危险警告灯开关→转向信号灯闪光器→转向信号灯开关→左转向信号灯→搭铁。此时左侧转向信号灯受闪光器的控制而闪亮。

当驾驶员要向右侧转向时，将转向信号灯开关拨往右侧，电流流向为蓄电池正极→点火开关→转向熔断丝→危险警告灯开关→转向信号闪光器→转向信号灯开关→右转向信号灯→搭铁。此时右侧转向信号灯受闪光器的控制而闪亮。

当驾驶员遇到紧急情况需要停车时，按下危险警告灯开关，电流流向为蓄电池正极→危险警告灯/喇叭熔断丝→危险警告灯开关→转向信号闪光器→危险警告灯开关→左转向信号灯和右转向信号灯→搭铁。此时左、右转向信号灯都受闪光器的控制而闪亮。

造成故障的可能因素有：①闪光器损坏；②转向熔断丝故障；③转向开关故障；④连接线路故障。

（四）诊断维修过程

1. 检查闪光器

首先按下危险警告灯开关，查看危险警告灯是否正常。若危险警告灯不亮，则说明闪光器可能存在故障。

2. 测量转向熔断丝

如果危险警告灯点亮正常，则需要测量转向熔断丝是否断路。如果断路，则更换转向熔断丝。

3. 测量转向开关

拆下转向信号灯开关，测量转向信号灯开关在左、右转向位置时内部触点是否接通。如果不通，则说明转向开关损坏，需要更换。

4. 测量连接线路

拔下闪光器，打开点火开关，测量闪光器 3 个接脚中的 B 和 E 脚，测量电压应为 12V；否则说明危险警告灯开关或危险警告灯开关至转向熔断丝的连接电路故障。

（五）更换或维修部件

针对检测结果，更换新的元件。

（六）检查验收

重新打开点火开关，检查向左、向右打转向灯，左、右侧转向灯正常工作，故障排除。

考 核 评 价

本项目的考核评价（表 5-1）分为自我评价、小组评价和教师评价，其中教师评价是依据考核评价内容和学习成果进行的综合评价。

表 5-1　考核评价表

班级：　　　　小组：　　　　姓名：　　　　时间：

评价模块	评价内容	分值	自我评价	小组评价
理论知识	1）熟悉照明系统、信号系统的功用、类型与结构	10		
	2）掌握前照灯的防眩目措施与工作原理	10		
	3）掌握信号系统的电路分析方法	10		
操作技能	1）能对汽车照明系统进行故障诊断与排除	30		
	2）能对信号系统进行故障诊断与排除	30		
职业素养	1）培养安全意识、法治意识，提升职业道德素养	5		
	2）培养凝神聚力、精益求精、追求极致的职业品质	5		

综合评价：

总结与反思：

直 击 工 考

一、填空题

1．汽车照明系统根据安装位置和用途的不同，可分为_____和_____。

2．前照灯的光学组件包括_____、_____和_____。

3．汽车前照灯的灯泡有充气灯泡、_____、_____和 LED 灯等。

4．信号系统分为_____与_____两类，其中_____包括前小灯、后尾灯、后雾灯、转向信号灯、危险警告灯及制动灯等，_____包括电喇叭与倒车蜂鸣器等。

5．转向信号装置一般由左转向灯、右转向灯、_____、_____、_____和连接电路等组成。

二、判断题

1．对于汽车前照灯的基本要求有照明和防眩目两种。　　　　　　　　（　　）

2．配光镜的作用是最大限度地将灯泡发出的光线聚合成强光束，以增加照射距离。
（　　）

3．在汽车双灯丝结构中，近光灯丝位于反射镜的焦点处，远光灯丝位于焦点前方且稍高出光学轴线。　　　　　　　　　　　　　　　　　　　　　　　　　　　　（　　）

4．制动信号灯是与汽车制动系统同步工作的，安装在车辆尾部，当其工作时，告知后面的车辆该车正在制动，以避免后面的车辆与其相撞。　　　　　　　　　　　　（　　）

5．一侧转向灯的灯泡灯丝烧断，会使另一侧的转向灯闪烁频率变快。　　（　　）

三、简答题

1．对前照灯的防眩目措施有哪些？是如何实现的？

2．简述喇叭信号装置的结构及工作原理。

项目六
仪表系统与报警装置检修

项目导读

汽车仪表盘是反映车辆各系统工作状况的装置，通过它驾驶员可以了解车辆的行驶信息及车辆的整个系统运行情况。因此学习和研究汽车仪表系统和报警装置，可以快速帮助我们判断车辆的运行状况，对于今后从事汽车维修方面的工作具有极其重要的作用。

学习目标

知识目标

1）了解汽车仪表、汽车报警装置的分类。
2）熟悉汽车仪表系统的组成与特点。
3）掌握数字式仪表的类型与组成。
4）掌握常见汽车报警装置的作用与符号。

能力目标

1）能对汽车仪表故障进行诊断与排除。
2）能对汽车报警装置进行故障诊断与检修。

素养目标

1）培养认真细致的工作态度和严谨的工作作风。
2）传承和发扬一丝不苟、精益求精、追求卓越的工匠精神。

任务一　汽车仪表系统检修

情景导入

今天小王接到一项维修任务，一辆桑塔纳轿车的冷却液温度表显示一直指示最低，应如何解决这个问题呢？

任务目标

1）了解汽车仪表的分类。
2）熟悉汽车仪表系统的组成与特点。
3）掌握数字式仪表的类型与组成。
4）能够对汽车仪表故障进行诊断与排除。

知识准备

一、汽车仪表的作用

汽车仪表一般安装在汽车方向盘的前方仪表板上，如图 6-1 所示。它是驾驶员与汽车进行交流的界面，方便驾驶员看到汽车运行状态的信息，随时掌握汽车的各种状况，同时也为驾驶员发现和排除潜在的故障提供重要依据。

微课：汽车仪表系统

图 6-1　汽车仪表

二、汽车仪表的分类

1）汽车仪表按安装方式划分，可分为组合式仪表和分装式仪表。

① 组合式仪表：将各仪表组合安装在一起。

② 分装式仪表：将各仪表单独安装。目前汽车应用比较多的是组合式仪表。

2）汽车仪表按工作原理划分，可分为 4 种，即机械式仪表、电气式仪表、模拟电路电子式仪表和数字式仪表。

① 机械式仪表：基于机械作用力而工作的仪表，如图 6-2 所示。

② 电气式仪表：基于电测原理，通过各类传感器将被测的非电量变换成电信号（模拟量）进行测量的仪表。

③ 模拟电路电子式仪表：其工作原理与电气式仪表基本相同，只不过是用电子元器件（分立元件和集成电路）取代原来的电气元器件，现在均采用各种专用集成电路。

④ 数字式仪表：由电控单元采集传感器的信号，将模拟量转换为数字量，经分析处理后控制显示装置的仪表，如图 6-3 所示。

图 6-2　汽车机械式仪表

图 6-3　汽车数字式仪表

3）汽车仪表的应用。目前汽车上应用较多的是数字式仪表，其具有以下优点。

① 指示精度高。

② 重复性好。

③ 分度均匀。

④ 响应速度快、无抖动。

⑤ 可靠性有根本改善。

⑥ 产品品质的稳定性和可靠性有根本保证。

⑦ 通用性好。

三、汽车仪表的组成

在汽车仪表板上装有各种检测仪表和信息显示装置，一般仪表板上的仪表主要有冷却液温度表、燃油表、发动机转速表和车速里程表等。部分汽车由于增设功能的需要，可能会增添一些特殊仪表，如机油压力表、时钟计时表。

1. 冷却液温度表

1）作用：冷却液温度表主要用来反映汽车发动机冷却液的温度。

2）结构：冷却液温度表的电路是由冷却液温度传感器和冷却液温度表组成的，如图 6-4 所示，其中冷却液温度传感器安装在发动机气缸盖水套中，冷却液温度表安装在仪表板上。

3）分类：冷却液温度表根据原理不同有电热式和电磁式，在汽车上，冷却液温度表与冷却液温度警告灯配合使用。

4）电磁式冷却液温度表的工作原理，如图 6-5 所示。电磁式冷却液温度表一般采用负温度热敏电阻式冷却液温度传感器。电磁式冷却液温度表内互成角度的两个铁心上绕有电磁线圈，其中电磁线圈 W1 与传感器并联，电磁线圈 W2 与传感器串联，两个铁心下端有偏转动铁心的指针。

5）工作原理：当发动机的冷却液温度较低时，负温度系数的传感器电阻值较大，因此电磁线圈 W2 中的电流小，电磁线圈 W1 中的电流大，产生的磁场力也大，带有偏转动铁心的指针向 W1 倾斜，指示低温；当发动机的冷却液温度较高时，负温度系数的传感器电阻值小，因此电磁线圈 W2 中的电流大，产生的磁场力也大，带有偏转动铁心的指针向线圈 W2 倾斜，指示高温。

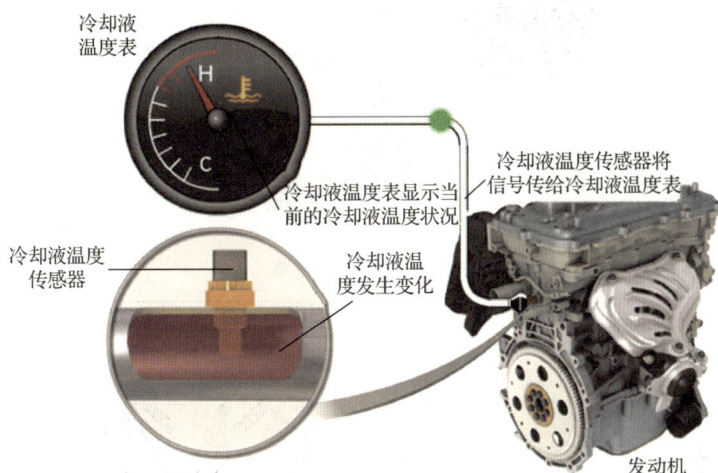

图 6-4　冷却液温度表的作用与结构

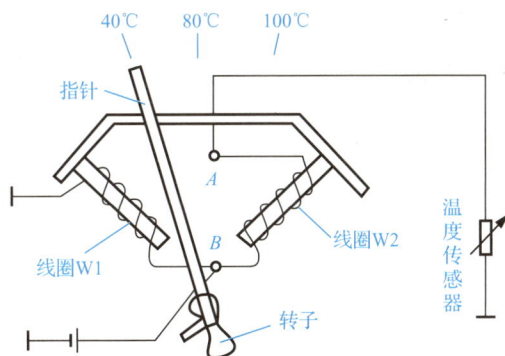

图 6-5　电磁式冷却液温度表的工作原理

2. 燃油表

1）作用：燃油表主要用来反映汽车燃油箱内燃油量的多少。在汽车上，燃油表与燃油箱存油量警告灯配合使用。

2）结构：燃油表电路由燃油位置传感器和燃油表组成，如图 6-6 所示，其中燃油位置传感器安装在燃油箱内部，采用可变电阻式传感器，由可变电阻、滑片和浮子等组成。当燃油箱内的油位变化时，浮子带动滑片移动，从而改变电阻值的大小，进而反映出油位的高低。燃油表安装在仪表板上。

3）分类：燃油表根据原理不同可分为电热式和电磁式，如图 6-7 所示，目前广泛使用电磁式燃油表。

4）电磁式燃油表的工作原理。如图 6-8 所示，燃油表内互成角度的两个铁心上绕有电磁线圈，其中左线圈与传感器串联，右线圈与传感器并联，两个铁心下端有偏转动铁心的指针。

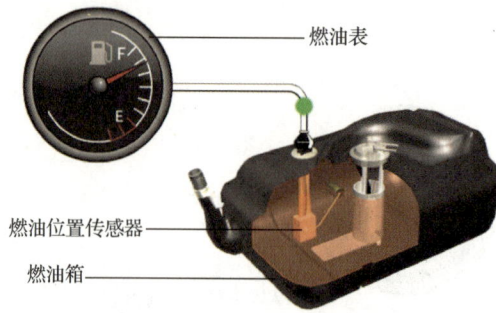

图 6-6　燃油表电路

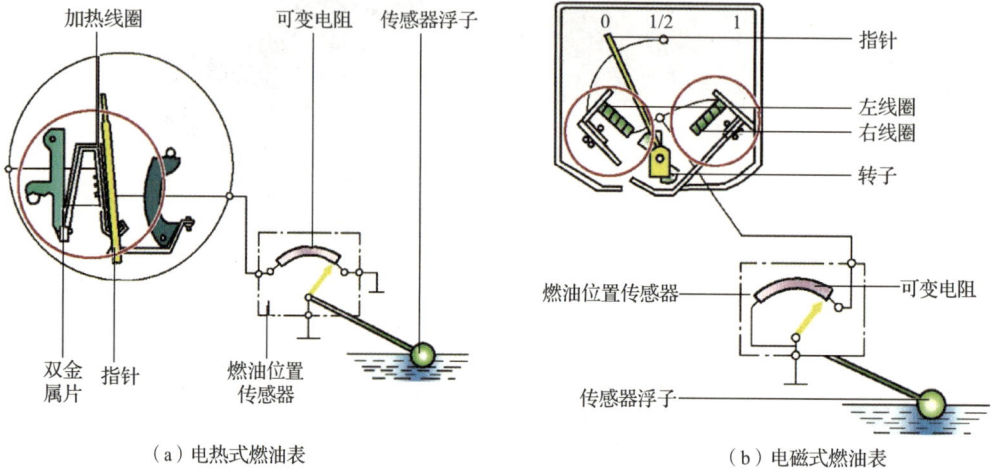

（a）电热式燃油表

（b）电磁式燃油表

图 6-7　燃油表的类型

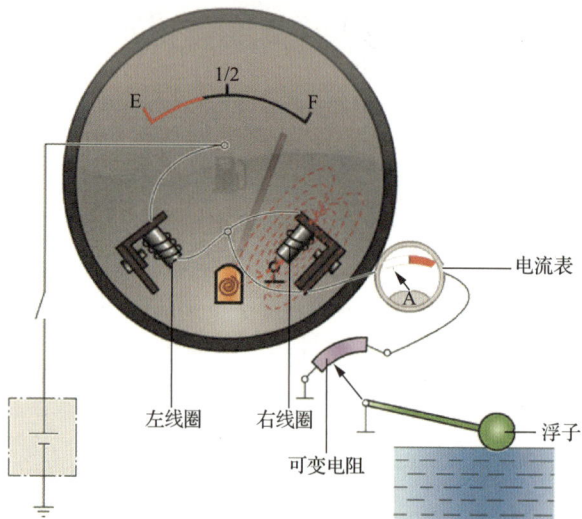

图 6-8　电磁式燃油表的工作原理

工作原理：当油箱内无油时，浮子下降，可变电阻滑到最低处，阻值为0Ω，右线圈被短路，无电流流过。左线圈电流值达到最大，产生的电磁力也大，吸引指针指向燃油表的最小值"E"的位置。

当油箱内的油量增加时，浮子上浮，可变电阻逐渐增加，左线圈中的电流相对原来逐渐减小，右线圈中的电流逐渐增大。在左、右线圈的磁场的共同作用下，指针向右偏转，指向高刻度位置。

当油箱内充满油时，可变电阻阻值最大，此时左线圈中的电流最小，而右线圈中的电流最大，电磁力也达到最大。在左、右线圈的磁场的共同作用下，指针指向燃油表的最大值"F"的位置。

3. 发动机转速表

1）作用：发动机转速表主要用来反映汽车发动机曲轴运转的速度。

2）结构：发动机转速表电路由曲轴位置传感器（转速传感器）和转速表组成，如图6-9所示，其中曲轴位置传感器安装在发动机曲轴的飞轮齿圈附近，采用电磁式、霍尔式和光电式。发动机转速表安装在仪表板上。

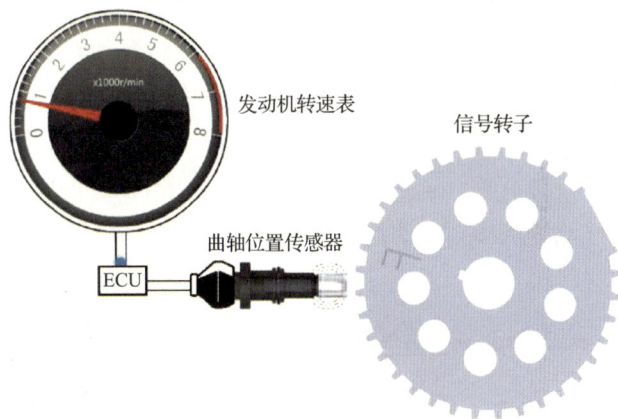

图6-9　发动机转速表电路

3）分类：发动机转速表根据原理不同也分为机械式和电子式，电子式由于指示精确、安装方便，被广泛使用。

4）电子式发动机转速表的工作原理。电子式发动机转速表的信号获取方法有3种：可通过点火系统获取脉冲电压信号，可通过发动机的转速传感器获得转速信号，可通过发电机获取转速信号。

工作原理：当发动机运转时，转速传感器的信号转子随曲轴一起转动，使曲轴位置传感器产生随转速变化而变化的电压信号，并将该信号传输到发动机电控单元，电控单元将该信号经过处理后，向转速指示表输出一个与转速成正比的频率信号，转速指示表内部的电子电路便驱动转速表指针偏转，从而指示相应的转速。

4. 车速里程表

1）作用：车速里程表主要用于指示汽车行驶速度和累计行驶的里程数。

2）结构：由车速传感器、电子电路、步进电动机、车速表和累计里程表组成。

3）分类：车速里程表有机械式和电子式两种，如图 6-10 所示。

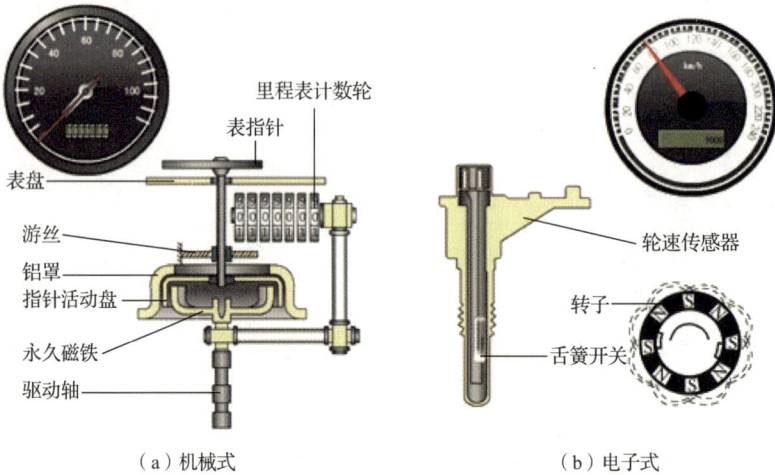

里程表计数轮

表指针

表盘

游丝

铝罩

指针活动盘

永久磁铁

驱动轴

轮速传感器

转子

舌簧开关

（a）机械式 　　　　　（b）电子式

图 6-10　车速里程表的类型

4）电子式车速里程表的工作原理。如图 6-11 所示，车速表通过安装在变速器输出轴的车速传感器采集车速脉冲信号，再经由电子元件组成的电路处理后，输出与之相对应的电流，电流驱动动圈式测量机构，带动指针偏转一定的角度，指针指示相应的车速。

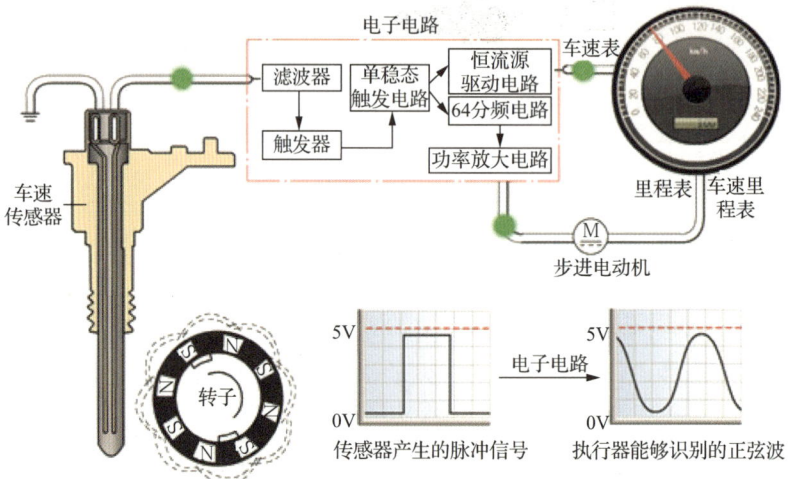

电子电路

滤波器　单稳态触发电路　恒流源驱动电路　车速表

触发器　64分频电路

功率放大电路

里程表　车速里程表

车速传感器

步进电动机

转子

5V

0V

传感器产生的脉冲信号

电子电路

5V

0V

执行器能够识别的正弦波

图 6-11　电子式车速里程表的工作原理

里程表将输入的脉冲信号经电路处理后，驱动步进电动机工作，再由行星齿轮减速分别记录累计里程。

四、数字式仪表

1. 数字式仪表的类型

（1）液晶显示屏与指针混合数字显示式仪表

这类仪表由液晶显示屏和机械指针组成。

（2）全数字指针显示式仪表

这类仪表是目前汽车上普遍使用的仪表，它是由液晶显示屏和步进电动机驱动的指针组成的。

（3）全数字显示式仪表

这类仪表主要采用集网络和数字显示功能于一体的触摸式液晶屏幕，可模拟数字时速和转速刻度表，如图 6-12 所示。

图 6-12　全数字显示式仪表

2. 数字式仪表的组成

数字式仪表系统由各种传感器、电控单元和显示器组成，其工作原理是传感器对各种信号进行检测，然后电控单元对各种信号进行转换、处理，最后由显示器显示出各种信息。

任务实施

一、准备工具、设备

实训车辆、车外防护 3 件套、车内防护 4 件套、万用表、跨接线、维修手册。

微课：汽车仪表典型故障检修

二、汽车冷却液温度表故障检修

（一）明确故障现象

一辆故障车，将点火开关置于 ON 挡，冷却液温度表指针不动，一直指示最低。

（二）分析故障原因

1）冷却液温度表的电源线断路。

2）冷却液温度指示表故障。

3）冷却液温度表至传感器的线路断路。

4）传感器故障。

（三）诊断流程

步骤 1：将万用表分别接冷却液温度表的电源接线柱与搭铁，将点火开关拨至 ON 挡。若万用表显示 0，则说明电源线路断路；若显示 12V 左右，则说明电源线路正常。

步骤 2：将跨接线接于冷却液温度表到传感器的端子与搭铁之间，将点火开关拨至 ON 挡。若指针不移动，则说明冷却液温度表故障；若指针移动，则说明冷却液温度表正常。

步骤 3：将跨接线接于传感器的端子与搭铁之间，将点火开关拨至 ON 挡。若指针不移动，则说明温度表到传感器之间的线路断路；若指针移动，则说明传感器自身故障。

任务二　汽车报警装置检修

情景导入

小王在维修站接待一个客户，客户反映他的迈腾车在使用过程中，仪表上有一个像油壶符号的指示灯一直亮，他想让小王帮忙看一下是不是存在故障，小王应怎么解决这个问题呢？

任务目标

1）了解汽车报警装置的分类。

2）掌握常见汽车报警装置的作用与符号。

3）能够对汽车报警装置进行故障诊断与检修。

知识准备

汽车报警装置是预防汽车事故发生、保证汽车行驶安全的重要电气设备，也是维修人员检修汽车的重要依据。

一、汽车报警装置的作用

汽车报警装置通常由警告灯和报警自动开关组成，如图 6-13 所示，其作用是当被监测的系统或总成不正常时，报警开关自动接通，指示灯自动发亮，提醒驾驶员注意，采取相应的措施，保证行车的安全。

微课：汽车报警装置

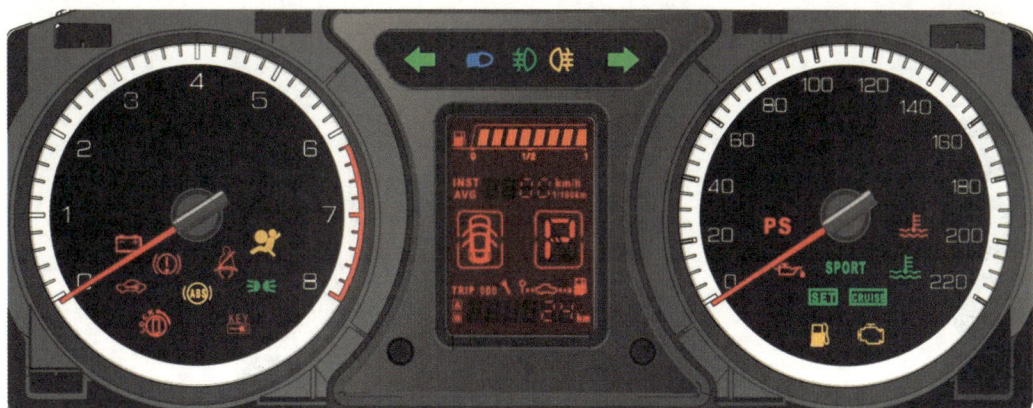

图 6-13　汽车警告灯

二、汽车报警装置的类型

　　为了确保行车安全，现代汽车上都安装有各种报警装置，主要有黄色警告灯和红色警告灯。通常黄色警告灯表示车辆存在故障，需要尽快去维修站检修。例如，发动机尾气排放超标会点亮 EPC 灯，轮胎气压异常会点亮胎压监测故障灯等，如图 6-14 所示。红色警告灯表示车辆存在的故障影响行车安全或会对发动机和变速箱造成严重损害，需要立刻停车检修。例如，红色的蓄电池指示灯亮，表示发电机不充电；红色的水温灯亮，表示发动机水温过高，继续使用会导致发动机拉缸等故障；红色的制动灯亮，表示汽车制动系统异常，汽车的制动力可能不足；红色的机油压力警告灯亮，表示发动机机油压力异常，继续使用可能造成严重的发动机机械故障等，如图 6-15 所示。

图 6-14　胎压监测故障灯

图 6-15　机油压力警告灯

三、汽车警告灯的图形符号

　　警告灯一般安装在仪表板上，常采用发光二极管作为警告灯光源，功率常为 1～4W，在灯泡前设有滤光片，使警告灯能够发出黄光或红光，滤光片上设有图形符号。

　　常见的汽车警告灯图形符号如表 6-1 所示。

表 6-1　常见的汽车警告灯符号

警告灯符号	名称	警告灯符号	名称	警告灯符号	名称
	转向灯指示灯		冷却液温度指示灯		玻璃水指示灯
	远光灯指示灯		充电指示灯		油量指示灯
	发动机故障指示灯		安全带指示灯		TCS 指示灯
	制动盘指示灯	EPC	电子油门指示灯		示宽指示灯
	手刹指示灯	ABS	ABS 指示灯		雾灯指示灯
O/D OFF	O/D 挡指示灯		机油压力过低警告灯		气囊指示灯
	车门指示灯	ESP	电子稳定装置警告灯		内循环指示灯
P	倒车雷达键指示灯		前大灯清洗键指示灯		中控锁键指示灯

任务实施

一、准备工具、设备

实训车辆、车外防护 3 件套、车内防护 4 件套、万用表、跨接线、维修手册。

二、任务实施步骤

（一）明确故障现象

一辆故障车的仪表板上机油压力报警装置（机油压力警告灯）一直闪亮，表示发动机润滑系统中的输油管压力过低，应停止发动机运行并进行检查。

微课：汽车报警装置的故障检修

（二）分析故障原因

1）机油量过少。
2）机油压力传感器损坏。
3）机油泵损坏。

（三）诊断流程

步骤 1：抽出机油尺，检查油底壳内的机油量，应保证机油量在规定的范围内。

步骤2：检查发动机外表、底部有无机油渗漏处。

步骤3：如果是在行驶中警告灯突然闪亮，则应仔细查看油底壳是否被路面障碍物碰瘪，以致损坏机油泵。

步骤4：检查机油压力传感器（在发动机缸体左侧）的电线、插头有无脱落现象。

步骤5：拆卸机油压力传感器，使用专用的机油压力表测量发动机的机油压力。

步骤6：如果机油压力正常，则表明发动机润滑系统工作正常，而故障在机油压力传感器。

考核评价

本项目的考核评价（表6-2）分为自我评价、小组评价和教师评价，其中教师评价是依据考核评价内容和学习成果进行的综合评价。

表6-2　考核评价表

班级：　　　　小组：　　　　姓名：　　　　时间：

评价模块	评价内容	分值	自我评价	小组评价
理论知识	1) 了解汽车仪表、汽车报警装置的分类	10		
	2) 熟悉汽车仪表系统的组成与特点	10		
	3) 掌握数字式仪表的类型与组成	10		
	4) 掌握常见汽车报警装置的作用与符号	10		
操作技能	1) 能对汽车仪表进行故障诊断与排除	25		
	2) 能对汽车报警装置进行故障诊断与检修	25		
职业素养	1) 具有认真细致的工作态度	5		
	2) 具有一丝不苟、精益求精的工作作风	5		

综合评价：

总结与反思：

直 击 工 考

一、填空题

1. 在汽车仪表板上装有各种检测仪表和信息显示装置，一般仪表板上的仪表主要有_____、_____、_____和_____等。

2. 冷却液温度表的电路是由_____和_____组成的，其中_____安装在发动机气缸盖水套中，_____安装在仪表板上。

3. _____主要用来反映汽车燃油箱内燃油量的多少，使驾驶员知道是否需要加油。

4. 发动机转速表的电路是由_____和_____组成的，其中_____安装在发动机曲轴的飞轮齿圈附近。

5. 汽车报警装置通常由_____和_____组成，其作用是当被监测的系统或总成不正常时，报警开关自动接通，指示灯自动发亮，提醒驾驶员注意，采取相应的措施，保证行车的安全。

二、判断题

1. 红色警告灯表示车辆存在的故障影响行车安全或会对发动机和变速箱造成严重损害，需要立刻停车检修。（ ）

2. 红色的水温灯亮，表示发动机水温过低，会导致发动机不能起动等故障。（ ）

3. 目前在汽车上，冷却液温度表和冷却液温度警告灯同时使用。（ ）

4. 车速表通过安装在变速器输出轴的车速传感器采集车速脉冲信号，再转换为相应的车速。（ ）

5. 汽车报警装置中采用二极管作为警告灯光源。（ ）

三、简答题

1. 简述燃油表指针始终指示在满油位置的故障原因及诊断思路。

2. 简述汽车机油压力警告灯常亮的故障原因及诊断思路。

项目七
汽车辅助电气系统检修

项目导读

汽车辅助电气系统的出现，大大提高了汽车乘坐的舒适性和安全性，对汽车安全稳定运行起重要的作用。本项目主要介绍辅助电气系统中的刮水系统和车窗系统。汽车刮水系统的作用是保证汽车在雨天或雪天时有良好的视线，确保行车的安全，在汽车风窗玻璃上装有刮水器，一般汽车的前风窗上装有两个刮水片，有些汽车后窗上也装有一个刮水片，有些高级轿车的前大灯上也装有刮水片。车窗是整个汽车车身的重要组成部分，是为了满足车内采光、通风及驾驶员和乘坐人员的视野需要而设计的，只需要操纵车窗的升降开关，就可以使车窗上升和下降。现代汽车为了方便驾驶员和乘客，大部分采用电动车窗。

本项目主要介绍汽车刮水系统与车窗系统的结构、原理、故障诊断与排除等。通过学习，读者应能对汽车典型的辅助电气系统进行检修。

学习目标

知识目标

1）了解汽车刮水系统、车窗系统、中控门锁的结构。
2）理解汽车刮水系统、电动车窗、中控门锁的工作原理。
3）掌握汽车刮水系统的常见故障。

能力目标

1）能够对汽车刮水系统故障进行诊断与排除。
2）能够对电动车窗系统故障进行诊断与排除。
3）能够对中控门锁故障进行诊断与排除。

素养目标

1）增强环保意识、责任意识，践行绿色发展理念。
2）培养勤于思考、善于总结、勇于探索的科学精神。

任务一　汽车刮水系统检修

情景导入

今天维修师傅带着小王来到一辆故障车前，测试了刮水器的各挡位，发现低速挡无法正常工作，其他挡位均工作正常。这类故障应如何检修呢？

任务目标

1）了解汽车刮水系统的结构。
2）理解汽车刮水系统的工作原理。
3）掌握汽车刮水系统的常见故障。
4）能够对汽车刮水系统故障进行诊断与排除。

知识准备

汽车刮水系统是一种在雨天、雪天、雾天或扬沙天气下，仍能保证驾驶员有良好视线，能够清洁风窗玻璃的一种汽车辅助装置。它包括电动刮水器和风窗洗涤装置。

一、电动刮水器

（一）电动刮水器的作用

汽车电动刮水器是安装在风窗玻璃上的重要附件，其作用是刮除附着在风窗玻璃上的雨雪及灰尘，以确保驾驶员能有良好的行车视线，提高行车安全。

微课：刮水器的组成及原理

刮水器按位置可分为前风窗刮水器和后风窗刮水器；按驱动机构可分为真空式、气压式、电动式 3 种，其中电动式刮水器因刮水器动力大、不受发动机工况影响、易控制而在现代汽车上广泛使用。

（二）电动刮水器的组成

电动刮水器主要由刮水电动机、刮水器臂和刮水片等组成，如图 7-1 所示。

1. 刮水电动机

刮水电动机是电动刮水器的动力源，刮水电动机按其磁场结构不同可分为线绕式和永磁式两种。永磁式刮水电动机具有体积小、质量小、构造简单等优点，因此在汽车上被广泛使用。永磁式刮水电动机的磁场由永久磁铁提供。

永磁式刮水电动机的结构如图 7-2 所示，主要由外壳及磁铁总成（永久磁铁）、转子、电刷、铜环、触点及蜗轮等组成。转子通电后转动，经蜗轮、输出齿轮及输出轴后，将动力传给刮水器臂。

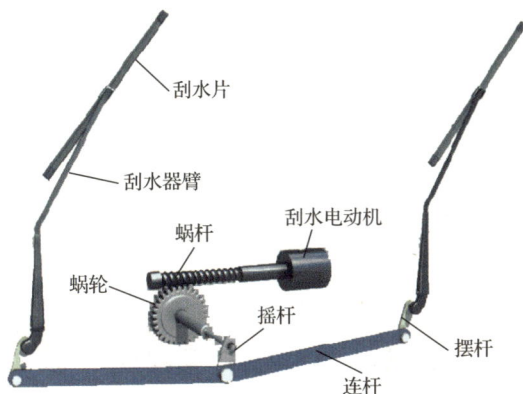

图 7-1 电动刮水器的组成

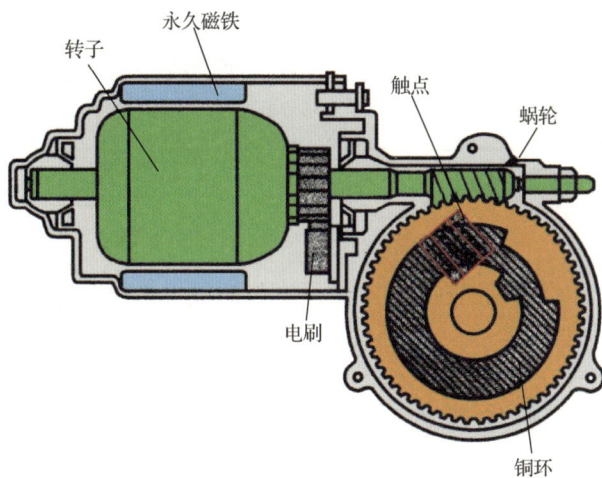

图 7-2 永磁式刮水电动机的结构

为了满足实际使用的需要，刮水电动机有低速刮水和高速刮水两个挡位。为了不影响驾驶员的视线，刮水器设置有自动复位装置，以便在任何位置切断刮水电动机电路时，刮水器的橡皮刷都能自动停止在风窗玻璃的最下端。

2. 刮水片

刮水片是刮水器的执行器件，材料一般为氯丁胶与天然橡胶的合成胶，如图 7-3 所示。刮水片靠骨架支撑，铰接在弹性刮水臂上，使刮水片紧紧贴在风窗玻璃上，当打开刮水器时，刮水器电动机会通过传动机构带动刮水臂左右摆动，刮水片就会在风窗玻璃上清扫雨水及杂物。

图 7-3 刮水片

（三）电动刮水器的工作原理

当刮水电动机旋转时，电动机轴端的蜗杆驱动蜗轮，蜗轮带动摇杆旋转，摇杆使拉杆往复运动，从而带动刮水片左右摆动，刮水片上的橡皮刷便刷去风窗玻璃上的雨水、雪、灰尘。

（四）永磁式刮水电动机的变速原理

永磁式刮水电动机是通过 3 个电刷来改变正、负电刷之间串联线圈的个数来实现变速的，如图 7-4 所示。其原理是，当刮水电动机工作时，在转子内同时产生反电势，其方向与转子电流的方向相反。若要使转子旋转，则外加电压必须克服反电势的作用；当电动机转速升高时，反电势增高，只有当外加电压等于反电势时，转子的转速才能稳定。

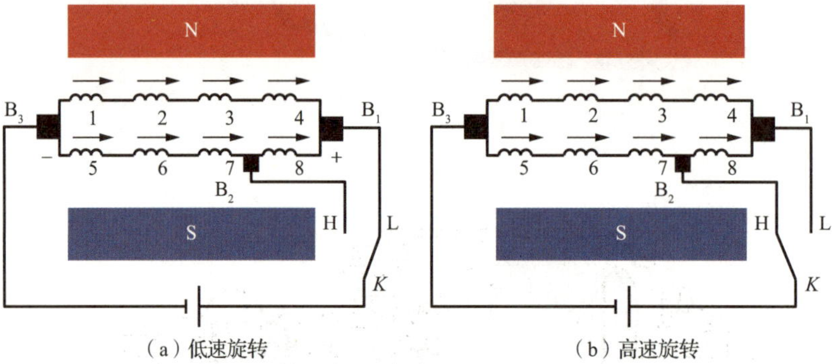

图 7-4　永磁式刮水电动机的变速原理

三刷永磁式刮水电动机工作时，转子绕组产生的反电势的方向如图 7-4（a）中的箭头所示。

1）当将刮水器开关 *K* 拨向“L”（低速）时，如图 7-4（a）所示，电源电压 E 加在电刷 B_1 和 B_3 之间。在电刷 B_1 和 B_3 之间的两条并联支路中，每条支路中各有 4 个串联绕组，反电势的大小与支路中反电势的大小相等。由于外加电压需要平衡 4 个绕组所产生的反电势，所以电动机的转速较低。

2）当将刮水器开关 *K* 拨向“H”（高速）时，如图 7-4（b）所示，电源电压 E 加在电刷 B_2 和 B_3 之间。绕组 1、2、3、4、8 同在一条支路中，其中绕组 8 与绕组 1、2、3、4 的反电势方向相反，相互抵消后，使每条支路变为 3 个绕组，由于电动机内部的磁场方向和转子的旋转方向没有变化，所以各绕组内反电势的方向与低速时相同。但是外加电压只需平衡 3 个绕组所产生的反电势，因此电动机的转速增高。

（五）永磁式刮水电动机的自动复位原理

汽车使用的电动刮水器都设有自动复位装置。自动复位是指在切断刮水器开关时，刮水片能自动停在驾驶员视线以外的指定位置。铜环式刮水器的控制电路如图 7-5 所示，其工作原理如下。

刮水器开关有 3 个挡位，0 挡为复位挡，Ⅰ挡为低速挡，Ⅱ挡为高速挡。4 个接线柱分别接复位装置、电动机低速电刷、搭铁、电动机高速电刷。复位装置在蜗轮（由塑料或尼龙等绝缘材料制成）上嵌有铜环，此铜环分为两部分，其中一铜环与电动机外壳相连（为搭铁），触点臂用磷铜片或其他弹性材料制成，一端铆有触点。由于触点臂具有一定的弹性，所以在蜗轮转动时，触点与蜗轮的端面和铜环保持接触。

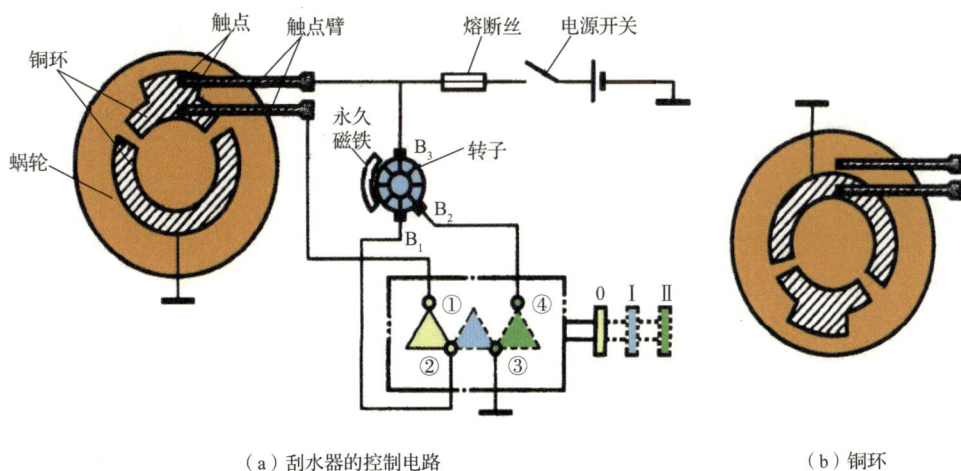

（a）刮水器的控制电路　　　　　　　　　　　　　　　　　（b）铜环

图 7-5　铜环式刮水器的控制电路

1）当接通电源开关，并将刮水器开关拉出到"Ⅰ"挡（低速）位置时，电流的流向为蓄电池正极→电源开关→熔断丝→电刷 B_3→转子绕组→电刷 B_1→刮水器开关接线柱②→接触片→刮水器开关接线柱③→搭铁→蓄电池负极，构成回路，电动机以低速运转。

2）将刮水器开关拉出到"Ⅱ"挡（高速）位置时，电流的流向为蓄电池正极→电源开关→熔断丝→电刷 B_3→转子绕组→电刷 B_2→刮水器接线柱④→接触片→刮水器接线柱③→搭铁→蓄电池负极，构成回路，电动机以高速运转。

3）将刮水器开关退回到"0"挡时，如果刮水片没有停止到规定的位置，由于触点与铜环相接触，如图 7-5（b）所示，则电流继续流入转子，其电流向为蓄电池正极→电源开关→熔断丝→电刷 B_3→转子绕组→电刷 B_1→接线柱②→接触片→接线柱①→触点臂→铜环→搭铁→蓄电池的负极。由此可以看出，电动机仍以低速运转直至蜗轮旋转到图 7-5（a）所示的特定位置，电路中断。由于转子的运动惯性，电动机不能立即停止转动，此时电动机以发电机方式运行。转子绕组通过触点臂与铜环接通而短路，转子绕组将产生强大的制动力矩，电动机迅速停止运转，使刮水片复位到风窗玻璃的下部。

（六）电动刮水器的电子间歇控制原理

现代汽车刮水器上都加装了电子间歇控制系统，电动刮水器间歇控制的作用：一是与风窗洗涤装置配合使用时，可以达到先洗涤后刮水的循环工作过程，提高刮洗的效果；二是在小雨或雾天行驶时，风窗玻璃上的微量水分和灰尘会形成一层黏性表面，如果刮水器持续不间断地工作，则会导致玻璃变得模糊，引起刮水片颤动，甚至可能损伤汽车玻璃，因此，让刮水器以一定的周期进行间歇性刮水，有助于保持驾驶员的视线清晰。

汽车刮水器间歇控制电路按照间歇时间是否可调，可分为不可调节式和可调节式。

1. 不可调式间歇控制电路

刮水器的间歇控制一般是利用自动复位置装置和电子振荡电路或集成电路实现的。

① 如图7-6所示为同步间歇刮水器的内部控制电路。当刮水器开关置于间歇挡位置（开关处于"0"位，且间歇开关闭合）时，电源将通过自动复位开关向电容器 C 充电，其电流回路为蓄电池正极→电源开关→熔断丝→自动复位开关常闭触点（上）→电阻 R_1 →电容器 C →搭铁→蓄电池负极。随着充电时间的增长，电容器两端的电压逐渐升高。当电容器 C 两端的电压升高到一定值时，晶体管 T_1 和 T_2 相继由截止转为导通，从而接通继电器磁化线圈的电路，其电路为蓄电池正极→电源开关→熔断丝→电阻 R_5 →晶体管 T_2（e 发射极→c 集电极）→继电器磁化线圈→间歇刮水器开关→搭铁→蓄电池负极。在电磁吸力的作用下，继电器常闭触点打开，常开触点闭合，从而接通了刮水电动机电路，其电流回路为蓄电池正极→电源开关→熔断丝→电刷 B_3 →电刷 B_1 →刮水继电器常开触点→搭铁→蓄电池负极。此时电动机将低速旋转。

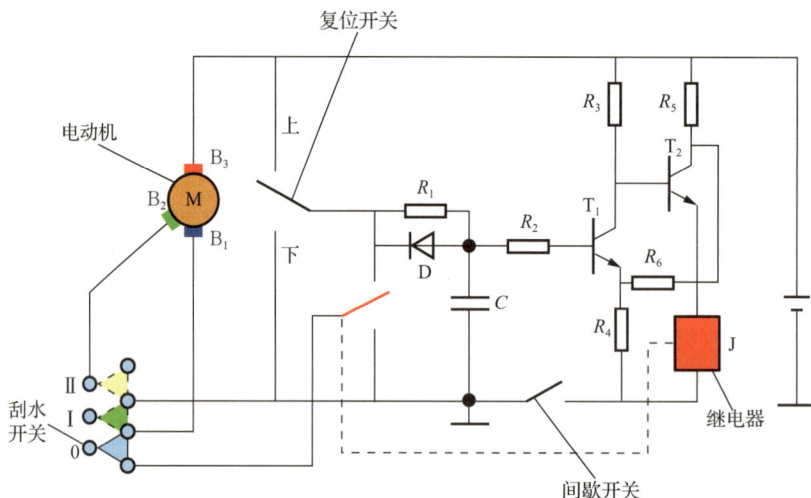

图 7-6　同步间歇刮水器的内部控制电路

② 当复位装置将自动复位开关的常开触点（下）接通时，电容器 C 通过二极管 D、自动复位装置常开触点迅速放电，此时刮水电动机的通电回路不变，电动机继续转动。随着放电时间的增长，晶体管 T_1 基极的电位逐渐降低，当晶体管 T_1 基极的电位降低到一定值时，晶体管 T_1 和 T_2 由导通转为截止，从而切断了继电器磁化线圈的电路，继电器复位，常开触点打开，常闭触点闭合。此时由于自动复位开关的常开触点处于闭合状态，电动机仍将继续转动，其电流回路为蓄电池正极→电源开关→熔断丝→电刷 B_3 →电刷 B_1 →继电器常闭触点→复位开关的常开触点→搭铁→蓄电池负极。只有当刮水片回到原位（即不影响驾驶员视线位置），自动复位开关的常开触点打开，常闭触点闭合时，电动机方能停止转动。继而电源将再次向电容器 C 充电，重复以上过程，循环反复，实现刮水片的间歇动作，其间歇时间的长短取决于 R_1、C 电路充电时间的常数的大小。

2. 可调式间歇控制电路

可调式间歇控制电路是指刮水器的控制电路能根据雨量大小自动开闭，并自动调节间歇时间。

如图 7-7 所示为刮水自动开关与调速控制电路。电路中 S_1、S_2 和 S_3 是安装在风窗玻璃上的流量检测电极，若雨水落在两检测电极之间，则其阻值减小，水流量越大，其阻值越小。

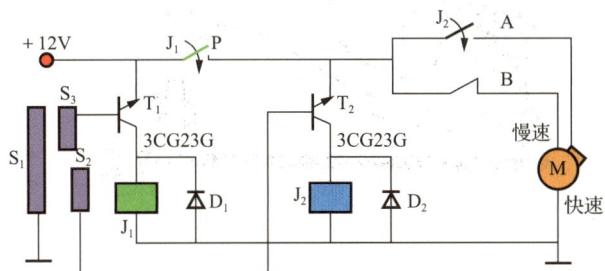

图 7-7　刮水自动开关与调速控制电路

S_1 与 S_3 之间的距离较近（约 2.5cm），因此，晶体管 T_1 首先导通，继电器 J_1 通电，在电磁吸力的作用下，P 点闭合，刮水电动机低速旋转。当雨量增大时，S_1 与 S_2 之间的电阻减小到使晶体管 T_2 也导通，于是继电器 J_2 通电，在电磁吸力的作用下，A 点接通，B 点断开，刮水电动机转为高速旋转。雨停时，检测电阻之间的阻值均增大，晶体管 T_1、T_2 截止，继电器复位，刮水电动机自动停止工作。

二、风窗洗涤装置

（一）风窗洗涤装置的作用

汽车在灰尘较多的环境下行驶时，一些灰尘飘落在风窗玻璃上会影响驾驶员的视线。现代汽车的刮水系统中增设了清洗装置，必要时向风窗玻璃表面喷洒专用清洗液，使风窗玻璃保持干净、明亮。

风窗洗涤装置与刮水器配合使用，可以使汽车风窗刮水器更好地完成刮水工作并获得更好的刮水效果。

（二）风窗洗涤装置的组成

风窗洗涤装置的组成如图 7-8 所示，主要由储液罐、洗涤泵、软管、喷嘴等组成。洗涤泵一般由永磁直流电动机和离心叶片泵组成，其喷射压力可达 70～88kPa。

洗涤泵通常直接安装在储液罐上，在洗涤泵的进口处设置有滤清器。洗涤泵喷嘴安装在风窗玻璃的下面，其方向可根据使用情况进行调整，喷水直径一般为 0.8～1.0mm。洗涤泵的连续工作时间不应超过 1min，对于刮水和洗涤分开控制的汽车，应先开洗涤泵，再接通刮水器。喷水停止后，刮水器应继续刮动 3～5 次，以便达到良好的清洁效果。

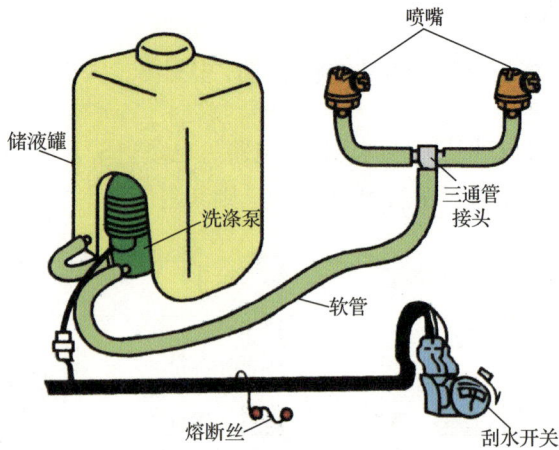

图 7-8　风窗洗涤装置的组成

常用的洗涤液是硬度不超过 205ppm 的清水。为了能刮掉风窗玻璃上的油、蜡等物，可在水中添加少量的去垢剂和防锈剂。强效洗涤液的去垢效果好，但会使风窗密封条和刮片胶条变质，还会引起车身喷漆变色及储液罐、喷嘴等塑料件的开裂。冬季使用洗涤器时，为了防止洗涤液冻结，应添加甲醇、异丙醇、甘醇等防冻剂，再加少量的去垢剂和防锈剂（即成为低温洗涤液），可使凝固温度下降到-20℃以下。当冬季不用洗涤器时，应将洗涤管中的水倒掉。

三、刮水系统的控制电路

（一）汽车刮水系统挡位简述

汽车刮水系统一般可分为 5 挡，即低速挡、高速挡、停止挡、间歇挡、点动挡，如图 7-9 所示。刮水器控制开关安装在组合开关右侧的操作杆上，控制刮水器电动机的动作。

HI—高速挡；LO—低速挡；INT—间歇挡；OFF—停止挡；MIST—点动挡。

图 7-9　汽车刮水系统的挡位

1）低速挡，操作杆向后拨动两格，此时刮水器电动机的低速线圈通电，电动机低速旋转，用于雨较小时。

2）高速挡，操作杆向后拨动 3 格，此时刮水器电动机的高速线圈通电，电动机高速旋转，用于雨较大时。

3）停止挡，无论刮水片运行到哪个位置，当从其他挡位回到停止挡时，电动机都会利用蜗轮上的导电盘缺口，使刮水片始终停留在固定位置，即风窗玻璃最低的位置。

4）间歇挡，操作杆向后拨动一格，其利用间歇继电器完成隔几秒刮一下，再隔几秒刮一下的动作，此挡可用于下绵绵细雨时。

5）点动挡，即清洗挡，在停止状态时，操作杆向上抬起，此时喷水电动机运转，喷出清洗液的同时刮水器电动机低速旋转，当放开操作杆时，操作杆回位，喷洗器停止喷水，刮水器电动机停到固定位置。

（二）刮水系统控制电路的工作原理

刮水系统控制电路的工作原理，以一汽大众轿车风窗洗涤刮水装置的电路为例，如图 7-10 所示。

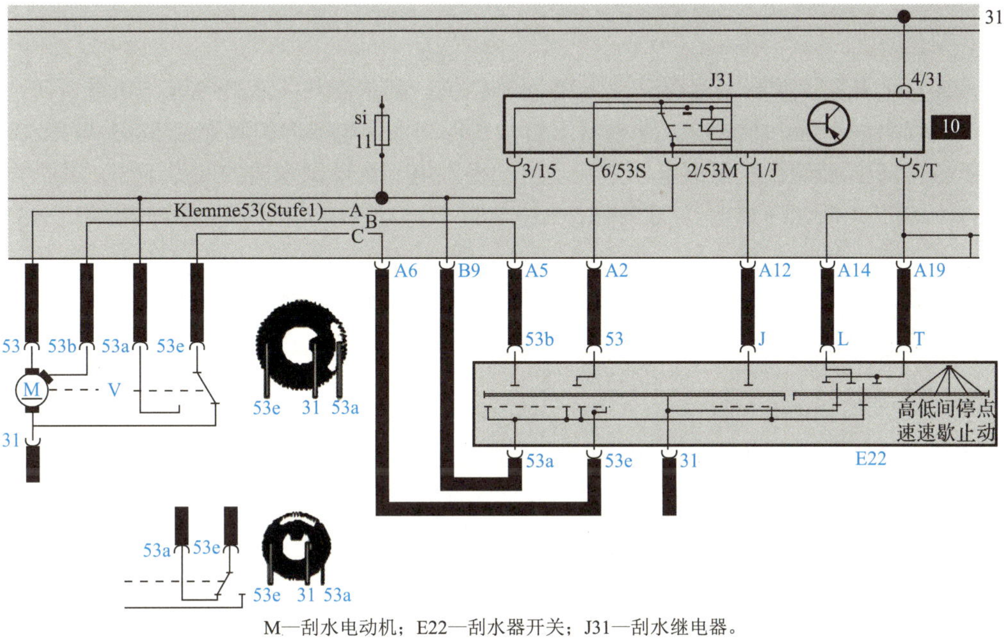

M—刮水电动机；E22—刮水器开关；J31—刮水继电器。

图 7-10　一汽大众轿车风窗洗涤刮水装置的电路

1. 低速挡

接通点火开关，闭合刮水器开关 E22 低速挡位，雨刮开关 E22-53a 与 53 导通，刮水器开关向刮水电动机供电，刮水器低速工作。其供电电流路径为 S11 熔断丝→B9 端子→开关 E22-53a→开关 E22 低挡位触点→53 端子→接线盒 A2 端子→继电器 J31→J31-2/53M→刮水电动机的 53 低速端子→电动机→电动机的 31 端子→通电。

2. 高速挡

接通点火开关，闭合刮水器开关 E22 高速挡位，刮水器开关 E22-53a 与 53b 导通，刮水器开关向刮水电动机供电，刮水器高速工作。其供电电流路径为 S11 熔断丝→接线盒 B9 端子→开关 E22-53a→开关 E22 高挡位触点→开关 E22-53b→刮水电动机的 53b 高速端子→电动机→31 端子→通电。

3. 停止挡

当刮水器控制开关回到 0 位时，电动机开关 E22-53e 与 53 导通，切断刮水电动机供电，如果此时刮水片处在影响驾驶员视线的位置上，则自动复位装置的常闭触点打开（53e 与电动机 31 端子），常开触点闭合（53a 端子与 53a），利用电动机复位装置向刮水电动机供电。其供电电流路径为 S11 熔断丝→53a 端子→复位装置→电动机 53e 端子→E22-53e→E22-53→A2 端子→J31-2/53M→刮水电动机的 53b 低速端子→电动机→5/31 端子→通电。此时电动机继续低速运转。直至刮水片转到风窗玻璃下方不影响驾驶员视线的位置，电动机复位装置复位，电动机停止运转。

4. 间歇挡

接通点火开关，闭合刮水器开关 E22 间歇挡位，刮水器开关 E22-53a 与 J 导通，刮水器开关向刮水间歇继电器供电，继电器工作，实现刮水继电器内的触点 2/53M 与 6/53s、2/53M 与 3/15 导通切换。由继电器为刮水电动机供电，实现刮水器的间歇工作。其供电电流路径为 S11 熔断丝→继电器 J31-3/15→继电器 J31-2/53M→电动机-53b→电动机→31→通电。

继电器 J31 工作时，继电器内的触点 2/53M 与 6/53s、2/53M 与 3/15 导通切换控制刮水器的间隔时间。

5. 点动挡

接通点火开关，闭合刮水器开关 E22 点动挡位，利用开关的机械特性，开关瞬间接通间歇挡位，松手后开关复位至 0 位。只接通刮水器的一次间歇挡位。

四、刮水系统常见故障

刮水器常见故障有刮水器的各挡位都不工作、个别挡位不工作、不能自动停位、风窗玻璃洗涤器不工作等。

1. 各挡位都不工作

1）故障现象。接通点火开关后，将刮水器开关置于各挡位，刮水器均不工作。

2）故障原因。熔断器断路；刮水电动机或开关有故障；机械传动部分锈蚀或与电动机脱开；连接线路断路或插接件松脱。

3）诊断与排除。首先检查熔断器，应无断路，线路应无松脱；然后检查刮水器电动机及开关的电源线和搭铁线，应接触良好，没有断路；再检查开关各接线柱在相应挡位能否正常接通；最后检查电动机和机械的连接情况。

2. 个别挡位不工作

1）故障现象。接通点火开关后，刮水器的个别挡位（低速挡、高速挡或间歇挡）不工作。

2）故障原因。刮水电动机或开关有故障；刮水器继电器有故障；间歇继电器有故障；连接线路断路或插接件松脱。

3）诊断与排除。如果刮水器是高速挡或低速挡不工作，则首先检查刮水器电动机及开关对应故障挡位的线路是否正常，然后检查开关接线柱在相应挡位能否正常接通，最后检查电动机电刷是否个别接触不良。

如果刮水器在间歇挡不工作，则应顺序检查间歇开关（或刮水器开关的间歇挡）、线路和间歇继电器。

3. 不能自动停位

1）故障现象。刮水器开关断开或在间歇挡工作时，刮水器不能自动停止在设定的位置。

2）故障原因。刮水电动机自动停位机构损坏；刮水器开关损坏；刮水器摆杆调整不当；线路连接错误。

3）诊断与排除。首先检查刮水臂的安装及刮水器开关线路连接是否正确，其次检查刮水器开关在相应挡位的接线柱能否正常接通，最后检查电动机自动停位机构触点能否正常闭合和接触良好。

4. 风窗玻璃洗涤器不工作

1）故障现象。当刮水器开关拨至点动挡时，风窗玻璃洗涤器不工作。

2）故障原因。清洗电动机或开关损坏；线路断路；清洗液液面过低或连接管脱落；喷嘴堵塞。

3）诊断与排除。如果所有喷嘴都不工作，则先检查清洗液液面和连接管是否正常；然后检查清洗电动机搭接线和电源线有无断路、松脱，开关和电动机是否正常。如果个别喷嘴不工作，则一般是喷嘴堵塞所致。

任务实施

一、准备工具、设备

实训车辆、车外防护3件套、车内防护4件套、汽车解码仪、万用表、维修手册。

二、检修汽车刮水系统

（一）明确故障现象

一辆故障车的刮水器的低速挡不工作，而其他挡位工作正常。

微课：电动刮水器电路
分析及故障诊断

（二）解码仪读取故障码

1）点火开关打到 ON 挡，读取故障码；起动发动机后，先清除故障码，再次读取故障码。

2）解码仪显示无故障码。

（三）分析电路原理

汽车刮水装置电路如图 7-11 所示，汽车刮水系统低速挡的工作电路：电源正极→熔断器→点火开关 ACC→刮水熔断器 F6→刮水电动机→刮水器开关（低速挡"Ⅰ"）→通电→蓄电池的负极。

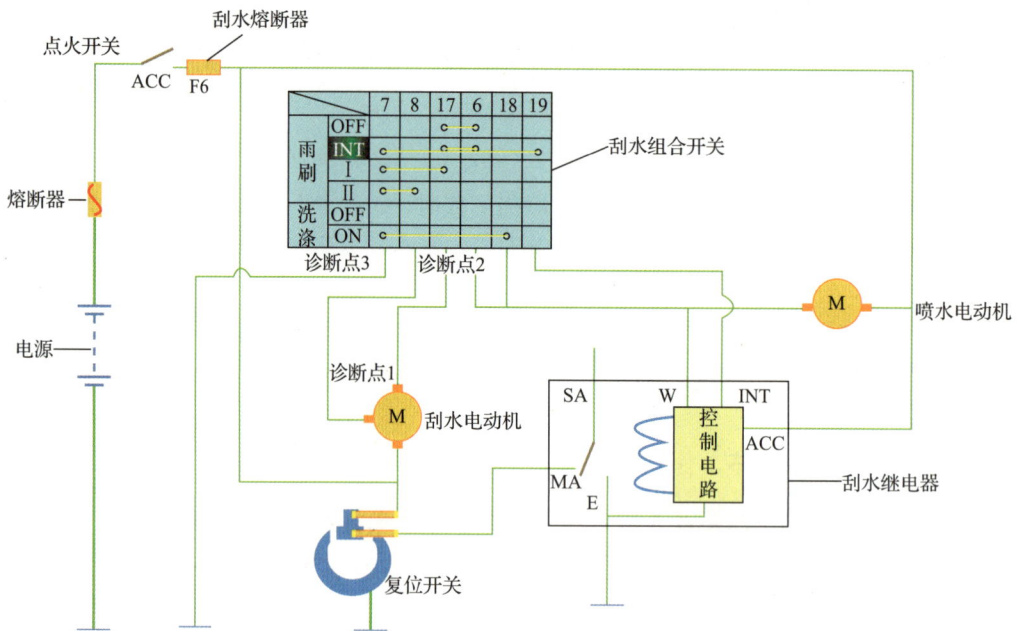

图 7-11　汽车刮水装置电路

（四）诊断故障

1）根据故障现象（刮水器的低速挡不工作，而其他挡位工作正常），通过刮水器电路分析可以确定的是从蓄电池正极→熔断器→点火开关 ACC→刮水熔断器 F6 到刮水电动机近电源侧端子的这一段电路是没有问题的。

2）那么根据 1）的分析，可以确定可能故障线路就是从刮水电动机近电源侧端子经刮水器组合开关的 7 端子和 17 端子到搭铁的这一段电路或元件存在故障。

3）根据 2）推导出的故障区域，在故障区域的电路中选择如图 7-11 所示的 3 个诊断点进行诊断，以判断故障的位置。

4）根据 3）确定的 3 个诊断点，逐一进行排查。

① 首先用万用表测量诊断点 1 的对地电压。如果测量结果接近蓄电池的负极电压，则

说明故障是刮水电动机内部的低速线圈断路，此时将故障刮水电动机更换掉即可。

② 如果测量结果接近蓄电池的正极电压（即+B），说明故障是在刮水电动机近地侧低速端端子到蓄电池负极这一段电路上，那么接下来就要测量诊断点 2 的对地电压。如果测量结果为 0，则说明刮水电动机近地侧低速端端子到刮水器组合开关诊断点 2 处之间的电路存在断路，此时将故障线束更换掉即可。

③ 如果测量结果仍接近蓄电池的正极电压（即+B），说明故障是在刮水器组合开关到蓄电池负极这一段电路上，那么接下来就要测量诊断点 3 的对地电压。如果测量结果为 0，则说明刮水器组合开关内部的 7 端子与 17 端子之间存在断路，此时将故障刮水器组合开关更换掉即可。如果测量结果仍接近蓄电池的正极电压即（+B），那么说明在刮水器组合开关诊断点 3 到蓄电池负极这一段电路上有断路，此时将故障线束更换掉即可。

（五）更换或维修部件

针对检测结果，更换新的元件或维修线路。

（六）检查验收

打开点火开关，将刮水开关拨至低速挡，刮水器的低速挡正常工作，故障排除。

任务二　汽车电动车窗检修

情景导入

一辆大众轿车，驾驶员侧开关能控制左后侧车窗玻璃的升降，而使用左后侧车门上的分开关控制时，无反应，不能正常升降。维修师判定出现此类故障的可能原因是左、右车门开关或相关的线路故障，需要进行检查。

任务目标

1）了解汽车车窗系统的结构。
2）理解电动车窗的工作原理。
3）能够对电动车窗系统故障进行诊断与排除。

知识准备

一、电动车窗的组成

电动车窗可以使车窗的升降更加方便，操作简单且使用可靠，现代轿车中普遍安装了电动车窗。电动车窗系统主要由车窗玻璃、车窗玻璃升降器、电动机和控制开关等组成。

微课：电动车窗的组成及功能

（一）电动车窗电动机

电动车窗一般使用永磁式双向直流电动机或双绕组串联式直流电动机，其中永磁式双向直流电动机的应用较为广泛。每个车窗上安装有一个电动机，通过开关控制电动机中的电流方向，以改变电动机的转动方向，从而实现车窗的升降。另外，为了防止电动机过载，在电路或电动机内装有一个或多个热敏电路开关，用来控制电流。当车窗玻璃上升到极限位置或由于结冰而使车窗玻璃不能自由移动时，即使操纵控制开关，热敏开关也会自动断路，避免电动机通电时间过长而烧坏。如图 7-12 所示，是装有脉冲传感器的车窗电动机，车窗在上升的过程中，通过脉冲传感器检测到占空比发生变化时，车窗将自动下降，防止夹伤乘客。

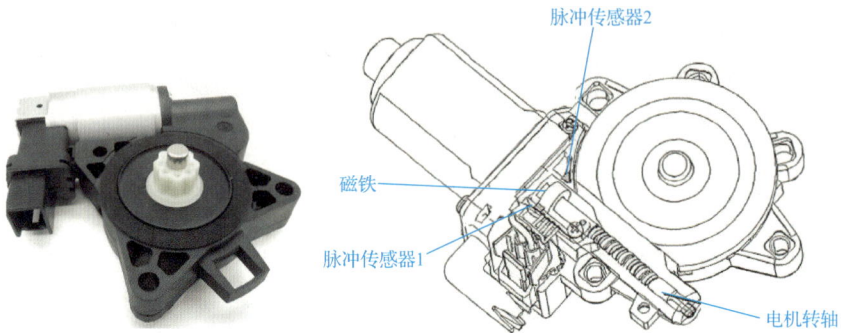

图 7-12　装有脉冲传感器的车窗电动机

（二）电动车窗玻璃升降器

电动车窗玻璃升降器是电动车窗的重要部件，其作用是减速增矩、实现运动形式的转换及传递动力。根据工作原理的不同，电动车窗玻璃升降器有绳轮式、软轴式和交臂式等类型，如图 7-13 所示。其中，绳轮式和交臂式电动车窗玻璃升降器的使用较为广泛。

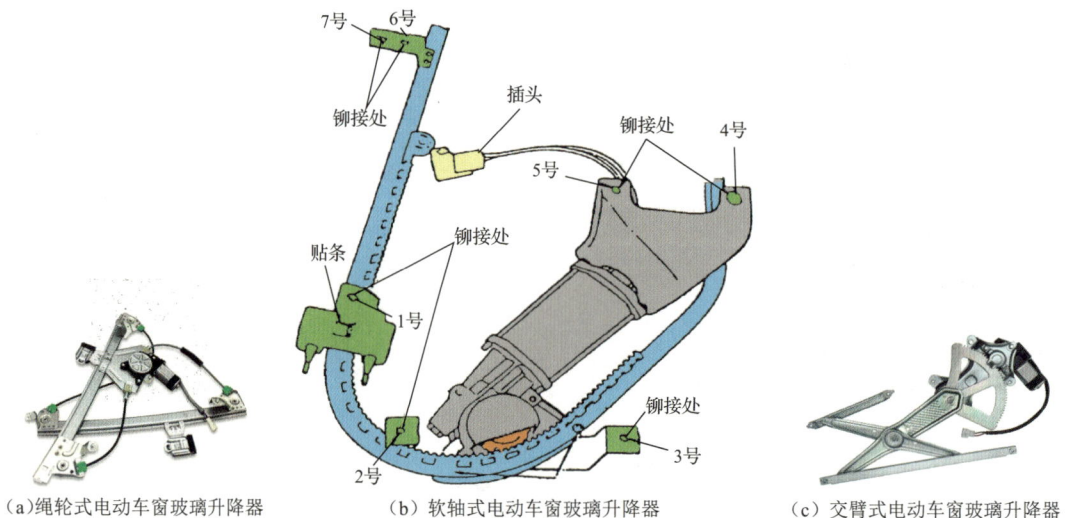

（a）绳轮式电动车窗玻璃升降器　　（b）软轴式电动车窗玻璃升降器　　（c）交臂式电动车窗玻璃升降器

图 7-13　电动车窗玻璃升降器的类型

（三）电动车窗控制开关

电动车窗控制开关一般有两套：一套为总开关，装在仪表板或驾驶员侧的车门上，驾驶员可以控制每个车窗玻璃的升降；另一套为分开关，分别安装在每个车窗上，乘客也可以对各车窗进行升降控制。

如图 7-14 所示为 4 车门电动车窗的控制开关，如图 7-15 所示为与之相配套的电动车窗的控制开关电路。控制开关通过电路可以实现手动控制和自动控制。

图 7-14　4 车门电动车窗的控制开关

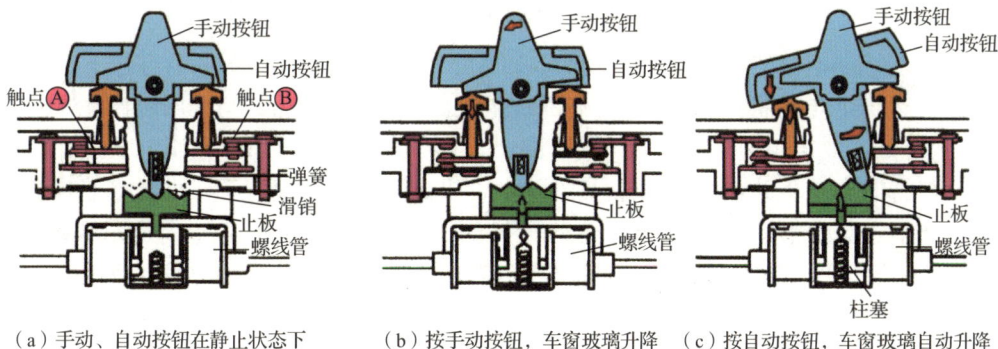

（a）手动、自动按钮在静止状态下　（b）按手动按钮，车窗玻璃升降　（c）按自动按钮，车窗玻璃自动升降

图 7-15　电动车窗的控制开关电路

手动控制是指按着相应的手动按钮，车窗可以上升或下降，若中途松开按钮，则上升或下降的动作立即停止；自动控制是指按下自动按钮，松手后车窗会一直上升至最高或下降至最低。

二、电动车窗控制电路分析

（一）传统电动车窗控制电路及工作过程

1）手动控制车窗玻璃的升降：以驾驶员侧的玻璃升降为例，如图 7-15（b）所示。将手动按钮推向车辆前进方向时，触点 A 与 UP（向上）接点相连，触点 B 处于原来状态，电动机按 UP 箭头方向通过电流，如图 7-16 所示，车窗玻璃上升直至最高；当将手离开按钮时，开关利用其自身的回复力回到中立位置。若将手动按钮推向车辆后方，则触点 A 保持原位不动，而触点 B 则与 DOWN（向下）侧相连，电动机按 DOWN 箭头所示的方向通过电流，电动机反转，以实现车窗玻璃向下移动，直至下降到底。

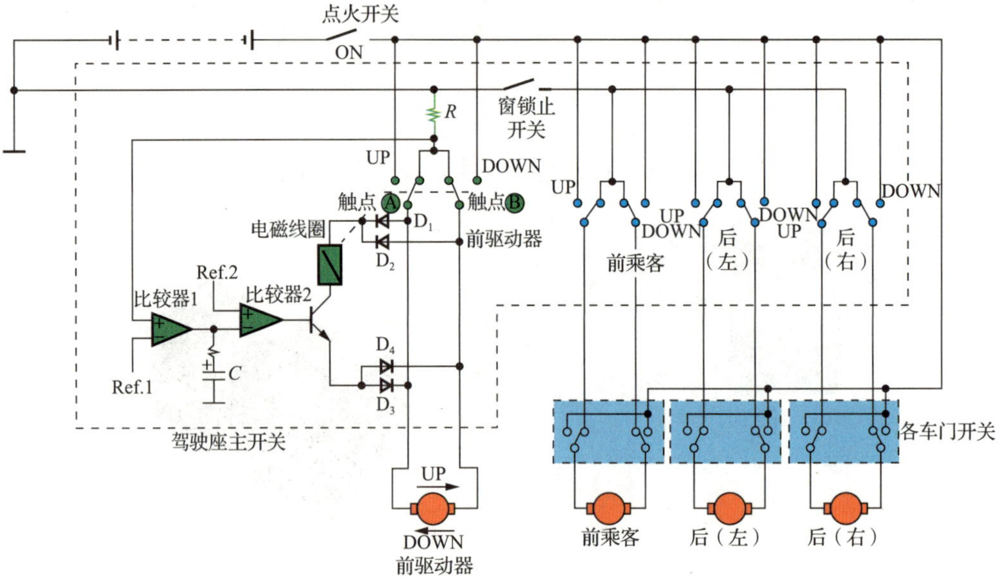

图 7-16　电动车窗控制电路

2）自动控制车窗玻璃的升降：如图 7-15（c）所示，将自动按钮向前方按下时，触点 A 与 UP 侧相连，电动机按 UP 箭头方向通过电流，车窗玻璃上升；与此同时，检测电阻 R 上的电压降低，此电压加于比较器 1 的一端，它与参考电压 Ref.1 进行比较，如图 7-16 所示。Ref.1 的电压值设定为相当于电动机制动时的电压。在通常情况下，比较器 1 的输出为负电位。比较器 2 的基准电压 Ref.2 设定为小于比较器 1 的输出正电位，所以比较器 2 的输出电压为正电压，晶体管接通，电磁线圈通过较大的电流，其路径为蓄电池正极→点火开关→UP→触点 A→二极管 D_1→电磁线圈→晶体管→二极管 D_4→触点 B→电阻 R→搭铁。此电流产生较大的电磁吸力，吸引驱动器开关的柱塞，于是把止板向上顶压，越过止板凸缘的滑销于原来位置被锁定，这时即使把手离开自动按钮，开关仍会保持原来的状态。

当玻璃上升至终点位置时，在电动机上有锁止电流流过，检测电阻 R 上的电压降增大，当此电压超过参考电压 Ref.1 时，比较器 1 的输出由低电位转变为高电位，此时，电容 C 开始充电，当电容 C 两端的电压上升至超过比较器 2 的参考电压 Ref.2 时，比较器 2 则输出低电位，晶体管立即截止，电磁线圈中的电流被切断，止板被弹簧通过滑销压下，自动按钮自动回到中立位置，触点 A 搭铁，电动机停转。

在自动上升过程中，若想中途停止，则向反方向扳动手动按钮，然后立刻放松。这样触点 B 将短暂脱离搭铁，使电动机因回路被切断而自动停转。同时，通过电磁线圈的电流亦被切断，止板被弹簧通过滑销压下，自动按钮自动回到中立位置，触点 A、B 均搭铁，电动机停转。

车窗玻璃自动下降的工作情况与上述情况相反，操作时只需将自动旋钮压向车辆后方即可。

（二）电控电动车窗控制电路及工作过程

以大众车为例，电动车窗开关有驾驶员侧车门总开关和 3 个分开关，每个车门上安装有一个控制模块，其电动车窗的升降受到模块的控制，简化的控制电路如图 7-17 所示。

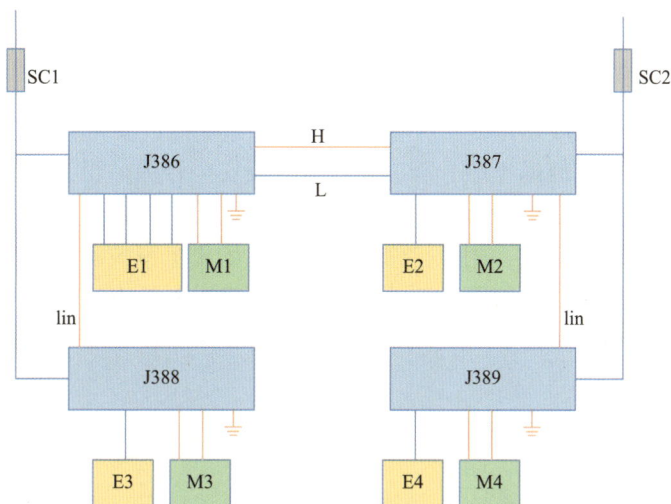

E1—电动车窗总开关；E2—右前电动车窗分开关；E3—左后电动车窗分开关；E4—右后电动车窗分开关；
J386—左前门控制单元；J387—右前门控制单元；J388—左后门控制单元；J389—右后门控制单元；
M1—左前门车窗电动机；M2—右前门车窗电动机；M3—左后门车窗电动机；M4—右后门车窗电动机。

图 7-17　电控单元控制的电动车窗控制电路

总开关的控制过程：驾驶员操作总开关 E1，总开关 E1 会通过信号线传递信息给 J386，若此刻 J386 控制电动机 M1 旋转，则完成驾驶员侧车门的升降；若此刻通过总开关 E1 操控的是右后车窗玻璃升降，则控制过程为 E1→J386→CAN-H/L 线→J387→lin 线→J389→M4 电动机；若此刻通过总开关 E1 操控的是右前车窗玻璃升降，则控制过程为 E1→J386→CAN 线→J387→M2 电动机；若此刻通过总开关 E1 操控的是左后车窗玻璃升降，则控制过程为 E1→J386→lin 线→J388→M3 电动机。

分开关控制各自车窗玻璃升降的控制过程：左、右车窗玻璃升降控制路线为 E3→J388→M3，完成车窗玻璃升降；左前车窗玻璃升降控制路线为 E2→J387→M2，完成车窗玻璃升降；左后车窗玻璃升降控制路线为 E4→J389→M4，完成车窗玻璃升降。

三、刮水系统的故障检修

电动车窗常见的故障：所有车窗玻璃均不能升降、部分车窗玻璃不能升降或只能在一个方向运动。

1. 所有车窗玻璃均不能升降

主要故障原因：熔断器断路；继电器、开关损坏；搭铁点锈蚀、松动。

诊断步骤：首先检查熔断器是否断路，若熔断器良好，则应将点火开关接通，检查有关继电器和开关相线接线柱上的电压是否正常，若电压为零，则应检查电源线路；若电压正常，则应检查搭铁线是否良好；搭铁不良时，应清洁、紧固搭铁线；若搭铁良好，则应对继电器、开关和电动机进行检测。

2. 部分车窗玻璃不能升降或只能在一个方向运动

主要故障原因：车窗玻璃按键开关损坏；连接导线断路；安全开关故障。

诊断步骤：如果车窗玻璃不能升降，则首先检查安全开关是否工作，该车窗玻璃的按键开关工作是否正常，再通电检查该车窗玻璃的电动机正反转是否运转稳定。若有故障，则应检修或更换新件；若正常，则应检修连接导线。如果车窗玻璃只能在一个方向运动，则一般是按键开关故障或部分线路断路或接错所致，可以先检查线路连接是否正常，再检修开关。

任务实施

一、准备工具、设备

实训车辆、车外防护 3 件套、车内防护 4 件套、汽车解码仪、万用表、示波器、维修手册。

微课：电动车窗控制
系统故障检修

二、检修汽车电动车窗

（一）明确故障现象

一辆大众轿车，打开点火开关，驾驶员侧左后车窗玻璃升降器开关可以控制左后车窗玻璃升降，左后侧车门的升降器开关不能控制自身车窗玻璃的升降。

（二）解码仪读取故障码

故障码：无。

读取数据流，显示始终未操作。

（三）分析电路原理

电动车窗的控制电路如图 7-18 所示。

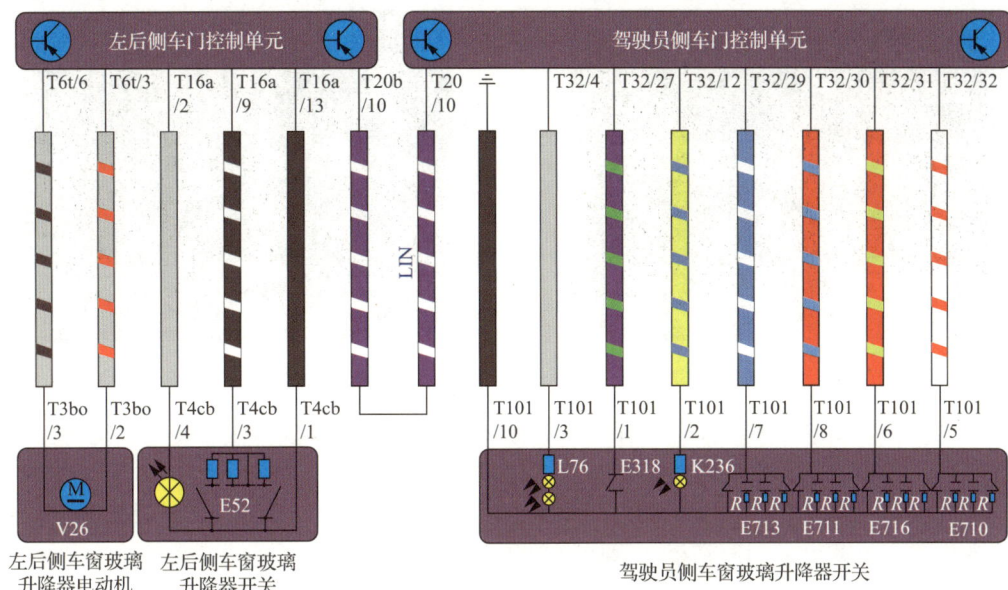

图 7-18　电动车窗控制电路

若驾驶员侧左后车窗玻璃升降器开关可以控制左后车窗玻璃的升降，则说明左后侧车门车窗玻璃的电动机自身及其相关线路正常；若左后侧车门玻璃升降器开关控制玻璃升降异常，则说明左后侧车门玻璃升降器开关及其线路存在故障。

（四）诊断维修过程

1. 检测开关的输入信号

打开点火开关，操作左后侧车门玻璃升降器开关 E52，测量左后侧车门控制单元端 T16a/9 的信号波形。

左后车门控制单元端 T16a/9 的标准波形为 0～12V 方波随挡位变化，如图 7-19～图 7-22 所示。

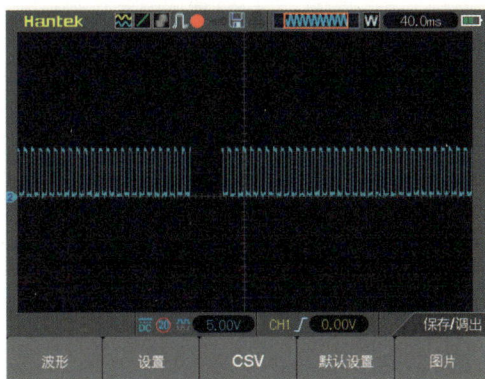

图 7-19　E52 开关点升标准波形

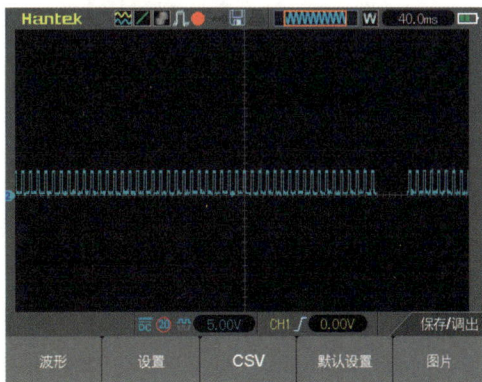

图 7-20　E52 开关自动升标准波形

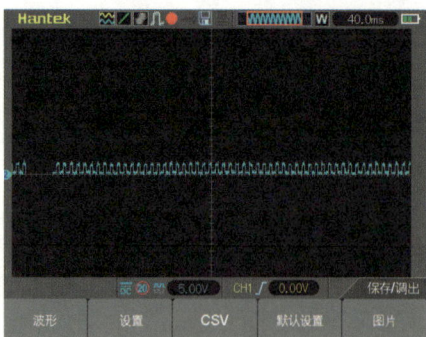

图 7-21　E52 开关点降标准波形

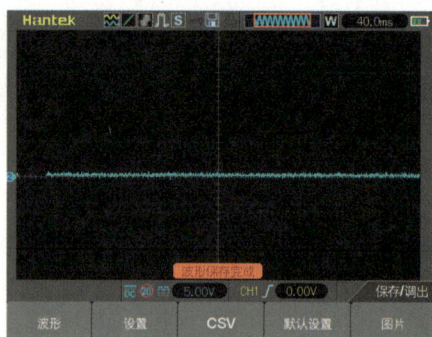

图 7-22　E52 开关自动降标准波形

实测波形如图 7-23 所示，开关打到不同挡位时，波形的幅值都没有变化，说明左后车门控制单元没有收到正确的开关信号。

标准波形为幅值随挡位变化的方波信号。实测波形始终为未操作时的波形，波形不随挡位变化。通过波形可知控制单元未接收到开关的信号。

2. 测量左后侧车门玻璃升降器开关 E52 的输出信号

打开点火开关，操作左后侧玻璃升降器开关，测量 E52 的 T4cd/3 端子的对地波形，实测波形如图 7-24 所示，为一条直线。

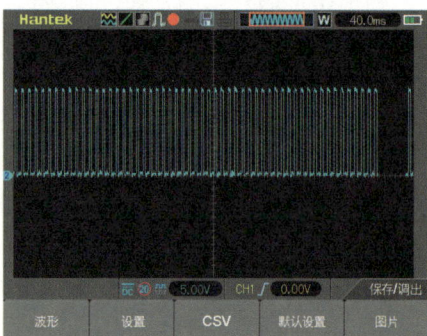

图 7-23　T16a/9 实测波形

图 7-24　T4cd/3 实测波形

分析：从实测波形可以看出，开关打到不同挡位时，波形的幅值始终为 0，而左后车门控制单元端 T16a/9 为 0～12V 波形信号，说明 E52 的 T4cd/3 至左后车门控制单元端 T16a/9 之间的线路存在断路。

（五）更换或维修部件

针对检测结果，维修 E52 的 T4cd/3 至左后车门控制单元端 T16a/9 之间的线路。

（六）检查验收

重新打开点火开关，左后车门上的升降器开关能控制自身车窗玻璃的升降，正常工作，故障排除。

任务三　汽车中控门锁检修

情景导入

一辆大众迈腾轿车，通过钥匙遥控门锁开闭正常，进入驾驶室内，按动门锁开闭按钮，车门无法开锁、闭锁。维修师判定出现此故障的可能原因是门锁开闭按钮损坏，需要对其进行检查。

任务目标

1）了解汽车中控门锁的结构。
2）理解中控门锁的工作原理。
3）能够对中控门锁故障进行诊断与排除。

知识准备

一、中控门锁的作用

为了方便驾驶员和乘客开关车门，现在轿车均安装了中央控制门锁（简称中控锁）系统。中控门锁可使驾驶员在锁住或打开自己车门的同时，也可以锁住或打开其他的车门。而除中控门锁控制外，乘客还可以利用各车门的机械式弹簧锁来开关车门。

微课：中控门锁基础知识

二、中控门锁的分类

汽车电子锁的分类方法有很多，既可以按照控制部分中的主要元器件的异同进行分类，也可以按照编码方式的异同进行分类。

1）按键式电子锁：按键式电子锁采用键盘或组合按钮输入开锁密码，操作方便。其内部控制电路常采用电子密码专用集成电路。此类产品包括按键式电子锁和按键式汽车点火锁。

2）拨盘式电子锁：拨盘式电子锁采用机械拨盘开关输入开锁密码。很多按键式电子锁可以改造成拨盘式电子锁。

3）电子钥匙式电子锁：电子钥匙式电子锁使用电子钥匙作为开锁密码，它由元器件搭成的单元电路组成，制作成小型手持单元形式，通过光、声、电或磁等多种形式与主控电路联系。此类产品包括各种遥控汽车门锁、转向锁和点火锁及电子密码点火钥匙。

4）触摸式电子锁：使用触摸方法输入开锁密码，操作简单。相对于按键开关，触摸开关的使用寿命长，造价低，它优化了电子锁控制电路。安装触摸式电子锁的轿车前门没有把手，使用电子锁和触摸传感器代替了把手。

5）生物特征式电子锁：将声音、指纹等人体生物特征作为密码进行输入，由计算机进行模式识别控制开锁，智能化相当高。

三、中控门锁的结构

中控门锁的工作原理是将电能转化为机械能，用电动机带动齿轮转动来开关车门。中控门锁的基本组成主要包括门锁控制开关、钥匙操纵开关、门锁执行机构、门锁控制器。

1. 门锁控制开关

门锁控制开关一般安装在驾驶员侧前门内的扶手上，通过门锁控制开关可同时锁上和打开所有的车门。如图 7-25 所示为吉利轿车门锁控制开关的位置。

2. 钥匙操纵开关

钥匙操纵开关安装在每个前门的钥匙门上，当从外面用钥匙开门或关门时，钥匙位置开关便发出开门或锁门的信号给门锁控制继电器。

3. 门锁执行机构

门锁执行机构一般采用电磁铁或微型电动机进行控制。现在汽车上常用的是微型电动机控制的门锁执行机构，其主要由位置开关、回动开关、锁紧齿轮、门锁电动机、蜗轮齿轮等组成，如图 7-26 所示。

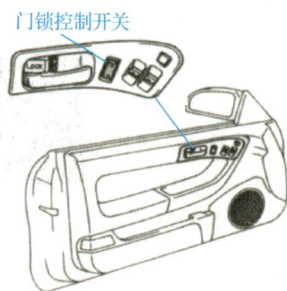

图 7-25 吉利轿车门锁控制开关的位置

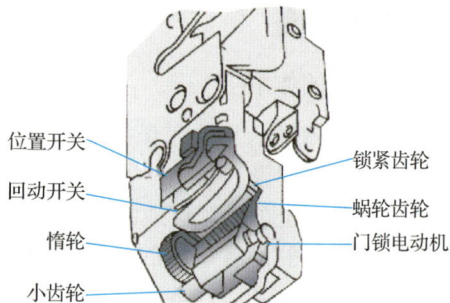

图 7-26 电动机式门锁执行机构

4. 门锁控制器

中控门锁是通过门锁控制开关、门锁执行机构和门锁控制器三者协同工作，实现对车门的控制的。门锁控制开关接收驾驶员或乘客的操作指令，门锁控制器根据指令为门锁执行机构提供开锁和闭锁脉冲电流，控制门锁执行机构进行工作，从而实现车门的开关。门锁控制器主要有晶体管式门锁控制器、电容式门锁控制器和车速感应式门锁控制器。

（1）晶体管式门锁控制器

门锁控制器内部设有闭锁和开锁两个继电器，由晶体管开关电路进行控制，利用电容器的充、放电过程，控制一定的脉冲电流持续时间，使门锁执行机构完成闭锁和开锁动作，如图 7-27（a）所示。

（2）电容式门锁控制器

该类型控制器利用充足电的电容器，在工作时继电器（开锁或闭锁继电器）串联接入电容器的放电回路，使其触点短时间闭合。当转动（正向或反向）车门钥匙时，相应的电路开关（闭锁或开锁）接通，电容器放电电流通过继电器线圈（开锁或闭锁继电器）搭铁，线圈产生电磁吸力，触点闭合，接通执行机构电磁线圈的电路，完成闭锁或开锁的动作。

当电容器放电完毕后，继电器触点打开，中央门锁系统停止工作。此时另一只电容器被充电，为下一次的操纵做好准备，如图7-27（b）所示。

（3）车速感应式门锁控制器

在中央门锁系统中加装一个车速（设定速度为10km/h）感应开关，当汽车行驶速度超过10km/h时，若车门尚未锁定，则门锁控制器不需要驾驶员手动操作，将自动关闭所有车门。此外，每个门可单独进行锁定操作，如图7-27（c）所示。

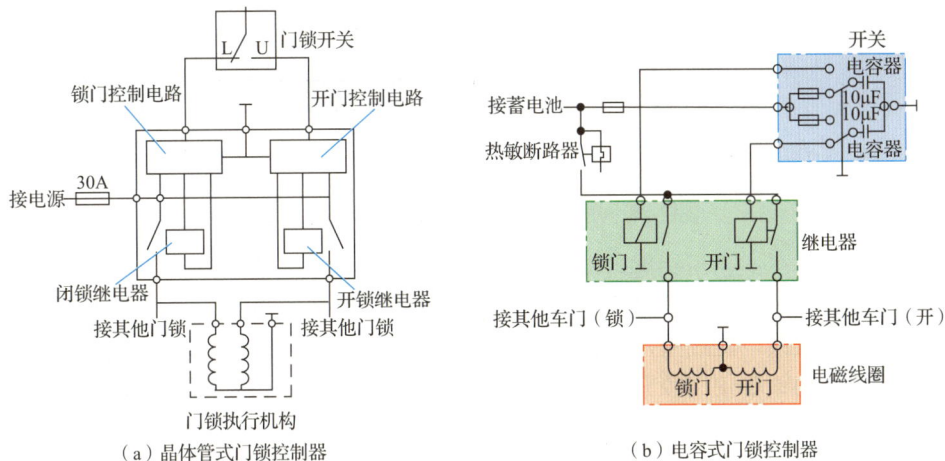

（a）晶体管式门锁控制器　　　　　　　　　　（b）电容式门锁控制器

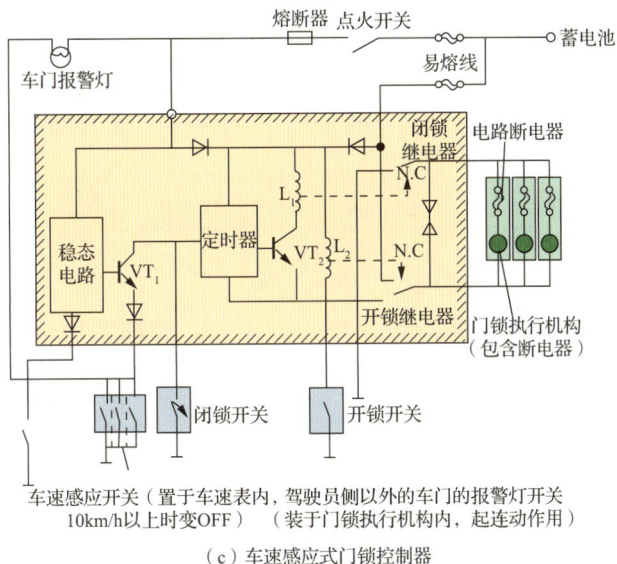

（c）车速感应式门锁控制器

图7-27　门锁控制器的类型

四、中控门锁控制电路分析

（一）继电器控制的中控门锁电路

如图7-28所示为用门锁继电器控制的中控门锁电路。

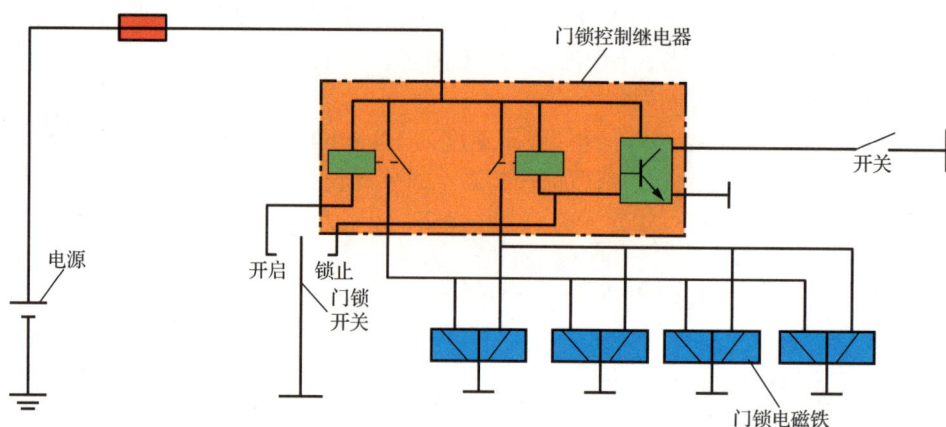

图 7-28 用门锁继电器控制的中控门锁电路

其工作过程如下：当用钥匙转动锁芯使门锁开关中的"开启"触点闭合时，电流便经过蓄电池的正极、熔断丝、开锁继电器线圈、门锁开关搭铁，开锁继电器开关闭合，电流经门锁电动机或门锁电磁线圈，4 个车门同时打开。

当用钥匙转动锁芯使门锁开关中的"锁止"触点闭合时，锁止继电器通电使其触点闭合，4 个车门同时锁住。

（二）电控单元控制的中控门锁系统电路

如图 7-29 所示，其工作过程是，操作门锁开关 E308，门锁开关 E308 会通过信号线传递信息给 J386，J386 通过 CAN 线将信息传递给 J387 右前门控制单元，J386 和 J387 通过 lin 线传递给 J388 左后门控制单元和 J389 右后门控制单元，各控制单元控制下方的电动机旋转，实现门锁开闭。

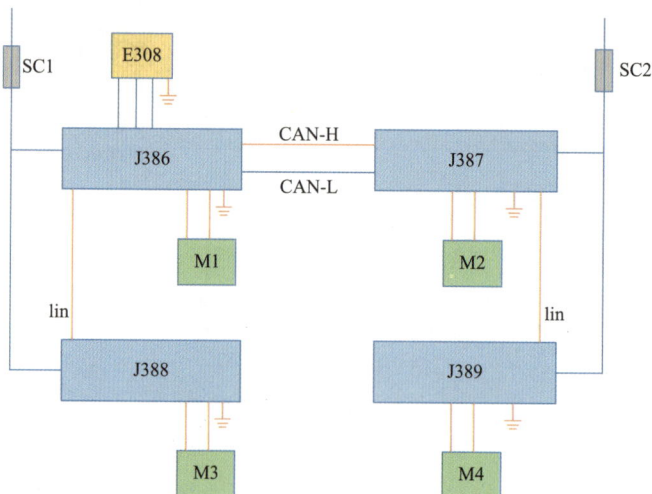

E308—门锁连动开关；J386—左前门控制单元；J387—右前门控制单元；J388—左后门控制单元；
J389—右后门控制单元；M1—左前门电动机；M2—右前门电动机；M3—左后门电动机；M4—右后门电动机。

图 7-29 电控单元控制的中控门锁控制电路

任务实施

一、准备工具、设备

实训车辆、车外防护 3 件套、车内防护 4 件套、汽车诊断仪、万用表、维修手册。

微课：中控门锁控制
电路故障诊断

二、检修汽车中控门锁

（一）明确故障现象

一辆大众迈腾汽车，打开点火开关，操作驾驶员侧的车内联锁开关时，驾驶员侧的门锁电动机不工作，其他车门的门锁正常工作。

（二）解码仪读取故障码

故障码：无。

读取数据流，显示始终未操作。

（三）分析电路原理

中控门锁控制电路如图 7-30 所示。

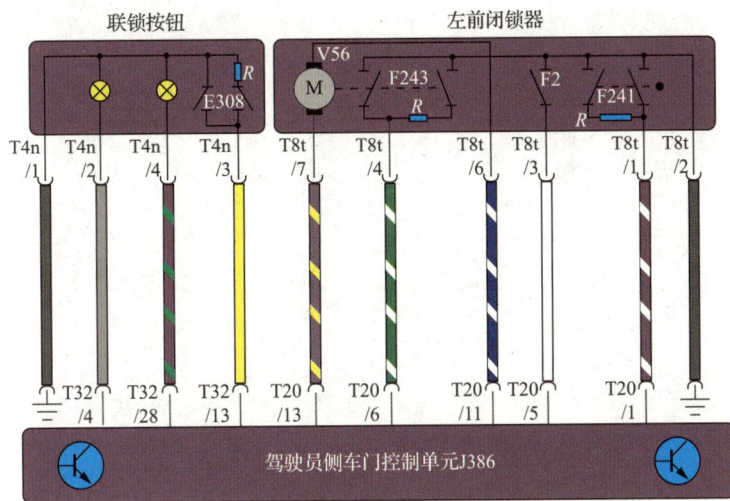

图 7-30　中控门锁控制电路

无钥匙进入和操作遥控器及操作驾驶员侧的车内联锁开关时，其余车门工作正常，说明开关及其线路正常；驾驶员侧车门门锁不工作的原因可能是：①J386 局部故障；②驾驶员侧的门锁电动机故障；③驾驶员侧的门锁电动机到 J386 之间的线路故障。

（四）故障诊断

1. 测量驾驶员侧的门锁电动机的电源信号

打开点火开关，操作驾驶员侧的车内联锁开关至闭锁状态，使用示波器分别测量驾驶员侧门锁电动机 V56 的 T8t/6 和 T8t/7 两端子之间的波形，标准波形如图 7-31 和图 7-32 所示。

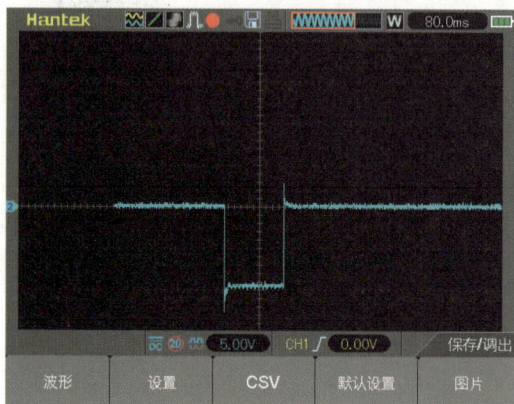

图 7-31　开锁时电动机两端的标准波形

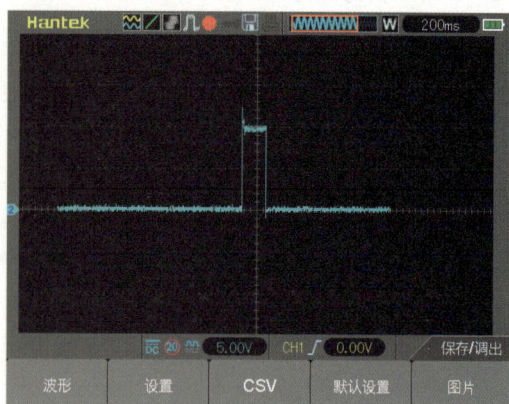

图 7-32　闭锁时电动机两端的标准波形

电动机两端的实测波形如图 7-33 所示，从波形图可以看出，门锁电动机工作时，没有形成+B 的电压差，说明电动机未接收到控制信号，下一步需要测量控制单元端的信号。

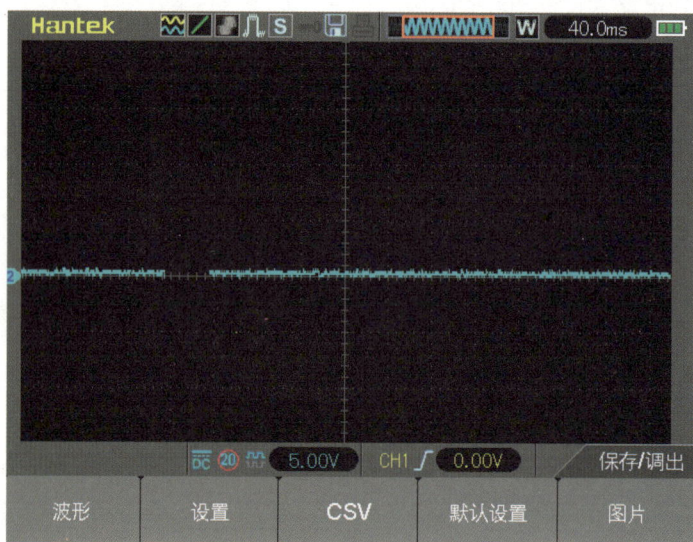

图 7-33　电动机两端的实测波形

2. 测量 J386 端的门锁电动机电源信号 1

打开点火开关，操作驾驶员侧的车内联锁开关至闭锁状态，使用示波器分别测量 J386 的 T20/11 和 T20/13 两端子之间的波形。实测波形如图 7-34 和图 7-35 所示，与标准波形一致，说明控制单元发出了正确的控制信号。

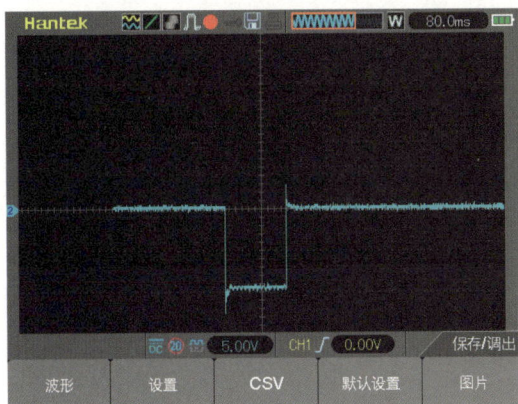

图 7-34 开锁实测波形

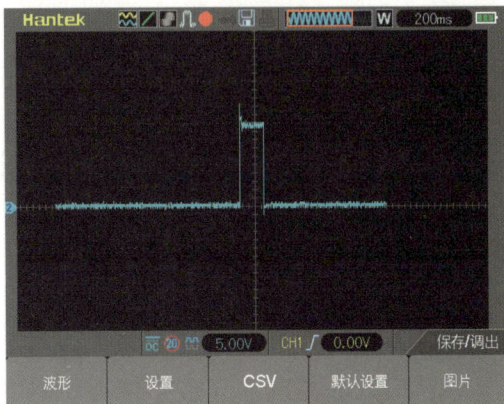

图 7-35 闭锁实测波形

3. 测量 V56 的 T8t/6 端子波形信号

打开点火开关，操作驾驶员侧的车内联锁开关至开锁状态时，使用示波器测量右后门锁电动机 V56 的 T8t/6 端子的对地波形，实测波形如图 7-36 所示。

4. 测量 J386 端的门锁电动机电源信号 2

打开点火开关，操作驾驶员侧的车内联锁开关至开锁状态时，使用示波器测量 J386 的 T20/11 端子的对地波形，实测波形如图 7-37 所示。

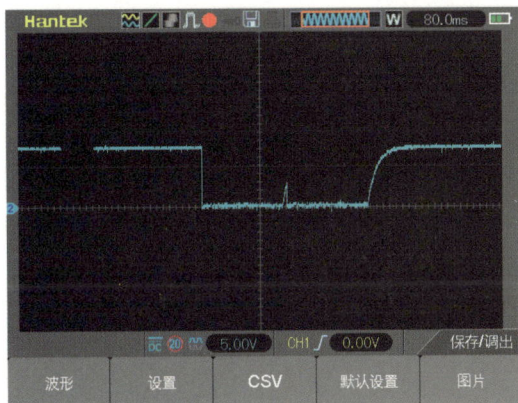

图 7-36 V56 的 T8t/6 端子实测波形

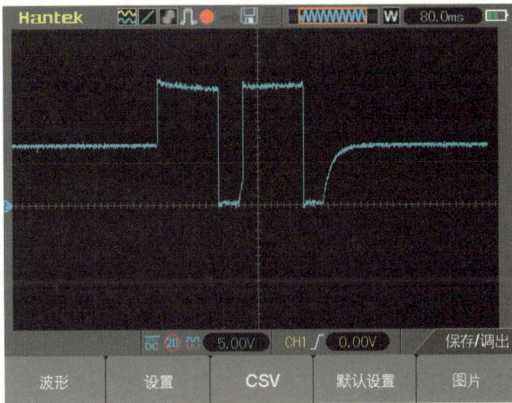

图 7-37 J386 的 T20/11 端子的实测波形

通过 J386 的 T20/11 端子和 V56 的 T8t/6 端子波形的对比，判断它们之间的线路存在断路故障。

（五）更换或维修部件

针对检测结果，修复 J386 的 T20/11 端子和 V56 的 T8t/6 端子之间的线路。

（六）检查验收

重新打开点火开关，操作车内的联锁开关，发现驾驶员侧的车门可以正常开锁、闭锁。

考 核 评 价

本项目的考核评价（表 7-1）分为自我评价、小组评价和教师评价，其中教师评价是依据考核评价内容和学习成果进行的综合评价。

表 7-1　考核评价表

班级：　　　　小组：　　　　姓名：　　　　时间：

评价模块	评价内容	分值	自我评价	小组评价
理论知识	1）了解汽车刮水系统、车窗系统、中控门锁的结构	10		
	2）理解汽车刮水系统、电动车窗、中控门锁的工作原理	10		
	3）掌握汽车刮水系统的常见故障	10		
操作技能	1）能对汽车刮水系统故障进行诊断与排除	20		
	2）能对电动车窗系统故障进行诊断与排除	20		
	3）能对中控门锁故障进行诊断与排除	20		
职业素养	1）具有较强的环保意识、责任意识	5		
	2）具有勤于思考、善于总结、勇于探索的工作作风	5		

综合评价：

总结与反思：

直 击 工 考

一、填空题

1．电动刮水器主要由_____、_____、_____和_____等组成。

2．刮水电动机按其磁场结构的不同可分为_____和_____。_____具有体积小、质量轻、构造简单等优点，因此在汽车上被广泛使用。

3．电动车窗系统主要由_____、_____、_____和_____等组成。

4．电动车窗玻璃升降器是电动车窗的重要部件，其作用是_____。

5．中控门锁系统一般由_____、_____、门锁总成、行李箱开启器及门锁控制器等组成。

二、判断题

1. 刮水器控制开关安装在组合开关左侧的操作杆上，控制刮水器电动机的动作。（　　）

2. 刮水器的清洗挡是指喷出清洗液的同时刮水器电动机低速旋转，当放开操作杆时，操作杆回位，喷洗器停止喷水，刮水器电动机停到固定位置。　　　　　　　　（　　）

3. 电动车窗控制开关一般有两套，即主控开关和分控开关，当主控开关工作时，乘客侧分控开关仍然可以控制车窗玻璃的升降。　　　　　　　　　　　　　　　（　　）

4. 门锁控制开关一般安装在司机侧前门内的扶手上，通过门锁控制开关可同时锁上和打开所有的车门。　　　　　　　　　　　　　　　　　　　　　　　　　（　　）

5. 造成所有车窗玻璃均不能升降的故障原因有熔断器断路、继电器损坏，以及搭铁点锈蚀、松动等。　　　　　　　　　　　　　　　　　　　　　　　　　　　（　　）

三、简答题

1. 简述永磁式刮水电动机的变速原理及自动复位原理。

2. 简述左后车窗玻璃不能升降的故障原因及诊断思路。

参 考 文 献

冯雪丽，2015. 汽车电气系统构造与检修[M]. 北京：科学出版社.

郭奇峰，郑烨珺，2014. 汽车电气维修[M]. 北京：人民交通出版社.

李春明，2019. 汽车电气系统检测与维修[M]. 3版. 北京：高等教育出版社.

刘冬生，黄国平，黄华文，2017. 汽车电气设备构造与维修[M]. 北京：机械工业出版社.

毛峰，2023. 汽车电器设备与维修[M]. 4版. 北京：机械工业出版社.

谭本忠，2010. 汽车电器构造与维修[M]. 济南：山东科学技术出版社.

王升平，胡胜，姚建平，2020. 汽车电气设备构造与维修[M]. 北京：机械工业出版社.

徐淼，姚东伟，2021. 汽车电气设备构造与维修[M]. 北京：化学工业出版社.

杨智勇，修玲玲，张宇，2018. 汽车电气系统检修[M]. 北京：人民邮电出版社.